Claudius Hennig / Wolfgang Ehinger

# Das Elterngespräch in der Schule

## Von der Konfrontation zur Kooperation



Auer Verlag GmbH

Gedruckt auf umweltbewusst gefertigtem, chlorfrei gebleichtem
und alterungsbeständigem Papier.

3. Auflage. 2006

Gesamtherstellung: Ludwig Auer GmbH, Donauwörth
ISBN 978-3-403-0**3198**-7
ISBN 3-403-0**3198**-5

www.auer-verlag.de

# Inhaltsverzeichnis

# 1. Statt eines Vorwortes

*Der Irrtum, dass Menschen sich verstehen, nur weil sie die gleichen Worte gebrauchen, ist sehr verbreitet.*

Richard Bandler

Hallo, Sie da! Ja genau, Sie, Lehrer/in meinen wir, die Sie gerade mit Neugier, Interesse oder auch Skepsis dieses Buch in die Hand genommen haben.

Haben Sie immer wieder mal das Gefühl, dass Ihre Elterngespräche noch wirkungsvoller verlaufen könnten?

Ärgern Sie sich manchmal über Eltern, die sich in unverschämter Weise in Ihre Lehrer/innen-Kompetenz einmischen und Grenzen überschreiten?

Aber vielleicht ärgern Sie sich auch über eine ganz andere Spezies von Eltern, nämlich über diejenigen, die ihre Elternverantwortung nicht oder ungenügend wahrnehmen und sie Ihnen zuschieben (wollen)?

Oder gehören Sie gar zu denjenigen Lehrer/innen, die vor dem einen oder anderen Elterngespräch ein diffuses Angstgefühl beschleicht?

Vielleicht kennen Sie aber auch bestimmte Kolleg/innen, die Elterngespräche mit „fortlaufendem Erfolg" führen, d. h., die Eltern laufen nach dem Gespräch fort und kommen nie wieder. Diese Kolleg/innen sind dann in der je nach Perspektive glücklichen oder unglücklichen Lage von weiteren Elterngesprächen „verschont" zu werden.

Andererseits sind Ihnen jedoch ein guter Kontakt und eine konstruktive Zusammenarbeit mit den Eltern im Interesse Ihrer Schüler wichtig.

Wir wollen Ihnen an dieser Stelle keine vollmundigen Versprechungen oder Garantieerklärungen für absolut sicher gelingende Elterngespräche geben, aber wir möchten Sie gerne einladen einige Grundhaltungen, Methoden und Techniken des Elterngesprächs kennen zu lernen, die Ihnen die Gesprächsführung erleichtern, mit deren Hilfe *Sie und die Eltern* sich im Gespräch wohler fühlen, die die Wahrscheinlichkeit des Gelingens von Elterngesprächen erhöhen.

Übrigens: Ein Großteil dessen, was Sie über das Eltern-Lehrer-Gespräch erfahren, können Sie erfolgreich auf das Lehrer-Schüler- und das Lehrer-Lehrer-Gespräch übertragen, weil bestimmte Grundhaltungen der menschlichen Kommunikation universell zum Tragen kommen.

Dürfen wir uns Ihnen an dieser Stelle vorstellen?

Wir sind Schulpsychologen, Familientherapeuten und Fachbuchautoren, die seit mehr als 20 Jahren aktiv und praktisch in der Lehrerfortbildung tätig sind, u. a. mit dem von Lehrerseite gewünschten Lieblingsthema: „Das Elterngespräch in der Schule."

Das vorliegende Buch konzentriert unsere zu diesem Thema gesammelten praktischen Erfahrungen aus der eigenen beraterischen bzw. therapeutischen Tätigkeit sowie unserer Arbeit als Lehrerfortbildner zu diesem Thema.

Um eine möglichst hohe Praxisrelevanz zu gewährleisten haben wir die theoretischen Anteile auf ein absolutes Minimum beschränkt, zugunsten von praktischen Tipps und Hinweisen, Checklisten, Arbeitsblättern und Übungen zur Gesprächsführung.

Im Interesse einer hohen Verständlichkeit und guten Lesbarkeit des Buches haben wir uns um eine schlichte Alltagssprache bemüht, frei von „psychologischem Fachchinesisch."

Da wir an einer stetigen Weiterentwicklung und Verbesserung des Praxisleitfadens interessiert sind, bitten wir Sie, liebe Lehrerin, lieber Lehrer, um Anregungen Ihrerseits in Form von kritischen oder enthusiastischen Rückmeldungen, Verbesserungsvorschlägen, Erfahrungen mit dem Praxisleitfaden, usw.

Herzlichen Dank für das uns entgegengebrachte Vertrauen! Viel Spaß beim Lesen und Erproben in der Praxis wünscht Ihnen Ihr Autorenteam

*Wolfgang Ehinger und Claudius Hennig*

# 2. Einleitung

## 2.1 Zwei Sichtweisen – zwei Welten – eine Realität

*Wir müssen lernen, als Brüder miteinander zu leben oder als Narren unterzugehen.*
Martin Luther King

### Die Geschichte von Frau F.

Frau F. ist stinksauer, als sie den Hörer auflegt. Nur mühsam unterdrückt sie die Tränen, denn sie könnte heulen vor Wut und Hilflosigkeit. Ja, hilflos fühlt sie sich, hilflos und klein, wie damals, als sie selbst noch ein kleines Schulkind war und mit bebendem Herzen angstvoll vor ihrem Lehrer stand, der machtvoll auf sie nieder schaute, sie die schmerzvolle Wucht der Geringschätzung spüren ließ und sie vor allen Mitschülern lächerlich machte.
Und sie hatte so gehofft, diese Erfahrungen ihrem Sohn ersparen zu können, und nun muss sie hilflos mit ansehen, wie Markus genau das Gleiche passiert.
Frau F. hat soeben mit der Lehrerin von Markus telefoniert. Es war nicht das erste Mal, im Gegenteil, seit Frau P. die Klasse übernommen hat, gab es zahlreiche Gespräche und Telefonate mit ihr. Immer wieder hat Frau F. versucht auf diese Frau einzuwirken, ihr klarzumachen, dass sie so mit Kindern nicht umgehen könne, hat das Gespräch gesucht, weil sie spürte, dass Markus unter der harten und rigiden Art der Lehrerin leidet, seit sie in der Klasse ist. Wie gut waren sie doch damals mit Frau S. ausgekommen in den ersten zwei Schuljahren. Frau S. war in ihrer mütterlichen und fürsorglichen Art bei den Kindern sehr beliebt.
Von Anfang an hatte sie gemerkt, dass Markus mit Frau P. nicht klarkam. Er war oft heimgekommen und hatte sich beklagt, dass die Lehrerin so viel verlange, und sie merkte, wie er immer weniger Lust bekam, in die Schule zu gehen. Am Anfang hatte sie sich noch zurückgehalten, dachte, es würde sich geben, sich legen. Aber es wurde schlimmer und sie musste mitansehen, wie dem Jungen immer mehr die Freude an der Schule genommen wurde.
Sie hat Frau P. mehrmals darauf angesprochen, aber diese Frau ist dermaßen stur. Anfangs hat sie ihr immer schöngetan, hat versprochen auf Markus zu achten. Und sie hat ihr geglaubt, dass sie sich bemühen wolle. Immer wieder haben Gespräche stattgefunden, sie hat der Frau klarzumachen versucht, dass Markus ein sensibler Junge sei, dass er lautes Schimpfen nicht ertragen könne, weil er es von zu Hause nicht gewohnt sei, und wie verletzend ihre Art für ihn sei. Aber darauf ist die Lehrerin nicht eingegangen, im Gegenteil, sie hatte das Gefühl, dass alles schlimmer wurde, dass Frau P. es seither besonders auf Markus abgesehen habe und diese begann sogar sie als Mutter zu kritisieren. Sie würde Markus verwöhnen, sie müsse ihm konsequenter begegnen, er bräuchte klare Grenzen, er müsse sich den Regeln der Gemeinschaft unterordnen. Als ob sie als Mutter nicht besser wisse, was gut für Markus sei.
Frau P. ließ keinen guten Faden mehr an Markus und es zerriss ihr fast das Herz diese Frau so über ihr Kind reden zu hören. Gewiss, Markus war ein lebhaftes und kreatives Kind, und es ist nicht immer leicht mit ihm. Er braucht einfach Bewegung. Es ist auch zu viel verlangt in diesem Alter den ganzen Morgen still zu sitzen. Aber Frau P. tat ja gerade, als sei er der Schlimmste der ganzen Schule.
Und der Vorfall von heute morgen hat das Fass zum Überlaufen gebracht. Der Junge war heulend von der Schule heimgekommen, so verzweifelt hatte sie das Kind noch nie erlebt. Frau P. hat ihn vor der ganzen Klasse bloßgestellt und lächerlich gemacht. Er war ein paar Minuten zu spät in die Deutschstunde gekommen, weil er der Kunstlehrerin noch beim Aufräumen geholfen hatte. Und sie hat ihn gleich angeschrien und beschimpft, und als er sich zu wehren versuchte, als er das Ganze richtig stellen wollte, hat sie ihn als Lügner diffamiert. Das könne er seiner Mutter erzählen, die glaube dem verwöhnten Muttersöhnchen ja alles. Und auf dem Schulweg

haben die anderen ihn dann ausgelacht und „Muttersöhnchen“ hinter ihm hergerufen. Sie hat Frau P. dann sofort angerufen, wollte wissen, was da vorgefallen sei. Selbstverständlich war sie sehr erregt, welche Mutter wäre das nicht, wenn ihr Kind derart verzweifelt nach Hause kommt? Frau P. hat natürlich alles abgestritten, der Junge hätte sich da was zusammengereimt, stellte ihn wieder als Lügner dar, es sei ganz anders gewesen. Aber sie kennt ihren Jungen, der lügt seine Mutter nie an. Und so ist das Ganze dann ziemlich eskaliert, Frau P. begann sie zu beschimpfen, titulierte Markus als „verhaltensgestört“, der mal zum Psychiater müsste. Und dass der Vater sich mehr um ihn kümmern solle. So eine Frechheit, was geht sie denn meine Familie an. Gewiss, der Vater hat wenig Zeit für den Jungen! Er ist beruflich viel unterwegs und wenn er zu Hause ist, will er seine Ruhe. Sie hat ihm auch schon oft gesagt, er könne sich etwas mehr mit dem Jungen abgeben. Aber er liebt ihn sehr und außerdem geht das die Lehrerin überhaupt nichts an.
Und dann hat sie einfach aufgelegt. Sie hat gesagt, sie möchte jetzt ihre Mittagsruhe und hat einfach aufgelegt. Die Verzweiflung des Jungen hat sie überhaupt nicht berührt, das war ihr anscheinend total egal. Frau F. ist stinksauer, als sie den Hörer auflegt. Nur mühsam unterdrückt sie die Tränen, denn sie könnte heulen vor Wut und Hilflosigkeit, und mit noch zittrigen Fingern wählt sie anschließend die Nummer von Ines, ihrer besten Freundin, denn die ist die Einzige, die ihr jetzt helfen kann sich zu beruhigen.

**Die Geschichte von Frau P.**

Frau P. ist stinksauer, als sie den Hörer auflegt. Nur mühsam unterdrückt sie die Tränen, denn sie könnte heulen vor Wut und Hilflosigkeit. Das war ihr in ihren 27 Dienstjahren doch noch nie passiert, das hatte sie denn nun doch nicht nötig.
Eine unangenehme Person, diese Frau F., das hatte sie gleich gespürt, als sie sie das erste Mal sah. Damals, als sie die Klasse übernahm. Und dabei wäre Markus ein netter und charmanter Junge, sicher nicht pflegeleicht, man muss ihm nur immer wieder seine Grenzen klarmachen. Im Großen und Ganzen kommt sie mit ihm auch zurecht, wenn nur seine Mutter ihn nicht immer anstacheln und aufhetzen würde. Von Anfang an war ihr die Mutter suspekt. Sie verwöhnt den Jungen, betüttelt ihn, hält ihn unselbstständig.
Frau P. ist gekränkt. Da arbeitet man jahrelang, steckt die ganze Freizeit in den Beruf, macht Fortbildungen und rackert sich ab. Sie hatte auf eigene Kosten eine „Montessori-Ausbildung“ gemacht, arbeitet viel mit Freiarbeit, hat sich in unzähligen Stunden Arbeits- und Fördermaterialien hergestellt. Sie hält sich für eine gute und engagierte Lehrerin, da hat sie sich nichts vorzuwerfen. Gewiß, sie neigt etwas zum Perfektionismus, das weiß sie auch, aber dies kann ja kein Schaden sein. Dieser Angriff eben von Frau F., sie würde zu viel von den Kindern verlangen, auf die Kinder nicht eingehen, sie überfordern und manchmal sogar schikanieren, das tat weh.
Sie weiß, dass dieses Gespräch noch die ganze Nacht an ihr nagen wird. Sie wird kein Auge zumachen können und ihr Mann wird ihr wieder vorwerfen, dass sie nicht abschalten könne. Aber was zu viel ist, ist zu viel. Das kann sie so einfach nicht wegstecken. Am liebsten würde sie alles hinschmeißen.
Sie weiß auch, dass sie es sich nicht so zu Herzen nehmen sollte, aber es tat einfach weh, riss die alte Wunde wieder auf. Und sie hörte wieder die Stimme von jenem Schulrat nach ihrer zweiten Dienstprüfung, der ihre Kompetenzen anzweifelte und ihre pädagogischen Ansätze arrogant abwertete. Der Zorn und die Hilflosigkeit nagen an Frau P. Sie hat sich gegenüber Frau F. immer zurückgehalten, ist bestrebt gewesen sie anzuhören und sie nicht zurückzustoßen, wenn sie immer wieder und wieder mit Nichtigkeiten ankam.
Und dann das Telefonat heute. Kaum war sie zu Hause und wollte sich gerade eine Kleinigkeit zum Essen machen, als Frau F. anrief, und sie wegen des banalen Vorgangs von heute Morgen auf eine unqualifizierte Art und Weise angriff.
Trotz der ungünstigen Zeit hat sie Frau F. zunächst angehört, hat versucht richtig zu stellen, was Frau F. von ihrem Sohn gehört hat. Es war unglaublich, was sie ihr vorgeworfen hatte. Diese Frau

ist doch erwachsen, sie muss doch das, was ihr Sohn zu Hause erzählt, relativieren. Aber sie glaubt ihm blindlings und dann verdreht sie noch alles. Sie brachte unberechtigte Vorwürfe und Anschuldigungen, die sie korrigieren und richtig stellen wollte. Aber Frau F. ließ sie kaum zu Wort kommen, wollte nicht hören, wie es wirklich war, verteidigte den Jungen, dieser hätte ihr etwas anderes erzählt. Ja glaubt sie denn, ich lüge sie an? Hält sie mich etwa für eine Lügnerin?
Dabei meint sie es doch nur gut mit dem Jungen, will ihm helfen. Sie hat der Mutter sogar empfohlen die Hilfe einer psychologischen Beratungsstelle in Anspruch zu nehmen.
Als Frau F. dann begonnen hat ihren Unterricht zu kritisieren, ihr gar vorschreiben wollte, was sie zu tun hat, war bei ihr der Ofen aus. Sie verwahrte sich dagegen, wollte das Gespräch beenden. Frau P. ist niedergeschlagen, wütend, den Tränen nahe. Am liebsten würde sie alles hinschmeißen. Da schuftet man jahrelang, gibt sich alle erdenkliche Mühe, aber Mütter wie diese können einem den ganzen Spaß am Unterrichten nehmen. Sie weiß, dass sie heute Nacht kein Auge zutun kann, und der Nachmittag ist so gut wie gelaufen. Frau P. ist stinksauer, als sie den Hörer auflegt. Nur mühsam unterdrückt sie die Tränen, denn sie könnte heulen vor Wut und Hilflosigkeit. Mit noch zittrigen Händen wählt sie die Nummer von Kollegin S., mit der sie freundschaftlich verbunden ist, und von der sie sich Trost und Rat erhofft.

## 2.2 Elterngespräche mit „fortlaufendem Erfolg"

*Reden ist Silber –*
*Und Schweigen hat viele Gesichter.* Reinhold Miller

Bei dieser Art von Gesprächsführung handelt es sich um eine Form, wie Sie sie als LehrerInnen nie geführt haben und auch nie führen werden, wie sie jedoch von manchen LehrerInnen auf anderen Planeten ab und zu geführt werden.
Wenn Sie diese Art von Gesprächsführung trotzdem lernen wollen, hier die Anleitung:

- Gehen Sie den Eltern gegenüber in eine „Eltern-Ich-Haltung" (s. S. 31), d. h., Sie müssen Ihre Gesprächspartner kritisieren, tadeln und verurteilen, denn Sie wissen alles besser als sie. Und wenn sie traurig sind oder Sorgen haben, trösten Sie sie „von oben herab"!
- Achten Sie darauf, dass Sie mindestens 80% der Redeanteile bestreiten!
- Stellen Sie möglichst geschlossene und vorformulierte Fragen, auf die die Eltern nur mit „JA" oder „NEIN" antworten können!
- Sprechen Sie den Eltern möglichst jede Eigenverantwortung ab! Plädieren Sie sozusagen auf „Entzug des Elternführerscheins"!
- Zeigen Sie deutlich, dass Sie ExpertIn sind und die Eltern noch viel zu lernen haben! Das erhöht ihre Aufmerksamkeit.
- Beweisen Sie Ihren psychologischen Sachverstand, indem Sie die Äußerungen und Verhaltensweisen der Eltern permanent deuten und interpretieren.
- Vermeiden Sie tunlichst das Gespräch in Richtung Lösungskonstruktion zu lenken, sondern bleiben Sie möglichst der Problemseite verhaftet!
- Betonen Sie möglichst die Defizite der Eltern und ihres Schulkindes und lenken Sie ab, wenn diese auf seine Stärken und Ressourcen zu sprechen kommen!
- Vermeiden Sie alles, was irgendwie zur Stärkung des Selbstwertes und Selbstvertrauens der Eltern dienen könnte!
- Verhindern Sie möglichst einen guten Kontakt zu den Eltern, damit diese nicht anfangen sich zu wohl zu fühlen!
- Fühlen Sie sich möglichst nicht in die Lebenssiutation der Eltern ein, sondern beurteilen Sie diese nur von Ihrer Warte aus!

Wenn Sie diese Ratschläge befolgen, werden Sie „fortlaufenden Erfolg" haben.
„Fortlaufend" heißt dabei, die Eltern laufen fort und kehren nie wieder.

## Gesprächshä(e)mmer und Türöffner

Nehmen Sie sich einige Minuten Zeit und erinnern Sie sich an ein angenehmes und ein unangenehmes Gespräch, bei dem Sie selber um Rat nachsuchten bzw. ein Anliegen, ein Gesprächsbedürfnis hatten. (Z. B. mit den LehrerInnen ihrer eigenen Kinder, beim Arzt, beim Abschluss einer Versicherung, bei einem Anwalt, an einer Beratungsstelle usw.)
Schreiben Sie stichwortartig auf, was Sie im Gespräch an der äußeren Gesamtsituation und am Verhalten Ihres Gesprächspartners als störend (hemmend) bzw. hilfreich (fördernd) empfanden:

| **Situation** | |
|---|---|
| Störende bzw. hemmende Variablen | Hilfreiche bzw. fördernde Variablen |
| ______________________ | ______________________ |
| ______________________ | ______________________ |
| ______________________ | ______________________ |
| ______________________ | ______________________ |
| ______________________ | ______________________ |
| ______________________ | ______________________ |
| ______________________ | ______________________ |
| ______________________ | ______________________ |
| ______________________ | ______________________ |
| ______________________ | ______________________ |
| ______________________ | ______________________ |

| **Gesprächsverhalten des Gesprächspartners, der Gesprächspartnerin** | |
|---|---|
| Störende bzw. hemmende Verhaltensweisen | Hilfreiche bzw. fördernde Verhaltensweisen |
| ______________________ | ______________________ |
| ______________________ | ______________________ |
| ______________________ | ______________________ |
| ______________________ | ______________________ |
| ______________________ | ______________________ |
| ______________________ | ______________________ |
| ______________________ | ______________________ |
| ______________________ | ______________________ |
| ______________________ | ______________________ |
| ______________________ | ______________________ |
| ______________________ | ______________________ |

Vergleichen Sie nun bitte die von Ihnen als störend erlebten Verhaltensweisen Ihres damaligen Gesprächspartners mit den in Kapitel 2.2 aufgeführten Vorschlägen zur Führung von Elterngesprächen mit „fortlaufendem Erfolg".
Kommt Ihnen das eine oder andere bekannt vor?

# Gesprächshä(e)mmer und Türöffner

| Die in Lehrerfortbildungen am häufigsten genannten Variablen | |
|---|---|
| **Situation** | |
| Störende bzw. hemmende Variablen | Hilfreiche bzw. fördernde Variablen |
| • Zeitmangel<br>• Lärm, Störungen, Telefon<br>• Ungemütlicher Ort<br>• Ungemütliche und zu kleine Sitzmöbel | • Freundliche, harmonische Umgebung<br>• Ruhe<br>• Klare Zeitstruktur |

| Gesprächsverhalten des Gesprächspartners, der Gesprächspartnerin | |
|---|---|
| Störende bzw. hemmende Verhaltensweisen | Hilfreiche bzw. fördernde Verhaltensweisen |
| • Deutungen, Interpretationen<br>• Herunterspielen<br>• Nicht ernst nehmen<br>• Befehlen<br>• Verallgemeinerungen<br>• Vorschnelle Vorschläge und Lösungen<br>• Vorwürfe, Schuldzuweisungen<br>• Bewerten<br>• Von sich reden<br>• Überreden<br>• Warnen und drohen<br>• Gegenbehauptungen aufstellen, Besserwisserei<br>• Rechtfertigungen<br>• Lebensweisheiten von sich geben<br>• Verspotten, Ironisieren<br>• Desinteresse, Unaufmerksamkeit<br>• Ungeduld<br>• Ins Wort fallen<br>• Killerphrasen | • Wiederholen<br>• Zusammenfassen<br>• Interesse zeigen<br>• Nachfragen<br>• Klären<br>• Weiterführen<br>• Denkanstöße geben<br>• In-Beziehung-Setzen<br>• Blickkontakt<br>• Humor<br>• Offenheit, Vertraulichkeit<br>• Zuhören<br>• Gelassenheit<br>• Einfühlungsvermögen<br>• Sachkompetenz<br>• Lebendigkeit, Vitalität, Souveränität<br>• Emotionale Beteiligung |

## 2.3 Meine Ressourcen, meine Ziele, meine Grenzen

*Jeder von uns wäre in etwas ausgezeichnet worden, hätte er seine Vorzüge erkannt.*

Balthasar Gracian

Sie gehören sicher zu denjenigen LehrerInnen, die schon eine langjährige Erfahrung im Führen von Elterngesprächen besitzen. Diese Erfahrung – integriert in Ihren persönlichen Stil – gilt es zu würdigen, zu nutzen und auf ihr aufzubauen. Es geht ja nicht darum, am Punkt „Null" anzufangen und Ihnen etwas völlig Fremdes und Neues „überzustülpen".
Vielmehr wollen wir Sie mit Hilfe der folgenden Arbeitsblätter 2 und 3 in einer kritischen Selbstreflexionsphase (einer Art IST-Analyse) dazu einladen Ihre bereits vorhandenen Fähigkeiten und Fertigkeiten in Bezug auf das Elterngespräch zu überprüfen und davon ausgehend Überlegungen anzustellen, welche Kompetenzen Sie noch in Ihr vorhandenes Repertoire einbauen möchten (SOLL-Analyse).
Nehmen Sie sich daher einige Minuten Zeit um in Ruhe Ihre bisherigen Gesprächserfahrungen als LehrerIn zu betrachten und einzuschätzen. In Ihrem bisherigen Berufsleben wurden Sie sicherlich schon mit vielen schwierigen Situationen konfrontiert, die Sie mehr oder weniger zufriedenstellend gemeistert haben.

| **Check-Liste zur Selbsteinschätzung der Gesprächsführungskompetenz für Lehrerinnen und Lehrer** (In Anlehnung an Fiederle, 1994) | | | |
|---|---|---|---|
| Einladung zur Selbstreflexion: Ziehen Sie eine kleine Zwischenbilanz und schätzen Sie ein, wie gut Sie die aufgelisteten Gesprächsfertigkeiten beherrschen. | | | |
| | Kann ich gut | Einigermaßen | Fällt mir schwer |
| Kontakt zu ganz unterschiedlichen Eltern herstellen | | | |
| Das Vertrauen von Eltern gewinnen | | | |
| Locker und entspannt sein | | | |
| Humor haben und auch zeigen | | | |
| Offene (W-)Fragen stellen | | | |
| Gut zuhören können (eigene Redezeit maximal 50% der Gesamtzeit) | | | |
| Kritik anhören und aushalten | | | |
| Sachverhalte anschaulich darstellen | | | |
| Eltern respektieren und achten (auch wenn sie ein anderes Lebenskonzept als ich haben) | | | |
| Eltern in ihrem Lebenszusammenhang (-kontext) sehen | | | |
| Mich in die Eltern und ihre Situation einfühlen | | | |
| Eltern ihre Verantwortung überlassen bzw. zurückgeben | | | |
| Die Aufmerksamkeit stärker auf Lösungen als auf Probleme richten | | | |
| Auf die Stärken (Ressourcen) der Eltern achten, anstatt auf ihre Schwächen (Defizite) | | | |
| Den Eltern gegenüber freundlich, aufmerksam und zugewandt sein | | | |
| Ein Gespräch klar strukturieren (im Aufbau und zeitlich) | | | |
| Eltern (falls nötig) auf eine faire Art und Weise konfrontieren | | | |
| Die nonverbalen Reaktionen (Mimik, Gestik, Tonfall usw.) der Eltern genau beobachten | | | |
| Meine eigenen inneren Reaktionen (Gedanken, Gefühle, Körper) wahrnehmen und für das Gespräch nutzbar machen | | | |
| Auf das Sprachniveau der Eltern Rücksicht nehmen | | | |
| Im Gespräch mit den Eltern sich auf derselben Ebene wie diese befinden, d. h., weder in eine über- noch eine unterlegene Position gehen. | | | |

## Meine Ziele für das Elterngespräch

| |
|---|
| Ausgehend von den Ergebnissen der IST-Analyse des Arbeitsblattes 2 laden wir Sie im Folgenden ein Ihre Lernziele in Bezug auf ein erfolgreiches Elterngespräch zu formulieren und zu konkretisieren. |
| 1. Was sollte bleiben, wie es bisher war? Was hat sich bewährt? (Bei mir, meinen Gesprächspartnern, den Rahmenbedingungen) |
| 2. Welche Verhaltensweisen, Reaktionen usw. möchte ich in Zukunft mehr als bisher zeigen? |
| 3. Welche Verhaltensweisen, Reaktionen usw. möchte ich in Zukunft weniger als bisher zeigen? |
| 4. Was sollte in Zukunft auf keinen Fall (mehr) passieren? (Bei mir, bei meinen Gesprächspartnern, in der Gesprächssituation) |

## 2.4 Von der Nützlichkeit des kooperativen Elterngesprächs

*Wir sollten mehr miteinander als übereinander sprechen.*

Weshalb sind kooperative Lehrer-Eltern-Gespräche nützlich und wichtig?

- Weil die Zahl der SchülerInnen mit Schulproblemen im Lernen, Leisten, Verhalten und Erleben stetig zunimmt und somit eine Stressquelle ersten Ranges für jede Lehrerin, für jeden Lehrer ist.
- Weil ca. 75% aller Schulprobleme ihren Ursprung im familiären und außerschulischen Bereich haben.
- Weil sich LehrerInnen den Umgang mit Schülern und damit den Schulalltag erleichtern können, wenn es ihnen gelingt die Eltern als Kooperationspartner zu gewinnen.
- Weil konstruktive Lehrer-Eltern-Gespräche ein wirksames Mittel zur Klärung von Eltern- und Lehrerverantwortung sind.
- Weil durch effektiv geführte Elterngespräche Kontakte zwischen Elternhaus und Schule intensiviert und vorhandene Spannungen abgebaut werden können.
- Weil beide, Eltern wie LehrerInnen, Interesse an einer positiven Entwicklung des Kindes haben und nach pädagogischer Übereinstimmung suchen müssen.
- Weil Uneinigkeit und Konkurrenz zwischen Elternhaus und Schule immer zu Lasten des Kindes gehen, wenn sie nicht auf der Erwachsenenebene im Gespräch ausgetragen werden.
- Und last, not least, weil jede Lehrerin, jeder Lehrer laut Schulgesetz auch BeraterIn ist.

Angesichts der oben aufgezählten Gründe für die Dringlichkeit und Notwendigkeit einer kompetenten Eltern-Gesprächsführung ist es nicht verwunderlich, dass dieses Thema die „Hit-Liste“ der Fortbildungswünsche von LehrerInnen anführt.
Der vorliegende Praxis-Leitfaden ist zwar nur eine „Landkarte“ und nicht das „unwegsame Gelände“ des Elterngespräches in natura, aber dennoch können anschauliche Landkarten sehr hilfreich bei der Orientierung in einem schwierigen Gelände sein.

# 3. Exkurs: Ein Blick hinter die Kulissen: Systemische Sichtweisen von Schulschwierigkeiten

*Bevor ein Kind Schwierigkeiten macht,*
*hat es welche.*

Alfred Adler

## 3.1 Eine falsche Sicht auf Schulprobleme verhindert Veränderungen

Schulschwierigkeiten haben viele Gesichter, sie können in den unterschiedlichsten Formen auftreten. Jeder Schüler, jede Schülerin hat ihre oder seine eigene Art und Weise sich das Lernen oder das Leben in der Schule zu erleichtern oder zu erschweren.
Da ist zum Beispiel Philipp, ein munterer und lebhafter Neunjähriger, ein wahrer „Zappelphilipp". Er kann nicht ruhig sitzen, ist leicht ablenkbar und wendet sich nur widerwillig dem Lernstoff zu. Eltern wie Lehrer sind genervt von seiner ständigen Unruhe und man weiß, dass er könnte, wenn er nur wollte. Doch seine Schulnoten werden immer schlechter, obwohl er ein helles Köpfchen ist.
Oder jener Jugendliche Namens „Nullbock". Er sitzt gelangweilt in der Bank, ist durch nichts zu motivieren und provoziert die Erwachsenen durch Desinteresse und Anspruchshaltung. Die Eltern verzweifeln und die Lehrer resignieren ob seiner Haltung.
Auf der anderen Seite Cornelia, jenes Mädchen, das still und unauffällig vor sich hin träumt, sich nichts zutraut, sich nicht zu melden wagt und zusammenzuckt, wenn es unvorbereitet angesprochen wird. Unsicher und ängstlich schleicht sie durch den Alltag, steht in den Pausen abseits oder wird von den anderen gehänselt.
Und da ist Ralf, das genaue Gegenteil. Ein Junge, der immer wieder durch sein aggressives Verhalten auffällt, der keine Gelegenheit auslässt mit anderen zu raufen, an keinem Mitschüler vorbeigehen kann ohne ihm einen Schlag zu versetzen oder ihn zu kneifen und sich dabei immer im Recht fühlt. Seine Schulleistungen sind (noch) kein Problem, doch es ist abzusehen, dass irgendwann ein Schulausschluss droht, wenn er sein Verhalten nicht ändert.
Georg ist Legastheniker. In den ersten zwei Klassen war er noch recht motiviert und munter. Er ist interessiert an vielen Dingen, die mit Sport, mit Technik oder mit Basteln zu tun haben. Er ist lebhaft und neugierig. Doch mit fortschreitender Schuldauer wurde er immer stiller. Er merkte, dass ihm das Lesen- und Schreibenlernen viel Mühe bereitete, mehr als seinen Mitschülern, und bald verlor er das Interesse daran und zeigte Vermeidungsverhalten. In der dritten Klasse zeigten sich die Schwierigkeiten dann überdeutlich. Die Mutter lernte jeden Nachmittag mit ihm und machte sich dennoch Vorwürfe etwas falsch gemacht zu haben, etwas versäumt zu haben. Sie verstärkte ihre Bemühungen und ärgerte sich, wenn Georg sich weigerte, und je mehr sie sich bemühte umso mehr zog sich Georg zurück, und es kam immer häufiger zum Streit zwischen Georg und seiner Mutter, ja sogar zwischen der Mutter und dem Vater, da dieser ihr die Schuld für Georgs Versagen gab.
Die Schwierigkeiten können also im Lernen, Leisten, Verhalten oder Erleben auftreten, und oft zieht ein Problem in einem Bereich ein Problem in einem anderen Bereich nach sich.
Diese Schwierigkeiten lassen sich als Symptome bezeichnen und Symptome im Zusammenhang mit Schule und Lernen zu zeigen stellt ein wirkungsvolles Instrument dar. Zum einen ist Öffentlichkeit hergestellt, die Probleme lassen sich nicht länger ignorieren. Zum anderen stehen die Schullaufbahn und die Berufschancen des Kindes auf dem Spiel und dadurch fühlen Eltern wie Lehrer sich in ihrer Verantwortung angesprochen und gezwungen aktiv zu werden.
Leider ist häufig festzustellen, dass sich diese Aktivitäten dann in gegenseitigen Schuldzuweisungen erschöpfen und Eltern und Lehrer sich in einer wenig zieldienlichen Konfrontation ver-

stricken. Und mitunter entstehen fatale Teufelskreise, aus denen sich die Betroffenen nicht mehr selbst befreien können.
Dabei werden hin und wieder immer noch monokausale Zuschreibungen vorgenommen wie: „Der Junge, das Mädchen *ist* dumm, aggressiv, faul, unkonzentriert usw.“, d. h., das Symptom wird als Eigenschaft des Kindes gesehen, als Persönlichkeitsmerkmal. Diese Sichtweise führt dann dazu, dass Eltern und Lehrer Druck auf den Schüler bzw. die Schülerin ausüben, entweder durch verstärktes Antreiben zum Üben oder durch Mahnungen oder Androhen von Strafen. Dadurch entstehen aber in der Regel sich selbst erhaltende Teufelskreise, die jegliche Veränderung verhindern.

Betz/Breuninger (1987) haben die Entstehung der Teufelskreise folgendermaßen beschrieben:

Der Schüler bzw. die Schülerin zeigt aus irgendeinem Grund ein Fehlverhalten, eine mangelnde Leistung, eine Lernschwierigkeit. Eltern und Lehrer bemerken diese Schwierigkeiten und in der oben beschriebenen monokausalen Annahme üben sie Druck auf das Kind aus (in dem Glauben ihm damit zu helfen).
Dies stellt einen massiven Angriff auf das Selbstwertgefühl des Kindes dar, gegen den es sich wehren muss. Druck erzeugt Gegendruck, das Kind reagiert auf diesen Druck zum Beispiel durch Aggression, Resignation, Klassenkasper spielen, Ablenken, Vermeiden usw.
Auf diese Reaktionen reagieren Eltern wie Lehrer logischerweise mit noch stärkerem Druck und der erste Teufelskreis erhält sich selbständig aufrecht.
Das Problem wirkt nun aber auch auf das Kind selbst zurück. Es kann sich die Schwierigkeit nicht erklären, es merkt nur, dass es etwas nicht kann, was andere können. Dies bedeutet einen weiteren Angriff auf das Selbstwertgefühl. Unsicherheit und Angst sind die Folge, die oft durch Aggression und Aktionismus überdeckt werden. Dies führt wiederum zu Vermeidungsverhalten, zu Ausweichen, zu Verweigerungen. Ein weiterer Teufelskreis ist in Gang gesetzt.
Das Kind versucht sich sein Fehlverhalten, seine mangelnde Leistung bzw. die Schwierigkeit auch selbst zu erklären. Und übernimmt dabei oft die Erklärungen der Erwachsenen. Selbstattribute wie „Ich bin halt dumm“, „Ich kann mich nicht konzentrieren“, „Ich kann das nicht“ usw. bilden einen weiteren Angriff auf das Selbstwertgefühl, verstärken das Vermeidungsverhalten und dadurch eine weitere Steigerung der Schulschwierigkeiten. Der nächste Teufelskreis, der sich selbst in Gang hält.
Diese Teufelskreise verhindern aber in der Regel Veränderungen.
Häufig werden als Ursache auch Wirkzusammenhänge oder einfache Wechselbeziehungen gesehen. Bei dieser Sichtweise werden die Schulprobleme nicht als Eigenschaften des Kindes gesehen, sondern als Reaktion des Kindes auf das Verhalten von anderen.

Der Schüler verhält sich so, weil …

- die Mutter ihn zu sehr verwöhnt.
- der Lehrer einen schlechten Unterricht macht.
- die Eltern sich zu wenig um ihn kümmern.
- die Mitschüler ihn hänseln.
- usw.

Auch dieses „Wenn-dann-Denken“ ist wenig nützlich für die Erarbeitung von Lösungen. Der Fehler und somit die Notwendigkeit zur Veränderung wird immer nur bei anderen gesehen. Es bleibt bei Appellen und Forderungen nach Veränderungen, es verändert sich dadurch aber nichts. Ändern kann ich nur mich selbst, nie den anderen. Wenn ich aber etwas verändere, muss sich der andere in einer bestimmten Art und Weise zu diesen Veränderungen verhalten, muss auf diese Veränderungen reagieren.
Solange dieses „Wenn-dann-Denken“ wirksam ist, stellt sich immer die Frage nach der Schuld. Und zum eigenen Selbstschutz muss die Schuld natürlich abgewiesen werden. Aber wenn jemand schuld sein muss, dann eben der andere. Und wenn der andere ebenso denkt, kommt es zwangsweise zur Konfrontation.

Beispiel: Zwischen der Lehrerin Frau P. und der Mutter von Markus besteht ein Konflikt. Es kommt immer wieder zu gegenseitigen Grenzverletzungen, indem sich Frau P. in die familiäre Erziehung einmischt und die Mutter auf der anderen Seite der Lehrerin vorzuschreiben versucht, wie sie ihren Unterricht zu gestalten hat. Es herrscht ein Konkurrenzkampf unter dem Motto „Wer ist die bessere Mutter, wer ist die bessere Lehrerin für Markus?“ Die Frauen versuchen die jeweiligen Fehler der anderen zu korrigieren und werten sich dadurch gegenseitig ab. Frau P. bemüht sich um Markus, versucht ihn zu unterstützen, möchte ihm helfen. Sie meint es gut mit ihm und wundert sich, dass er sich verweigert. Sie ist verletzt und hält ihn für undankbar. Ihr ist nicht bewusst, dass sich Markus so verhalten muss. Er spürt diesen Konkurrenzkampf und auch wenn er Frau P. ganz gern mag, verhält er sich natürlich seiner Mutter gegenüber solidarisch. Er löst das für ihn bestehende Dilemma, indem er sich verweigert, der Lehrerin gegenüber Verhaltensprobleme entwickelt und auf diese Art und Weise als „Frontkämpfer“ die Sache seiner Mutter vor Ort vertritt. Weder der Lehrerin noch der Mutter ist dabei bewusst, dass sie Markus für ihren Konkurrenzkampf missbrauchen.
Diese Konfrontation führt dann zu einer Verhärtung, zu einem Festhalten von bisherigen Verhaltensweisen, zum Verschließen.
Eltern und Lehrer verhaken sich solange in Konfrontation mit gegenseitigen Verletzungen, wie sie der Sichtweise von „richtig“ und „falsch“ verhaftet sind, solange sie denken, dass es nur eine Wahrheit und Wirklichkeit gibt.
Kooperation hilft zum Öffnen, zum gemeinsamen Ringen nach Lösungen, führt eher zu Veränderungen. Und um diese Kooperation zu ermöglichen ist eine andere Sichtweise notwendig.

## 3.2 Schulprobleme aus systemischer Sicht

*Man kann das Pferd zum Wasser führen,*
*aber trinken muss es selber.*

Volksweisheit

Viele Faktoren erleichtern und erschweren das Lernen. Aus systemischer Sicht geht man davon aus, dass Symptome, wie z. B. Schulschwierigkeiten, nie das Resultat einer einzigen Ursache sind, nicht monokausal erklärt werden können. Vielmehr gibt es zahlreiche Faktoren aus verschiedenen Bereichen bzw. Systemen, die schulisches Lernen erleichtern oder erschweren können; Faktoren, die zur Entstehung beigetragen haben, wie auch Faktoren, die dafür sorgen, dass das Symptom aufrechterhalten wird (vgl. Abb. 1, S. 17).
Einige Faktoren liegen nun sicher auch im System *„Schüler“*. Der Schüler bzw. die Schülerin ist eine eigene Persönlichkeit, ein Individuum mit bestimmten Voraussetzungen, Dispositionen, Fähigkeiten usw. (vgl. Tafel 1, S. 20). Er bildet ein geschlossenes System, eine Einheit von Körper, Geist und Seele. Ein eigenständiges und selbstverantwortliches Wesen.
Mögliche Faktoren, die von Seiten des Schülers bzw. der Schülerin die Entstehung von Schulschwierigkeiten mit beeinflussen, sind u. a. Begabungshöhe, Motivation, Konzentrationsfähigkeit, Interesse, Lern- und Arbeitsverhalten, Entwicklungskrisen usw. (vgl. Tafel 1, S. 20).
Das Kind lebt aber nun nicht isoliert, sondern ist auch zeit seines Lebens Teil seiner Familie. Innerhalb des Systems *„Familie“* stehen alle Mitglieder in enger Wechselwirkung zueinander, haben eine bestimmte Beziehung zueinander. Die Familie ist das wichtigste und prägendste Bezugssystem eines Menschen. In ihr lernt der Jugendliche die Welt zu sehen und sich zu verhalten. Veränderungen bei einem Familienmitglied haben Veränderungen der anderen Familienmitglieder zur Folge. Sie beeinflussen sich gegenseitig.
Erziehungsstil der Eltern, Belastungen oder Konflikte auf der Paarebene, überhöhte Leistungserwartungen an das Kind, Rivalität unter den Geschwistern oder überforderte Eltern usw. sind hier mögliche Einflussfaktoren, die sich negativ auf das schulische Lernen des Kindes auswir-

ken können, während sich z. B. konsequentes und klares Erziehungsverhalten, zufriedene und ausgeglichene Eltern, ein fürsorgliches Familienklima und respektvolles Umgehen miteinander günstig auswirken.
Der Schüler ist aber auch gleichzeitig Mitglied im System *„Schule"*. Er ist hier ebenfalls den gegenseitigen Einflüssen unterworfen. Beziehungen und Kontakte zu MitschülerInnen und LehrerInnen spielen hier ebenso eine Rolle wie Beziehungen und Einflüsse der LehrerInnen untereinander oder des Kollegiums zur Schulleitung. Die Schulstruktur, der „Geist" einer Schule sowie das Schulklima haben dabei einen Einfluss auf alle Systemmitglieder und andersherum prägt die Summe der einzelnen Lehrerpersönlichkeiten mit den entsprechenden privaten Hintergründen das Gesamtsystem.

**Systemische Sichtweise von Schulschwierigkeiten: Einflussfaktoren und Wechselbeziehungen.**

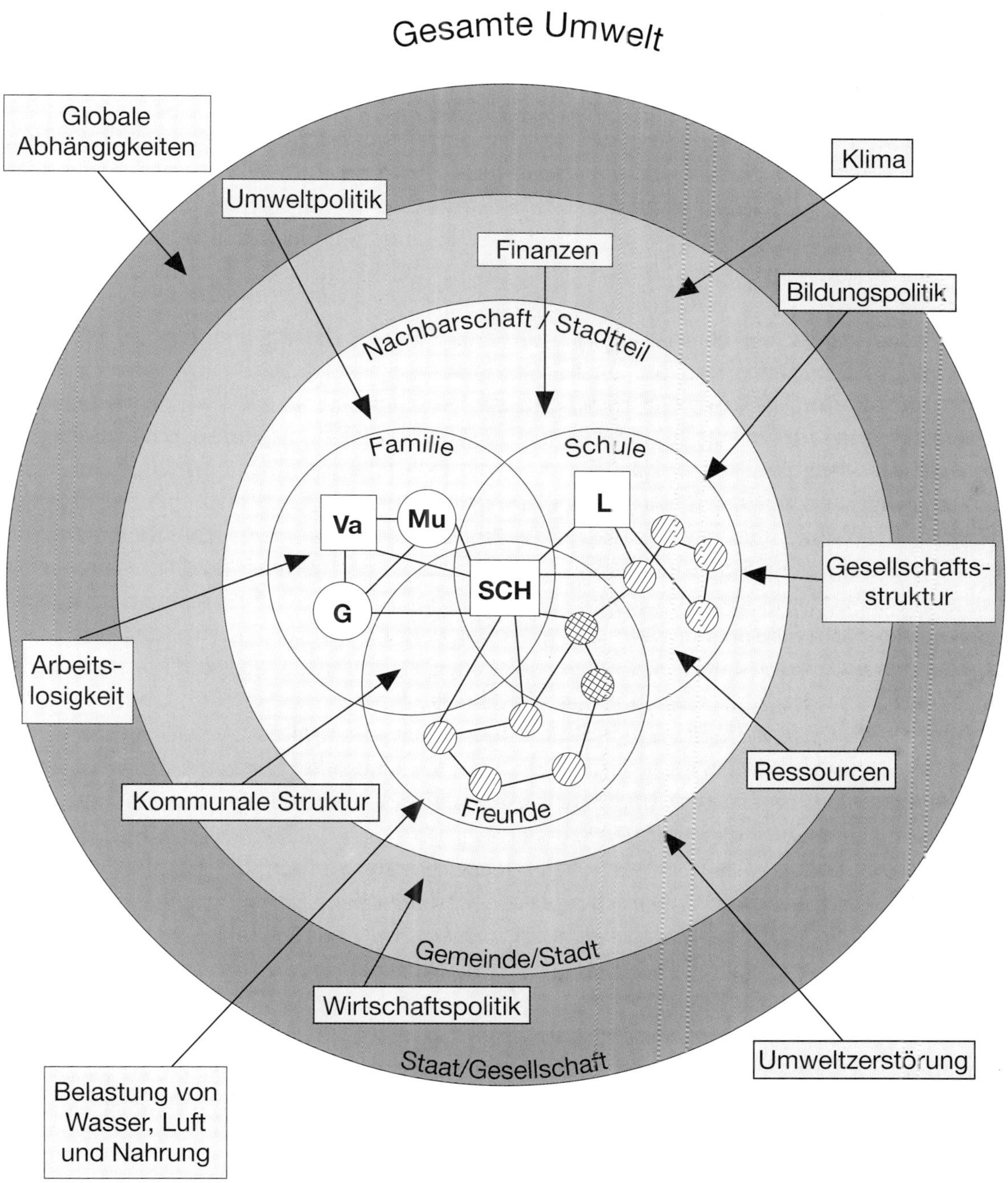


*Abb. 1 Systemische Sichtweise von Schulschwierigkeiten*

Zwischen Elternhaus und Schule bestehen nun Wechselwirkungsprozesse.
Einflüsse der Familie werden über das Kind in die Schule geleitet, schulische Einflüsse machen sich im Elternhaus bemerkbar. Veränderungen in der Familie sind über das Kind auch in der Schule wirksam, ebenso wie Veränderungen in der Schule sich in der Familie bemerkbar machen.
Wenn es zu Hause Ärger oder Kummer gibt, kann das Kind nicht einfach abschalten, es ist auch im Klassenzimmer damit beschäftigt, Energien sind dadurch abgezogen, die beim Lernprozess fehlen.
Und wenn es in der Schule nicht mehr so klappt, wenn Fehler gemacht werden, stehen die Eltern unter dem Sorgendruck. Was soll aus dem Kind werden, wenn es jetzt schon Fehler macht. Die Eltern reagieren auf irgendeine Weise, helfend oder strafend, eine Dynamik kommt in Gang, die nicht selten zu Teufelskreisen führt.
Je älter ein Kind wird, desto bedeutender wird ein weiteres System für den Schüler, der *„Freundeskreis“,* die Clique. Auch hier stehen die einzelnen Mitglieder in bestimmten Beziehungen zueinander, beeinflussen sich gegenseitig. Je weniger Halt und Geborgenheit ein Jugendlicher in seiner Familie hat, desto stärker sind die Einflussfaktoren dieses Systems und beeinflussen sein Denken, Handeln und Fühlen.
Es gibt noch zahlreiche weitere Systeme, zu denen und zwischen denen Wechselbeziehungen bestehen. Auf der einen Seite der erweiterte Familienkreis (z. B. die Großeltern oder andere Verwandtschaft, die mehr oder weniger verdeckt ihre Erwartungen zur Geltung bringen und sich „einmischen“), die Nachbarschaft und das Wohnumfeld. Und auf der anderen Seite das schulische Umfeld, das Lehrerkollegium mit den wechselseitigen Beziehungen, die Schulhierarchie, die familiären Hintergründe und Lebensgeschichten der einzelnen LehrerInnen, die Schule als Gesamtsystem.
All diese Systeme sind nun wieder eingebettet in größere Systeme, die sich als konzentrische Kreise um diese Gruppen darstellen lassen (vgl. Abb.1, S. 17).
Als nächstes z. B. der Stadtteil, die Kommune, die *Gemeinde*.
Die örtlichen Gegebenheiten, z. B. die Wohnsituation und Wohnumgebung, die finanziellen Ressourcen, die kommunale Struktur usw. haben Einfluss auf Familien, auf die Schule und somit auf den Einzelnen, auf seine Entwicklung, seine Befindlichkeit, sein Denken, Fühlen und Handeln.
Der nächste Kreis, das nächste System umfasst die *Gesellschaft,* unseren Staat, die Bundesrepublik Deutschland, das (bildungs-)politische, kulturelle und wirtschaftliche Umfeld. Faktoren wie wirtschaftliche Rezession und die davon abhängige Arbeitslosigkeit können sich vehement auf die Mitglieder der Familie auswirken, können zur wirtschaftlichen Not in den Familien führen, zu familiären Belastungen und Spannungen. Kommunal- und Bildungspolitiker nehmen die allgemeine Finanzknappheit als Begründung für Einsparungen z. B. bei der Schulausstattung, in der Lehrereinstellung, bei sinnvollen Jugendeinrichtungen. Jüngstes Beispiel ist die Streichung der Zuschüsse für die Schülerbeförderung in Baden-Württemberg, welche die freie Schul- und Profilwahl und somit die Bildungschancen für Kinder aus finanzschwachen Familien stark einschränkt.
Die Zukunftsperspektiven für unsere Kinder sind alles andere als rosig. Die Jugendlichen erleben die Korruptheit der Regierenden, erfahren, dass derjenige am weitesten kommt, der Rücksichtslosigkeit und Skrupellosigkeit demonstriert, und nicht wenige ziehen in ihrer Resignation die Konsequenz der Interesselosigkeit und der „Null-Bock-Mentalität“.
Die Gesellschaftsordnung, die Gesellschaftsstruktur haben ebenso einen Einfluss wie der vielzitierte Wandel, den unsere Gesellschaft permanent durchläuft. Die Kultur des „Miteinanderumgehens“ in unserer Gesellschaft zeigt sich am deutlichsten in der Schule. *Kinder sind ein Spiegel der Gesellschaft.*
Hinderliche Einflüsse für das Lernen resultieren auch zum großen Teil aus der stetigen und steigenden *Umwelt*belastung von Wasser, Luft und Nahrung sowie dem Raubbau an der Natur. Kinderärzte konstatieren einen ständigen Anstieg von Allergien und Erkrankungen der Atemwege und Schleimhäute. Diese enormen Stressoren für die Kinder werden meiner Ansicht noch zu

wenig bei der Analyse von Schulschwierigkeiten berücksichtigt. Kinder reagieren besonders empfindlich auf die permanente Vergiftung unserer Umwelt und wirtschaftliche Interessen einiger weniger verhindern gesetzlichen Schutz von vielen Betroffenen.
Zu diesen belastenden Umweltfaktoren gehören noch die derzeitige Medienlandschaft, die Fernsehgewohnheiten und -angebote, die Reizüberflutung und Lärmberieselung, Bewegungsmangel und Schularchitektur um nur einige zu nennen.
Vereinfacht lässt sich das Modell (Abb. 1, S. 17) folgendermaßen darstellen:

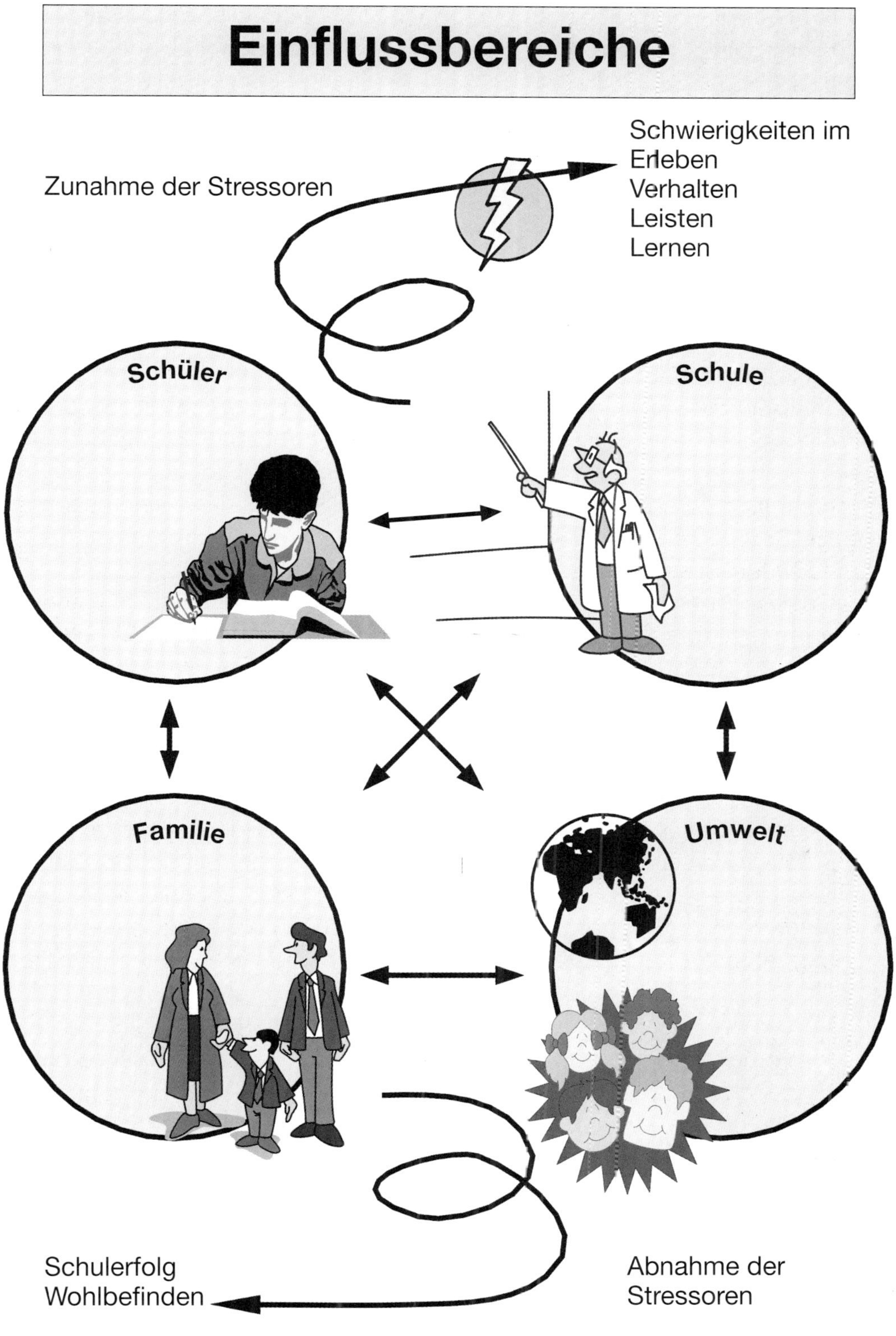


Abb. 2 *Einflussbereiche*

**Tafel 1: Mögliche Faktoren (Stressoren), die Schulschwierigkeiten begünstigen oder aufrechterhalten können**

### Schüler

- Begabungshöhe
- Kenntnisse und Fertigkeiten
- Begabungskomponenten
- Lernmotivation
- Lerntechniken und -strategien
- Kognitive Stile
- Schul- und Leistungsangst
- Konzentrationsfähigkeit
- Entwicklungskrisen
- Identitätskrisen
- Selbstkonzept und Selbstbild
- Affektivität, Stimmung
- Konstitution und Gesundheit
- Organische Ursachen
- Hyperaktivität
- Speicherkapazität
- Behinderung
- usw.

### Schule

- Lehrerpersönlichkeit
- Befindlichkeit des Lehrers
- Psychohygiene des Lehrers
- Lehrer-Schüler-Beziehung
- Erziehungs- und Unterrichtsstil
- Unterrichtsmethodik
- Leistungsanforderungen
- Leistungsbeurteilung
- Erwartungshaltung
- Schulklima, Schulumwelt
- Schulorganisation
- Beziehungen im Kollegium
- Schüler-Schüler-Beziehungen
- Lehrplan
- Bildungspolitik
- Pädagogischer Konsens
- Kooperation mit dem Elternhaus
- usw.

### Familie

- Familienstruktur
- Familienregeln
- Familienklima, Familienkonflikte
- Trennung und Scheidung
- Erziehungseinstellung und -stil
- Verwöhnung
- Eltern-Kind-Beziehung
- Geschwisterrivalität
- Überforderte Eltern
- Vernachlässigung, Missbrauch
- Hohe Leistungserwartungen
- Anregung und Förderung
- Ablösekrisen
- Familienrhythmus und Freizeit
- Krankheit und Tod
- Belastungen, Sorgen
- usw.

### Umwelt

- Reizüberflutung
- Medien, Fernsehen
- Permanenter Lärm
- Belastung von Luft, Wasser, Boden, Nahrung
- Elektromagnetische Wellen
- Zunahme von Allergien
- Bewegungsmangel
- Schularchitektur
- Bildungspolitik
- Gesellschaftsordnung, -struktur
- Wandel der Gesellschaft
- Werteverfall
- Zukunftsperspektive
- Wohnverhältnisse
- Familienpolitik
- Jugendszene, Peergruppen, Clique
- usw.

**Zwischen den Einflussbereichen „SchülerIn", „Familie", „Schule", „Umwelt" bestehen Wechselwirkungen**

In all diesen Bereichen gibt es nun zahlreiche Faktoren, die die schulische Situation von SchülerInnen erleichtern oder erschweren können. Im letzteren Fall kann man auch von Stressoren reden, die auf den Schüler einwirken. Genauso bedeutend, wenn nicht gar wesentlicher als die Faktoren in den verschiedenen Bereichen sind aber die Wechselwirkungen, die Beziehungen zwischen den Faktoren bzw. den Bereichen, die als Stressoren wirken können.
So kann z. B. ein Schüler trotz familiärer Spannungen und Konflikte oder gar Scheidung der Eltern ganz gut mit Schule und Lernen zurechtkommen, vielleicht weil er über eine gute Begabung verfügt, einen verständnisvollen Lehrer hat, ein gutes Schulklima herrscht oder er in einem ausgleichenden Freundeskreis Kontakt und Unterstützung findet oder er sich einfach im Laufe seines Lebens wirksame Bewältigungsstrategien angeeignet hat.
Wogegen vielleicht ein anderer Schüler massive Symptome zeigt, weil zusätzlich zu dieser familiären Belastung noch beengte Raumverhältnisse in der Schule herrschen, er zu der Rechtschreibschwäche noch einen persönlichen Konflikt mit dem Deutschlehrer hat und dazu Liebeskummer hat oder er in seinem Fußballverein wegen mangelnder Leistung auf die Ersatzbank verbannt wurde.

Zum Beispiel Georg.
In der ersten und zweiten Klasse machte sich seine Legasthenie noch nicht so bemerkbar und wurde durch eine Lehrerin, die überwiegend mit Montessori-Materialien arbeitete, gut aufgefangen. Der Lehrerwechsel Anfang der dritten Klasse mit veränderten Unterrichtsmethoden und erhöhten Lernanforderungen machte das Problem erst richtig sichtbar. Die Mutter bemerkte nur, dass die Schwierigkeiten mit der neuen Lehrerin anfingen und schrieb ihr einen Großteil der Schuld zu. Der Vater gab der Mutter die Schuld, die Mutter der Lehrerin. Diese Spannungen verunsicherten den Jungen noch mehr und verstärkten das Problem. Dazu kam noch erschwerend, dass wegen des herrschenden Lehrermangels aufgrund der Finanzknappheit des Landes keine Stütz- und Förderkurse in der Schule angeboten wurden und die Lehrerin den Jungen nicht gezielt fördern konnte. So blieb dem Jungen die dringend erforderliche Einzelbetreuung versagt.

## 3.3 Symptome als verschlüsselte Hinweise

*Ohren der Seele hören fein*
Goethe

Eine Zunahme von Stressoren in oder zwischen den Bereichen oder Systemen führt zu Belastungen. Wird dabei das erträgliche bzw. bewältigbare Maß überschritten, sucht sich das betroffene System oder die Person eine Lösung, und diese Lösung kann z. B. eine Lernstörung, ein Schulversagen, eine Leistungsverweigerung, eine Verhaltensauffälligkeit, eine Schwierigkeit im Lernen, Leisten, Verhalten oder Erleben sein.
Die Probleme, die ein Kind macht, die Symptome, die es zeigt, können also als das Bemühen betrachtet werden eine Lösung, einen Ausweg aus den Belastungen zu finden. Die Problemlösung wird dabei wieder zum Problem, zur Belastung.
Diese Belastung ist in der Regel jedoch ein geringeres Problem, eine geringere Belastung, als das Problem, für das es eine Lösung darstellt.
Aus systemischer Sicht haben die Symptome immer eine *Funktion und Bedeutung* für die betroffenen Systemmitglieder, für das gesamte System bzw. die beteiligten Systeme.
Immer wieder können wir dabei die folgenden zentralen Bedeutungen und Funktionen von Symptomen wahrnehmen:

- *Symptome können verzweifelte und vergebliche Lösungsversuche einer für das Schulkind unaushaltbaren Situation darstellen.*

- *Symptome können der verschlüsselte Hilferuf eines Schulkindes bzw. Jugendlichen an außerfamiliäre Bezugspersonen darstellen (LehrerInnen, MitschülerInnen, Institutionen u. Ä.).*
- *Symptome können eine Machtausübung über Bezugspersonen darstellen (Beziehungsmanipulation).*
- *Symptome können den Versuch darstellen von den Problemen enger Bezugspersonen abzulenken.*

So zum Beispiel Daniel, der Klassenkasper. Im Grunde ist er ein sehr sensibler Junge, aber sehr einsam, nahezu vernachlässigt. Um seiner Resignation zu entkommen, um die Traurigkeit und Wut nicht zu spüren, die daraus resultiert, dass sein Vater nie Zeit für ihn hat, um Anerkennung und Achtung zu erlangen hat er sich die Rolle des Klassenkaspers angeeignet. Er bekommt dadurch Zuwendung und hat die Lacher auf seiner Seite, von manchem wird er ob seines Mutes sogar bewundert, und die Lehrer widmen ihm viel Zeit. Zeit, die er von Erwachsenen sonst nicht bekommt. Diese Zeit ist zwar mit negativen Inhalten gefüllt, mit Ermahnungen, Schimpfen, Strafen usw., aber dies ist allemal besser als Gleichgültigkeit und Vernachlässigung. Der Preis ist zwar hoch, er bezahlt mit Strafen und sinkenden Schulleistungen, aber der Gewinn, der Nutzen, durch die Zuwendung und Beachtung ist für ihn ungleich höher, so dass er den Preis in Kauf nimmt. Dass er bei dieser unbewussten Kosten-Nutzen-Rechnung letztendlich selbst auf der Stecke bleibt, liegt natürlich nicht im Erfahrungshorizont des Neunjährigen.

## Zwei Seiten eines Symptoms

Wie das System (SchülerIn, Schule, Familie, Gesamtsystem) dann reagiert, welche Symptome ausgebildet werden, hängt jeweils von den individuellen Gegebenheiten ab. Es bildet sich an bestimmten Sollbruchstellen, an bestimmten Schwachstellen, sucht sich einen Sinn auf symbolischer Ebene.
Symptome sind die *momentan beste Lösungsmöglichkeit* für das System (Subsystem, Gesamtsystem). Die Art und Weise des Symptoms hat dabei immer Symbolcharakter. Symptome sind nicht zufällig, sondern haben eine Funktion, einen (oft verdeckten) Sinn für die betroffenen Systeme.
Symptome sind mitunter verdeckte Botschaften, Hinweise in einer verschlüsselten Sprache.

*Bei jedem Symptom gibt es daher eine nach außen sichtbare destruktive Seite, die in einer scheinbar selbstzerstörerischen Weise das schulische Fortkommen der SchülerIn behindert, und eine verdeckte konstruktive Seite, die einen Versuch darstellt mit einer psychisch belastenden Situation fertig zu werden.*

Bei der systemischen Betrachtungsweise wird der Blick vom individuellen System „Schüler" ausgeweitet auf andere betroffene Systeme (vgl. Abb. 1, S. 17).
Wir müssen als LehrerInnen lernen die verdeckten *positiven* Kehrseiten von schulischen Symptomen zu erkennen. Dann können wir dem Schulkind und seiner Familie auch anders begegnen und in der *Kooperation gemeinsam Lösungen erarbeiten.*
Es genügt aber nicht und ist nicht systemisch gedacht den Problemfokus vom Kind auf die Familie oder die Schule zu lenken, nach dem Motto: „Die Familie (bzw. die Schule) ist der Herd der Störung." Das hieße Zuschreibungen zu machen und Realitäten zu konstruieren. Den Familien, den Eltern, den Lehrern bzw. der Schule werden damit Störungen, Defizite oder Fehlverhalten unterstellt. Dies ist eine Abwertung der bisherigen Bemühungen aller Systemmitglieder, der LehrerInnen wie der Eltern, und ist wenig zieldienlich, sondern fördert die Konfrontation und somit die Eskalation. Dass ein Kind als Problemträger auftritt und als solcher definiert wird, kann auch verstanden werden als organisatorische Leistung des Systems.
Das schließt nicht aus, dass auch Symptome existieren, die auf der individuellen Ebene des einzelnen Schülers angesiedelt sind und keine systemische Funktion haben wie z. B. eine intellektuelle Überforderung oder eine Teilleistungsschwäche (Legasthenie oder Rechenschwäche).

Diese Sichtweise, die Ausweitung und Einbeziehung aller betroffenen Systeme und Personen und ihrer Einflussmöglichkeiten auf Lösungen hat den Vorteil, dass einzelne Systemmitglieder von der „Schuld“ allein verantwortlich zu sein entlastet werden, dass sie demgegenüber aber ihren Anteil an der Aufrechterhaltung des Problems erkennen können. Dadurch steigt dann eher die Bereitschaft konstruktiv an Lösungen mitzuwirken.
Herr M., Klassenlehrer des 14-jährigen Peter, schätzte zum Beispiel seinen Einfluss bei den Lern- und Verhaltensschwierigkeiten von Peter nur auf ca. 10 % ein. Und im anschließenden Gespräch konnte seine Bereitschaft geweckt werden, diese 10 % Einfluss bei der Suche nach Lösungen und Veränderungsmöglichkeiten zu nutzen. Dies wäre sicher nicht möglich gewesen, wenn die Schuldzuweisungen unausgesprochen im Raum geblieben wären.
Je mehr betroffene Personen kooperativ mitwirken, desto wahrscheinlicher wird eine Lösung, das Erreichen eines Zieles. Die Entscheidung über das, was als Ziel definiert wird, liegt dabei in der Zuständigkeit der entscheidenden Subsysteme, d. h. bei dem Kind und seiner Familie.
Je mehr die Familie dabei mit der Schule kooperiert, je größer dabei die Übereinstimmung von Elternhaus und Schule ist, desto leichter wird dieses Ziel erreicht werden können.

## 3.4 Die vier Schülertypen

*Ein Kind ohne Grenzen*
*ist wie ein Fass ohne Boden.*
Wolfgang Ehinger

Bitte verstehen Sie die folgende Typologisierung Ihrer Schülerpopulation nicht als Aufforderung zu einer Schubladenzuordnung von problematischen bzw. unproblematischen Schülern nach Schema F falsch!
Selbstverständlich werden Sie nicht allzu häufig SchülerInnen in Ihrer Klasse haben, auf die die beiden unten beschriebenen Dimensionen „Ausmaß des Schulproblems“ und „Ausmaß der elterlichen Verantwortung“ in einer Extremausprägung zutreffen. Oft handelt es sich um mehr oder weniger stark ausgeprägte Tendenzen in Richtung der einen oder anderen Dimension.
Dennoch haben wir in der langjährigen Arbeit mit LehrerInnen die Erfahrung gemacht, dass es von diesen als sehr hilfreich erlebt wurde sich vor dem Elterngespräch oder der Planung anderer Stützmaßnahmen darüber Gedanken zu machen, um welchen Schülertyp es sich im jeweiligen Fall wohl handeln könnte.

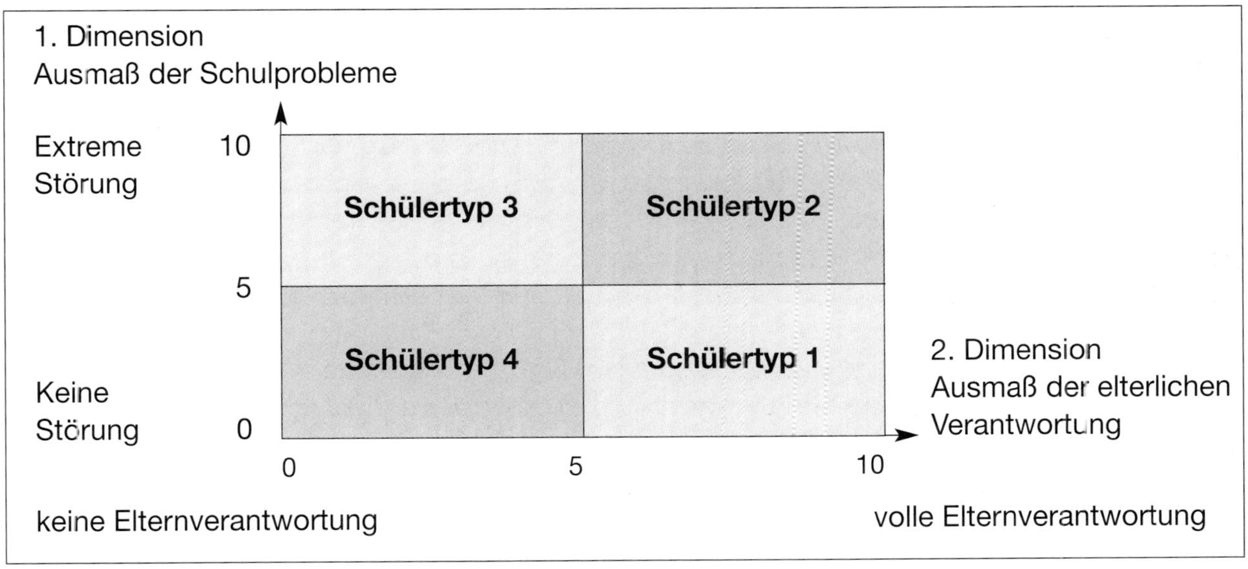


Abb. 3 *Die vier Schülertypen*

**Schülertyp 1:**
SchülerIn ohne Schulprobleme mit Eltern, die voll in der Elternverantwortung sind.

**Schülertyp 2:**

SchülerIn mit Schulproblemen und Eltern in der Elternverantwortung.
Diese Eltern sind bereit und in der Lage inner- und außerschulische Hilfsangebote anzunehmen und im Interesse ihres Kindes mit der Schule zu kooperieren.

**Schülertyp 3:**

SchülerIn mit Schulproblemen und Eltern, die nicht oder nur unzureichend in der Lage sind ihre Elternverantwortung zu übernehmen.
Dieser Schülertyp stellt für alle LehrerInnen die größte Herausforderung dar, weil es viele vergebliche Versuche von seiten der Schule gegeben hat mit den Eltern zu kooperieren.
Statt die Eltern zu verdammen, hilft hier nur diese über „Hilfseltern" zu stützen, wie z. B. Familienhilfe, Tageswohngruppe, Schülerhort und Ähnliches. Dabei handelt es sich um Maßnahmen, die die Mitarbeit des zuständigen Jugendamtes erfordern.
Im Extremfall (Vernachlässigung, schwere Misshandlung, sexueller Missbrauch) kann die Unterbringung des Schülers/der Schülerin in Pflegefamilien, Jugendwohngruppen oder Internaten sinnvoll sein, d. h. bei „Ersatzeltern" (läuft nur übers Jugendamt).
Beim Schülertyp 3 geht es also immer um die Kombination von Beratung/Therapie mit Maßnahmen der Elternunterstützung bzw. im Extremfall der Fremdunterbringung.

**Schülertyp 4:**

SchülerIn ohne Schulprobleme mit Eltern, die nicht oder nur unzureichend ihre Elternverantwortung übernehmen.
Diese SchülerInnen zeigen zwar (noch) keine Schulprobleme, fallen aber den LehrerInnen durch Anzeichen materieller (ungepflegtes Äußeres, fehlende Unterrichtsmaterialien, keine geregelten Mahlzeiten und vieles mehr) und/oder emotionaler (z. B. statt elterlicher Zuwendung, Zeit, Liebe – materielle Überversorgung) Vernachlässigung auf.
Hier geht es ähnlich wie beim Schülertyp 3 darum die Eltern – wenn schon nicht für die Übernahme elterlicher Verantwortung – wenigstens für die Annahme von Stützungsmaßnahmen für sie selbst zu gewinnen, wie z. B. Familienhilfe, Schülerhort, Tageswohngruppe, Tagespflege und Ähnliches.
Im Unterschied zum Schülertyp 3 sind hier jedoch in der Regel keine Beratungs- bzw. Therapiemaßnahmen für die SchülerIn selbst erforderlich.

## 3.5 Zusammenfassung: Sichtweisen, Denkweisen, Grundannahmen

- Jeder Mensch konstruiert seine eigene innere Wirklichkeit, keine ist daher „richtiger“ oder „falscher“ als die andere.
- Allerdings sind manche Wirklichkeitskonstruktionen nützlicher im Sinne von Problem- und Krisenvermeidungen im Alltagsleben.
- Es gibt nie nur eine Ursache für Probleme und Konflikte im Schulalltag. Vielmehr sind immer eine Reihe von Faktoren aus den Bereichen Individuum, Familie, Schule und Gesellschaft mitbeteiligt, die sich gegenseitig verstärken und beeinflussen.
- Elternhaus und Schule sind jeweils Teil dieser Gesellschaft und als solcher gleichermaßen gesellschaftlichen Einflüssen (Medien, Konsumhaltung, Ideologien, soziale Situation, Bildungspolitik usw.) und Veränderungsprozessen ausgesetzt.
- Aktion und Reaktion sind immer nur ein Ausschnitt aus einer endlosen Spirale (Frage der Interpunktion).
- Schulschwierigkeiten, egal ob im Verhalten, Leisten, Lernen oder Erleben, sind Symptome, die in der Zeit entstehen und auch in der Zeit veränderbar sind. Sie sind keine festen Persönlichkeitsmerkmale.
- Diese Symptome sind kein Zufall, sondern sie sind vielmehr sinnvoll und haben eine Funktion für den Betroffenen und sein soziales Ökosystem (Familie, Schulklasse, Gruppe, Gesellschaft usw.).
- Diese Symptome sind Hinweise auf nicht funktionierende Interaktionsmuster in oder zwischen den Systemen, denen der Schüler angehört.
- Symptome sind kreative Lösungsversuche in einer belastenden Situation.
- Wir kommen weiter, wenn wir als LehrerInnen und Eltern den Ressourcen (den Stärken und Fähigkeiten) des Schülers nachgehen. Es ist sinnvoller und zieldienlicher, sich an Lösungen und an der Zukunft zu orientieren. Schuldzuweisungen und Vorhaltungen von Fehlern aus der Vergangenheit führen oft in die Sackgasse.
- Elternhaus und Schule sind die wichtigsten Bezugssysteme für das Kind und den Jugendlichen. Es ist daher zwingend notwendig, dass beide Institutionen um einen Konsens (Übereinstimmung) in Erziehungsfragen ringen.

# 4. Grundlagen und Bestandteile des kooperativen Elterngesprächs

*Schweigen ist Gold –*
*und Reden will gelernt sein.*
Reinhold Miller

## 4.1 Die magische Zahl VIER – Übersicht über die Dimensionen und Prozesse des Elterngesprächs

Nicht genug damit, dass es vier Jahreszeiten und vier Himmelsrichtungen gibt – auch in der Praxis der Gesprächsführung geistert die magische Zahl VIER herum:

1. die vier Stockwerke des Gebäudes einer effektiven Gesprächsführung (Kap. 4.2),
2. das Vier-Ohren-Modell der menschlichen Kommunikation (Die vier Dimensionen einer Botschaft) (Kap. 4.6),
3. die vier Ebenen des menschlichen Erlebens und Verhaltens (Kap. 4.7),
4. die vier Blickweisen des Gesprächsleiters (Kap. 4.8),
5. die vier Wissensarten des Gesprächsleiters (Kap. 4.9),
6. die vier Kommunikationstypen (Kap. 4.10)
7. die vier Bereiche der Entstehung von Schulproblemen (s. Kap. 3.2),
8. die vier Schülertypen (s. Kap. 3.4),
9. die zwei mal vier Kommunikationsformen (Kap. 6),
10. die vier Zeiten (Vergangenheit, Gegenwart, Zukunft, Welt der Möglichkeiten).

Wenn Sie also den Daumen zum Zählen benutzen, können Sie jeweils die wichtigsten Prozesse und Dimensionen der Gesprächsführung ganz einfach an den vier Fingern einer Hand abzählen. Aber keine Angst vor der „magischen Zahl VIER“, wir erklären die „magischen Viererprozesse“ noch ganz genau und verständlich.

## 4.2 Die vier Stockwerke des Gebäudes der kooperativen Gesprächsführung

Die einzelnen Stockwerke dieses Gebäudes können nach *2 Hauptdimensionen* geordnet werden, die kennzeichnend sind für das Elterngespräch.
Die erste Dimension handelt schwerpunktmäßig von den *„Zutaten“* eines erfolgreichen Lehrer-Eltern-Gesprächs, d. h. von den Grundlagen und -haltungen, den Methoden und Techniken (Bestandteilen), sowie dem äußeren Rahmen, in dem das Gespräch stattfindet. Diese „Zutaten“ sind in den Kapiteln 3–5 beschrieben.
Die zweite Dimension behandelt die *Phasen* und die *Struktur* des Elterngesprächs, also Vorbereitung, Durchführung und Auswertung der Gespräche. Sie sind in den Kapiteln 5–7 beschrieben.
Übrigens haben wir die Methapher des Gebäudes deshalb gewählt, weil wir damit *das Primat der Grundlagen und -haltungen vor den Methoden und Techniken,* bzw. der Struktur und den Phasen des Lehrer-Eltern-Gesprächs zum Ausdruck bringen wollen: ohne Fundament bricht das ganze Gebäude zusammen, d. h., wenn die beratende Lehrperson den Eltern eine negative Grundeinstellung entgegenbringt, helfen noch so ausgefeilte Methoden und Techniken oder noch so eine klare Gesprächsstruktur wenig. D. h. der 1. und der 2. Stock bauen auf dem Fundament des Gebäudes auf.

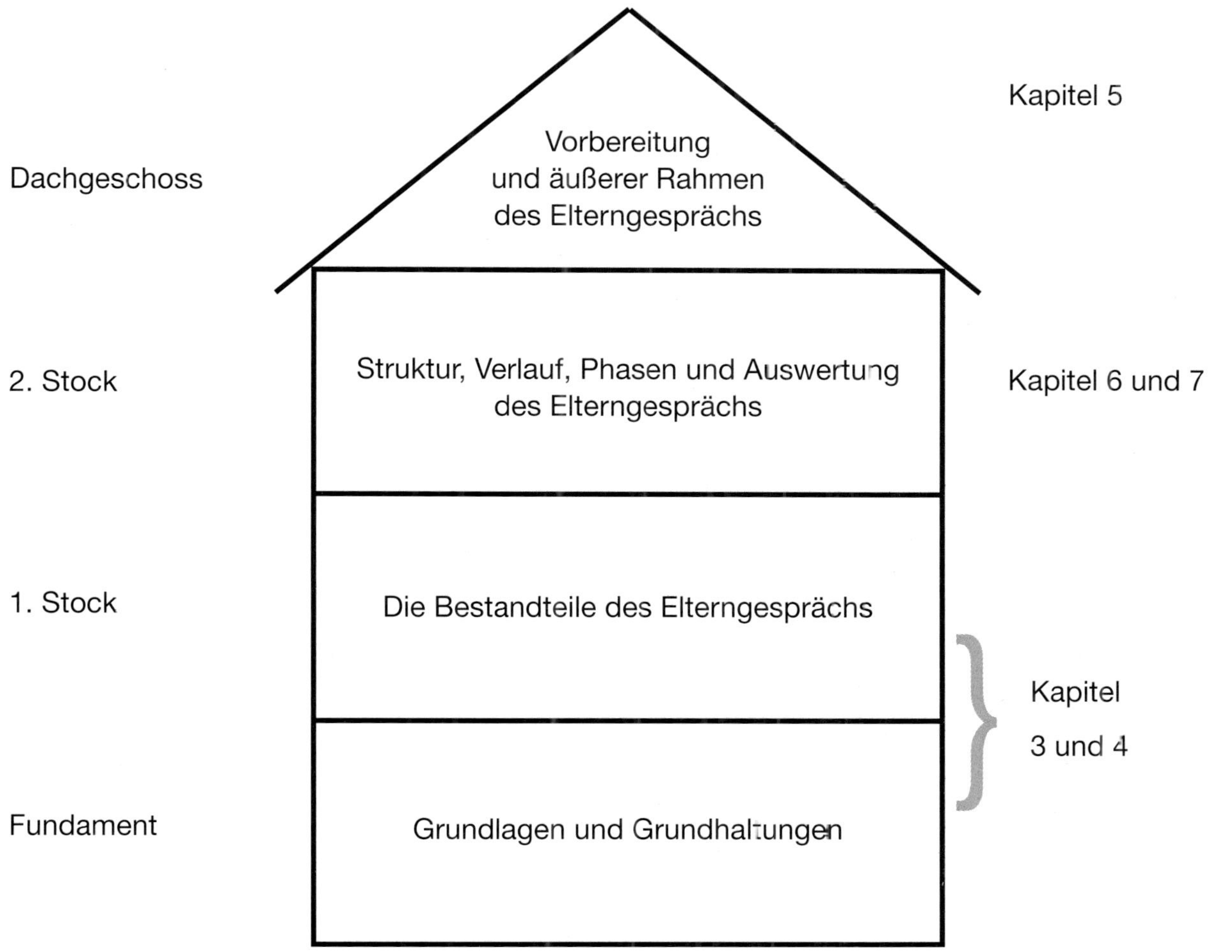


Abb. 4 *Das Gebäude des Elterngesprächs*

Wenn jedoch das Dach des Gebäudes undicht ist, regnet es herein. Damit meinen wir: Wenn das Gespräch mangelhaft vorbereitet wird, der zeitliche Rahmen nicht richtig bemessen und die räumliche Umgebung für das Gespräch ungünstig ist, kann das eine gute Arbeit in den übrigen 3 Stockwerken behindern.

## 4.3 „Stern"-Stunden der Gesprächsführung Nützliche und hilfreiche Grundhaltungen der Lehrperson

*Gott hat uns zwei Ohren gegeben,*
*aber nur einen Mund,*
*damit wir doppelt so viel zuhören wie sprechen.*
Arabisches Sprichwort

Im Zentrum des Sterns der erfolgreichen Gesprächsführung steht das Ziel die Eltern zur Kooperation zu bewegen. Kooperation bedeutet, dass Eltern im Rahmen einer vertrauensvollen Zusammenarbeit mit dem Lehrer/der Lehrerin Schritte unternehmen, die zur Lösung bzw. Verminderung (Deeskalation) der Schulprobleme ihres Kindes beitragen.
Diese Lösungsschritte können auf allen möglichen Ebenen und in verschiedenen Bereichen ansetzen, wie zum Beispiel der Veränderung der Eltern-Kind-Interaktion bei den Hausaufgaben, dem Aufsuchen einer Beratungsstelle, der Organisation einer Nachhilfe in einem ganz bestimm-

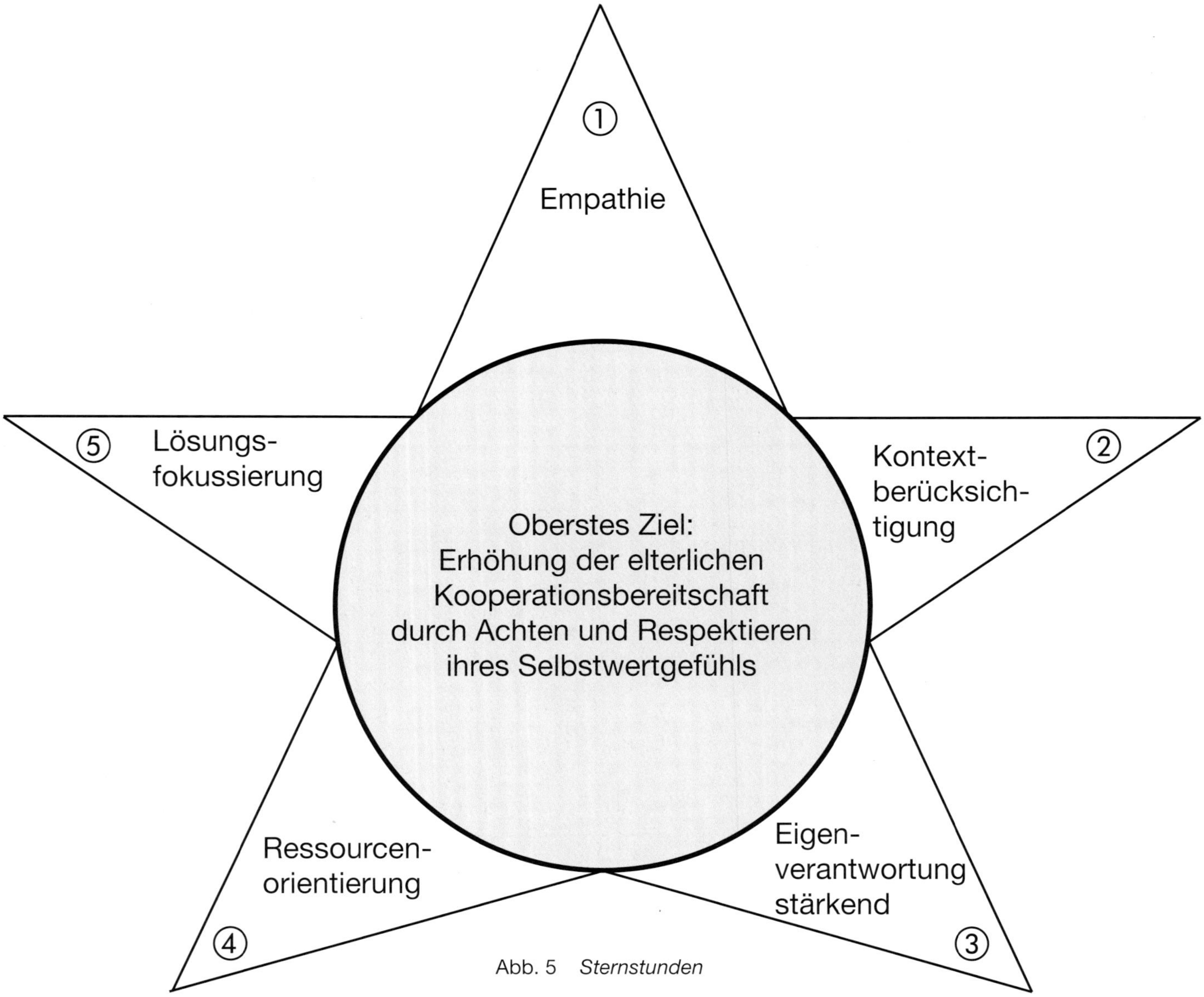


Abb. 5 *Sternstunden*

ten Fach für das Kind, der Einstellungsänderung der Schule gegenüber, der vermehrten Kontakte zwischen Elternhaus und LehrerIn u. v. m.
Zur Kooperation sind jedoch Gesprächspartner (Eltern) nur dann bereit, wenn ihr Selbstwert geschützt bzw. gestärkt wird. Bei Verletzungen des Selbstwertes kommt es zum Kampf oder Rückzug des Gesprächpartners, d. h., zur Konfrontation bzw. zum Gesprächsabbruch.
In diesem Zusammenhang möchten wir darauf hinweisen, dass viele Eltern in den Gesprächen mit Lehrern in eine Kindrolle rutschen. Das Zusammenwirken von äusseren Reizen (wie Klassenräume, kleine Stühle, auf denen sie sitzen, der „Geruch" von Schule mit inneren Assoziationen aufgrund von unverarbeiteten Erlebnissen der eigenen Schulzeit) führt dazu, dass diese alten Erlebnisse wieder „hochkommen", alte Muster wachgerufen werden und die Eltern blockieren. Sie sitzen Ihnen dann nicht als Eltern des gemeinsam umsorgten Schulkindes gegenüber, sondern selber wieder als Schulkind mit evtl. geringem Selbstwert. Vergangenheit und Gegenwart vermischen sich und beeinflussen die Interaktion im Gespräch.
Wie wir im vorangegangenen Kapitel anhand des Gebäudes der erfolgreichen Gesprächsführung dargelegt haben, besteht das Fundament vor allem in der Grundeinstellung (die stark von der Persönlichkeit und dem Menschenbild beeinflusst wird) des Lehrers, der Lehrerin dem Gesprächspartner gegenüber. Die in den Sternzacken symbolisierten Haltungen des Lehrers, die in einer wechselseitigen Beziehung zueinander stehen und nicht isoliert betrachtet werden können, sind die Grundlagen ganz spezifischer Verhaltensweisen, Methoden und Techniken der Lehrerin/des Lehrers im Elterngespräch.

In diesem Zusammenhang wollen wir nochmals die Tatsache des Primats der Haltungen vor den Techniken betonen, d. h., dass die Haltungen wesentlich stärker zum Erfolg oder Misslingen eines Elterngespräches beitragen als die Gesprächstechniken.
So haben zum Beispiel sämtliche Forschungsergebnisse auf diesem Gebiet immer wieder gezeigt, dass sogenannte „natürliche Berater“ ohne professionelle Ausbildung, die aber immer wieder von Mitmenschen in beruflichen und privaten Situationen um Rat gefragt werden (weil sie die Grundhaltungen in hohem Ausmaß verwirklichen), professionell ausgebildeten Beratern hinsichtlich des Beratungserfolges mindestens ebenbürtig sind.

*Also: Erlernte Techniken und Methoden ohne die entsprechende positive Grundhaltung nützen nicht viel!*

Im Folgenden wollen wir ganz kurz die Grundhaltungen beschreiben:

**1. Empathie**

Dabei handelt es sich um das Einfühlungsvermögen des Lehrers, der Lehrerin (bzw. des Gesprächsleiters, der Gesprächsleiterin) in die subjektive Weltsicht der Eltern (damit sind auch immer allein erziehende Elternteile gemeint), die ihr Denken, Fühlen und Handeln bestimmt.
Empathie bedeutet ein Mitschwingen und Mitfühlen (nicht Mit-Leiden), ein sensibles Wahrnehmen der Gefühle und Befindlichkeit, ein Akzeptieren der Person des Gesprächspartners.
Es geht um den Versuch die innere Wirklichkeitskonstruktion des Gegenübers nachzuvollziehen, die Denkweisen zu verstehen, innerlich vorübergehend seinen Standpunkt, seinen Blickwinkel einzunehmen (ohne dass wir diesen Standpunkt billigen oder gar zu unserem eigenen machen müssen) und dass dieses Bemühen beim Gesprächspartner wahrgenommen wird.
Damit verbunden ist auch die Kongruenz, d. h., dass das, *WAS* ich sage, mit dem übereinstimmt, *WIE* ich es sage. Ich bin also „echt“ und nicht gekünstelt, fassadenhaft oder unehrlich. Nur dann kann eine tragfähige und damit wirksame zwischenmenschliche Beziehung zwischen dem Gesprächspartner und mir entstehen.
Kongruenz und Empathie der Lehrperson sind Grundhaltungen, die jenseits aller Gesprächstechniken den Gesprächsverlauf günstig beeinflussen.
Erleichtert wird die *empathische Grundhaltung* des Lehrers durch:

**2. Die Berücksichtigung des Kontextes,** in dem der Schüler und seine Familie leben.

Die Eltern und ihr Schulkind leben in einem Netzwerk von privaten und beruflichen Beziehungen. Wenn ich ihre Probleme und die Lösungen isoliert betrachte, besteht die große Gefahr, dass sozusagen „Rechnungen ohne den Wirt“ gemacht werden. Wenn ich z. B. die alleinerziehende Mutter oder die Mutter mit einem schwer kranken Ehepartner zu Hause nicht in ihrem privaten Umfeld sehe, werden bestimmt Lösungen, die diesen Sachverhalt nicht berücksichtigen, zu kurz greifen.
Das Gleiche trifft zu, wenn ich das Vorhandensein oder Fehlen bestimmter Ressourcen in der Familie in meiner Lösungskonstruktion nicht berücksichtige. Hier geht es also sozusagen um eine individuelle Umweltverträglichkeitsprüfung (schwäbisch: „ecology-check“), d. h. um die Aus- und Rückwirkungen von Problemlösungen, bezogen auf die Umwelt der Eltern und ihres Schulkindes.
Viele von Ihnen kennen die alte Indianerweisheit: *„Erst wenn du einige Wochen in den Mokassins deines Mitmenschen über die Prärie gelaufen bist, kannst du ein wenig davon verstehen, wie es ihm geht …“*
Es geht hier um die zentrale Frage „Wie würden Sie denken, fühlen und handeln, wenn Sie im selben sozialen Kontext wie die vor Ihnen sitzenden Eltern leben würden?“ Würden Sie den Alltag und die Kindererziehung tatsächlich besser bewältigen?

Im Einzelnen heißt Kontextberücksichtigung:

- Wie sieht die Wohn- und Lebenssituation der Eltern aus?
- Wie ihre materielle Situation?

- Die Arbeitsplatzsituation/Arbeitslosigkeit?
- Die Einbettung in Nachbarschaft, Verwandtschaft usw.?
- Betonung der Wechselwirkung zwischen einzelnen Faktoren, Personen, Bereichen, Teilsystemen.
- Berücksichtigung der Art und Weise, wie das Gespräch zustande gekommen ist.
- Einbeziehung und Berücksichtigung des Kontextes, in dem das Gespräch stattfindet.

Fragen zum Verständnis des Kontextes können in allen Phasen des Gesprächs zur Anwendung kommen, z. B.

| | |
|---|---|
| Beim Kennenlernen | *„Wie wohnen Sie daheim?“*<br>*„Wo macht Paul seine Hausaufgaben?“*<br>*„Wer wohnt noch in der Familie?“* |
| Bei der Problembeschreibung | *„Wer alles ist betroffen von den Schwierigkeiten von Michael?“*<br>*„Wer leidet am meisten unter dem Problem?“*<br>*„Welche Auswirkungen haben die Schwierigkeiten von Peter auf das Familienleben?“*<br>*„Was bedeutet dies für die anderen Familienmitglieder, wenn Michael jeden Nachmittag mit seiner Mutter Zoff hat?“* |
| Bei der Zieldefinition und Lösungssuche | *„Wer kann Paul bei den Hausaufgaben unterstützen?“*<br>*„Gibt es eine Möglichkeit eine Nachhilfe zu finanzieren?“*<br>*„Welche Möglichkeiten hat Petra in der engen Wohnung ungestört und konzentriert zu arbeiten?“*<br>*„Wie realistisch ist es, dass Ralph bis Ostern seine Lücken in Englisch aufgeholt hat, wenn er in den nächsten zwei Monaten verstärkt für die Schwimmmeisterschaften trainieren will?“*<br>*„Wann denken Sie, wird Daniel den Tod des Großvaters soweit verkraftet haben, dass er sich wieder verstärkt um seine schulischen Angelegenheiten kümmern kann?“* |

### 3. Die Stärkung der Eigenverantwortlichkeit der Eltern

Jeder ist selbst verantwortlich für sein Denken, Fühlen und Handeln. Niemand kann den Eltern die Entscheidungen für ihr Tun abnehmen und es ist wichtig diese Eigenverantwortung immer zu betonen und zu fördern.
Eigenverantwortung der Eltern fördern heißt auch, den Ort der Kontrolle („locus of control“) konsequent von außen (externale Kontrolle, d. h. die „anderen sind schuld“, die „anderen müssen etwas ändern“) nach innen (internale Kontrolle – ich habe Einfluss auf die Veränderung meiner Situation) zu verlegen, denn: Bereitschaft zur Kooperation und zur Veränderung können die Eltern nur dann entwickeln, wenn sie ihre Situation als von ihnen selbst kontrollierbar und veränderbar erleben. Eine Entmündigung führt nur zur Passivität, Hilflosigkeit, Verweigerung oder Widerstand.
Solange die Eltern die Sichtweise haben, dass es eine einzige Ursache für das Problem geben muss, solange wird die „Schuld“ natürlich bei den anderen gesucht.

Beispiel:

Der 13-jährige Bernd zeigt momentan eine mangelnde Arbeitshaltung. Er „vergisst“ häufig die Hausaufgaben, legt sich oft mit dem Lehrer an, sein Notenbild ist besorgniserregend. Die Versetzung in die 8. Klasse der Realschule ist gefährdet.
In dem Elterngespräch erläutert der Lehrer den Eltern kurz die systemische Sichtweise anhand der Abbildung 2 (s. S. 19, bzw. Arbeitsblatt 8, S. 83), die er als Plakat an der Wand hängen hat. Die Eltern geben anschließend folgende Einschätzung ab:
Familie 20 %, Schule 40 %, Bernd 30 %, Umwelt 10 %.

Der Lehrer fragt anschließend die Eltern, ob sie bereit sind ihre 20 % Einfluss zu nutzen um nach einer Lösung zu suchen. Mit den 40 % der Schule käme man ja immerhin auf 60 %.
Die Schuldfrage ist nun kein Thema mehr und die Eltern können ihren Teil des Einflusses und somit der Verantwortung erkennen und wahrnehmen. So können sie dem Vorschlag des Lehrers zustimmen und die Grundlage der Kooperation ist geschaffen.
Es geht dabei nicht darum, ob die Einschätzung der Realität entspricht. Dies ist total unwichtig. Wichtig ist, dass die Eltern bereit sind diese 20 % verantwortlich zu nutzen.
(Nach dem gleichen Prinzip kann man natürlich auch in einem Gespräch mit Bernd verfahren.)
Wenn Sie sich die im nachfolgend dargestellten Modell der Transaktionsanalyse beschriebenen drei Ich-Zustände (Eltern-Ich, Erwachsenen-Ich, Kind-Ich, vgl. Abb. 6, S. 33) anschauen, geht es bei dieser Grundhaltung darum die Eltern als gleichberechtigte Kommunikations- und Kooperationspartner auf der Erwachsenenebene zu respektieren. Selbstverständlich sind Eltern ihren Kindern gegenüber in der verantwortlichen Elternrolle, aber sie dürfen dem Lehrer gegenüber keinesfalls in die abhängige Kind-Ich-Rolle geraten, indem sie an diesen ihre Verantwortung delegieren oder indem ihnen vom Lehrer die Elternverantwortung beschnitten wird.
Eine Mutter erzählte mir in der Beratung, wie sie in den Gesprächen mit der Lehrerin ihres Sohnes immer wieder in die Kindrolle falle. Die Lehrerin trat ihr gegenüber auf mit klaren Schuldzuweisungen wie „Das dürfen sie ihrem Sohn aber nicht zulassen!“, „Sie müssen sich mehr um ihren Jungen kümmern“, „Der Junge braucht eine festere Hand.“
Diese Worte führten bei der unsicheren Mutter zu einer Erhöhung ihrer Schuldgefühle, verstärkten ihre Hilflosigkeit. Ihre einzige Möglichkeit die schmerzenden Schuldgefühle zu vermeiden, sah sie darin den Kontakt zur Lehrerin auf ein Mindestmaß zu reduzieren.

### 4. Ressourcenorientierung

In engem Zusammenhang mit der Grundhaltung, die Eltern in ihrer Eigenverantwortung stärkt, ist die Ressourcenorientierung zu sehen.
Hinter dieser Grundhaltung des Lehrers/der Lehrerin verbirgt sich die Überzeugung, dass jeder Problemschüler und dessen Eltern neben all den Problemen, Defiziten und Schwächen auch Stärken, Ressourcen und positive Seiten besitzen. Ohne diese Ressourcen wären die Eltern und ihr Schulkind nicht in der Lage gewesen vergangene Krisen und Problemsituationen zu bewältigen. Diese Ressourcen gilt es in der aktuellen Problemsituation im Elterngespräch zu mobilisieren, frei nach der Devise: *„Beim Schweizer Käse nicht auf die Löcher, sondern auf den Käse rings um die Löcher schauen. Von den Löchern werde ich nicht satt.“*
Ebenso kann ich nicht auf Defiziten der Eltern oder ihres Kindes aufbauen, sondern nur auf deren Stärken, auf den Ausnahmen vom Problem. Zudem liefern mir diese Ausnahmen und Ressourcen der Eltern bzw. ihrer Kinder auch Hinweise auf Lösungen. Anders ausgedrückt: *„Studiere die Menschen, nicht um sie zu überlisten und auszubeuten, sondern um das Gute in ihnen aufzudecken und in Bewegung zu setzen.“* (Gottfried Keller)
Konkret heißt das: Überfallen Sie die Eltern nicht gleich zu Beginn des Gesprächs mit den Defiziten ihres Kindes. Dies bedeutet in der Regel Verletzungen und Kränkungen der Eltern, gegen die sich diese natürlich wehren müssen. (Wenn Sie selber Kinder haben, werden Sie dies nachempfinden können.) Wenn Sie die Stärken und Fähigkeiten des Kindes betonen, gewinnen Sie das Zutrauen der Eltern, Sie werten das Kind und die Eltern damit auf. Die Eltern sind dann kooperativer und bereit auch über die Schwächen des Kindes zu reden, die sie ja auch wahrnehmen, und nach Lösungsmöglichkeiten zu suchen. Im Unterricht bauen Sie auch auf dem auf, was die Schüler mitbringen, Sie holen sie da ab, wo sie stehen.
Verwandt mit der Grundhaltung der Ressourcenorientierung ist die folgende Haltung, nämlich die

### 5. Lösungsfokussierung

Sie haben sicher auch schon unter Gesprächssituationen gelitten, in denen alle Beteiligten in eine „Problemetrance“ gefallen sind, einen hypnotischen Zustand, in dem sämtliche Energien und Aufmerksamkeit auf das Problem und nicht auf die Lösung fokussiert sind. Solche

Fokussierungen lähmen jede Initiative und Handlung und erhöhen die Hilflosigkeit und Resignation.
Lösungsfokussierung bedeutet demgegenüber im Gesprächsprozess darauf zu achten nur so viel Zeit und Aufmerksamkeit auf das Problem zu verwenden, wie es unbedingt notwendig ist zur Konstruktion von Lösungsschritten – aber auch nicht länger.
Damit soll der weit verbreiteten Unsitte in Lehrer-Eltern-Gesprächen entgegengewirkt werden für das „Wühlen im Problem" den überwiegenden Teil der Gesprächszeit zu beanspruchen, so dass für Lösungskonstruktionen einfach zu wenig Zeit übrig bleibt.
*„Es gibt 1000 Möglichkeiten, auf welche Weise das Loch im Fahrradschlauch entstanden ist, aber es gibt nur eine Möglichkeit es zu flicken."* (Alte Radlerweisheit)

Anders ausgedrückt: Die Problembetrachtung ist nur insofern von Interesse und Nutzen, als sie Hinweise zur Problemlösung gibt. Versuchen Sie es mal mit folgender Aufteilung:

*20 Prozent Problemanteil – 80 Prozent Lösungsanteil*

Dabei ist es selbstverständlich nicht die Aufgabe des Lehrers/der Lehrerin für die Eltern „fertige" Lösungen zu produzieren, sondern gemeinsam mit *ihnen Lösungsperspektiven zu erarbeiten* und erste Schritte in Richtung Problemreduzierung vorzubereiten.
Dazu gehört auch, das Lösungsinteresse der Eltern hervorzuheben und ihre bisherigen Lösungsversuche zu würdigen und positiv zu bewerten. Es erscheint zunächst banal dies auch noch extra betonen zu müssen. Doch gerade diese Betonung von etwas Selbstverständlichem bedeutet eine Wertschätzung der bisherigen Lösungsversuche und betont gleichzeitig den kleinsten gemeinsamen Nenner zwischen den Gesprächspartnern, nämlich das gemeinsame Interesse an einer Lösungsfindung zum Wohle des Kindes.
Ferner sind frühere Lösungsversuche des Problems durch die Eltern schon deshalb von Interesse, weil wir uns durch die Kenntnis und die Bewertung (Erfolg/Misserfolg) früherer Lösungsversuche untaugliche zukünftige Problemlösungen ersparen können. Bisherige misslungene Lösungsversuche geben uns Hinweise darauf, was wir nicht tun sollten. Gelungene Lösungsversuche zeigen Ansatzpunkte für die Richtung zukünftiger Lösungen.
Indem wir bisherige Lösungsversuche positiv bewerten, stärken wir das Selbstvertrauen und die Selbstkontrolle der Eltern. Beides fördert ihre Kooperationsbereitschaft. An einer Problemlösung, die in ihrem Interesse liegt, werden sie bereitwilliger mitarbeiten, als an einer Lösung, die einseitig das Interesse der Schule betont.
Zu meiner solidarischen Grundhaltung den Eltern gegenüber, die ihre Kooperationsbereitschaft fördert, gehört auch mein aktives Bemühen sie bei ihren Problemlösungsversuchen wirksam zu unterstützen. Wirksame Unterstützung bedeutet: Hilfe zur Selbsthilfe, die jedoch keinesfalls zu Unselbstständigkeit und Abhängigkeit der Eltern führen soll. Dann wäre der Ort der Kontrolle external, d. h. nach außen verlagert.
Im systemischen Sprachgebrauch bedeutet „Lösung" aber niemals die endgültige Lösung, sondern die Beschreibung des nächsten Schrittes, das Öffnen eines Weges. Das Lösen eines Problems kann auch bedeuten sich vom Problem zu lösen.
Lösungsorientierung heißt auch Gegenwarts- und Zukunftsorientierung. Das heißt den Blick darauf zu lenken, was der Klient in der Gegenwart tut und was er in der Zukunft tun wird, und sich nicht lediglich darauf zu beschränken vergangene Ereignisse und Handlungen verstehen zu wollen.
Lösungsorientierung bedeutet auch nur so viel Energie aufzuwenden, wie zur definierten Zielerreichung notwendig ist, und nicht mehr. Insoo Kim Berg und Scott Miller (1995) drücken dies als „Die drei Regeln der zentralen Philosophie des lösungsbezogenen Ansatzes" aus:

1. Wenn etwas nicht kaputt ist, *mache es nicht ganz!*
2. Wenn du einmal weißt, was funktioniert, *mach mehr vom Selben!*
3. Wenn es nicht funktioniert, lass es sein, *mache etwas anderes!*

## 4.4 Klare Kommunikation aus der Erwachsenen-Position

*Das „Bei-Sich-Selbst-Bleiben" ermöglicht dem Anderen das „Zu-Sich-Kommen".*
K. Singer

Im vorigen Kapitel haben wir auf die Notwendigkeit hingewiesen, die Eltern als verantwortliche Erwachsene anzusprechen und ihnen in respektvoller Weise als Gleichberechtigten entgegenzutreten. Mit Hilfe des Modells der Transaktionsanalyse von Eric Berne möchten wir Ihnen diese Grundhaltung vertiefend erläutern.

**Das Modell der Transaktionsanalyse nach Eric Berne**

Person A z. B. LehrerIn | Person B z. B. Vater/Mutter eines Schülers

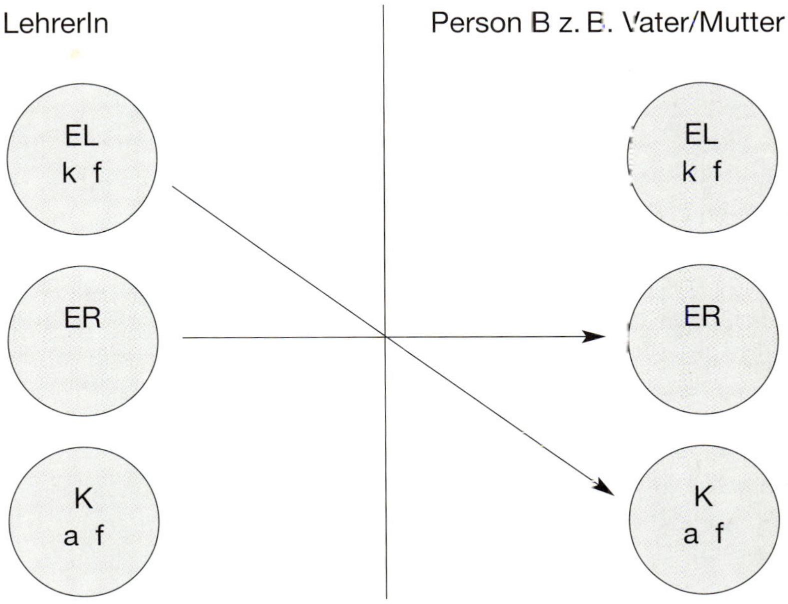


Abkürzungen:

EL = Eltern-Ich
ER = Erwachsenen-Ich
K = Kind-Ich

Hinweis: Das Eltern-Ich mit den Anteilen kritisch (k) und fürsorglich (f)
Das Kind-Ich mit den Anteilen angepasst (a) und frei (f)

Nach Eric Berne: Transaktionsanalyse

Abb. 6 *Raster zur Analyse von Transaktionen*

### Erläuterungen zum Modell der Transaktionsanalyse (TA)

Achten Sie mal bitte im Schulalltag darauf, wie häufig Lehrer-Eltern-Gespräche darunter leiden, dass LehrerInnen sich den Eltern gegenüber in eine „Eltern-Ich-Position" bringen und aus dieser heraus das Gespräch führen. Dieser „Eltern-Ich-Position" liegt die innere Haltung zugrunde: „Ich bin dir überlegen. Ich weiß, was richtig ist. Ich habe Recht." Diese Haltung ist einem Kind gegenüber in vielen Situationen sicherlich angemessen, nicht aber gegenüber einem Erwachsenen, den ich als eigenverantwortlich ansprechen will.
Klare Kommunikation unter gleichberechtigten Erwachsenen ist nur dann möglich, wenn sich beide Gesprächspartner in der Erwachsenen-Ich-Position befinden. Wenn Sie als Gesprächsleiter konsequent in dieser Position bleiben, zwingen Sie ihren Gesprächspartner dazu, ebenfalls diese Position einzunehmen.

Wenn sich beide Gesprächspartner in der „Eltern-Ich-Position" befinden, haben wir es mit einem eskalierenden Gesprächsmuster zu tun. Beide Partner wollen die Oberhand behalten, beide wollen „Recht" behalten, oft geht es dann um Sieg oder Niederlage. Ein eskalierender Konflikt ist vorprogrammiert.
Wenn beide Gesprächspartner die „Kind-Ich-Position" einnehmen, endet das Gespräch ebenfalls in Frustration und Enttäuschung. Beide suchen im anderen die „Eltern-Position", beide wollen sich gegenseitig die Verantwortung zuschieben und werden dabei enttäuscht, und beide wollen dann in der „Unterlegenheit", in der Hilflosigkeit den anderen übertrumpfen. Konstruktive Lösungen sind so nicht möglich.
Die Kommunikation aus diesen Positionen gelingt natürlich dann, wenn einer in der „Eltern-Ich-Position" und der andere in der „Kind-Ich-Position" verbleibt und wenn diese Positionen kongruent sind, d. h. der Situation und den Verantwortlichkeiten angemessen. Also z. B. zwischen Eltern und Kind, zwischen Lehrer und Schüler, oder zwischen zwei Erwachsenen, wenn der eine aufgrund Krankheit, Behinderung, Unzurechnungsfähigkeit usw. tatsächlich nicht in der Lage ist, Verantwortung für sich selbst zu übernehmen.
Wenn wir also die Eigenverantwortung der Eltern ernst nehmen, so folgt zwangsweise daraus, dass wir ihnen auch die Entscheidung überlassen müssen, wie sie leben wollen, was sie denken und tun.

Dazu einige Beispiele aus dem Schulalltag:

LehrerIn: *„Sind Sie mit mir nicht auch einer Meinung, dass Sie den Fernsehkonsum Ihres Sohnes einschränken sollten?"* (aus dem kritischen Eltern-Ich, [Elk], heraus)
LehrerIn: *„Ich werde es schon für Sie arrangieren, dass Sie eine Unterstützung vom Jugendamt bekommen."* (aus dem fürsorglichen Eltern-Ich [Elf], heraus)

Beiden Aussagen gemeinsam ist die überlegene Haltung der LehrerIn den Eltern gegenüber, das Reden „von oben herab", im ersten Beispiel oberlehrerhaft und besserwisserisch, im zweiten Beispiel (wenn auch gut gemeint) väterlich/mütterlich.
Gesprächsreaktionen der LehrerIn auf der Erwachsenen-Ich-Ebene könnten etwa wie folgt aussehen:

Beispiel 1: *„Wie sehen bzw. beurteilen Sie den Fernsehkonsum Ihres Sohnes?"*
Beispiel 2: *„Welche Schritte haben Sie schon unternommen bzw. werden Sie unternehmen, um eine finanzielle Unterstützung vom Jugendamt zu erhalten?"*

Dabei ist es selbstverständlich nicht die Aufgabe des Lehrers bzw. der Lehrerin, für die Eltern „fertige" Lösungen zu produzieren, sondern *gemeinsam mit ihnen Lösungsperspektiven zu erarbeiten* und erste Schritte in Richtung Problemreduzierung vorzubereiten.
Die innere Haltung wirkt und verdeutlicht sich aber nicht nur über den Inhalt des Gesagten, sondern auch in der Art und Weise, *wie* etwas gesagt wird (Tonfall, Stimme usw.) sowie in Gestik, Mimik und äußerer Haltung. Die innere Haltung äußert sich im von außen sichtbaren Verhalten. Das Primat der Haltung vor dem Verhalten haben wir bereits erwähnt, wobei wir aber auch darauf hinweisen möchten, dass Wechselwirkungen bestehen, d. h., dass sich innere Haltung und äußeres (Gesprächs-)Verhalten gegenseitig beeinflussen und verstärken, vorausgesetzt sie sind kongruent.
Auf der folgenden Tafel 2 haben wir zusammengestellt, wie sich die verschiedenen Positionen nach dem TA-Modell auf das verbale und nonverbale Gesprächsverhalten auswirken.

**Tafel 2: Positionen nach dem TA-Modell und Gesprächsverhalten**

| | *Erwachsenen-ICH* | *Kind-ICH* | *Eltern-ICH* | |
|---|---|---|---|---|
| ***Merkmale*** | **sicher** | **unsicher** | **autoritär** | **fürsorglich** |
| ***Stimme*** | laut, klar, deutlich | leise, zaghaft | brüllend schreiend, scharf | besänftigend, väterlich, mütterlich |
| ***Formulierung*** | eindeutig, klar, prägnant | unklar, vage | drohend, beleidigend, abwertend | beschwichtigend, belehrend, tröstend |
| ***Inhalt*** | präzise Begründung<br>Ausdrücken eigener Bedürfnisse<br>„Ich"-Botschaften, direkter Gefühlsausdruck | überflüssige Erklärungen<br>Verleugnung eigener Bedürfnisse<br>Verwendung von „man", indirekter Gefühlsausdruck | keine Erklärung oder Begründung<br>Drohungen, Beleidigungen<br>Kompromisslosigkeit<br>Rechte anderer werden ignoriert | Trost spenden<br>abwiegeln<br>Verantwortung wegnehmen<br>Belehrungen<br>besser wissen |
| ***Gestik Mimik*** | unterstreichend<br>lebhaft<br>entspannte Körperhaltung<br>Blickkontakt | kaum Mimik oder Gestik<br>verkrampft<br>kein Blickkontakt | unkontrolliert, drohend<br>wild gestikulierend<br>kein Blickkontakt bzw. Anstarren | zugewandt, nahe, Körperkontakt<br>besorgt<br>überlegen<br>Blickkontakt |
| ***Innere Haltung, innere Sätze*** | Wir sind gleichwertig.<br>Ich habe meine Verantwortung und du die deine.<br>Ich respektiere deine Meinung. | Ich bin schwach. Ich kann nichts machen. Ich bin klein. | Ich weiß es besser. Ich bin im Recht. Ich bin besser als du. Wer bist du eigentlich? | Du kannst nichts. Ich kann es besser als du. Ich bin groß, du bist klein. |
| ***Gefühl*** | Souveränität, Sicherheit | Hilflosigkeit, Angst | Wut, Ärger, Zorn, Überheblichkeit, Überlegenheit | Mitleid, Sorge, Überlegenheit |

(in Anlehnung an Hinsch und Pfingsten 1983)

So leicht die Forderung klingen mag, immer aus der Erwachsenen-Ich-Position heraus ein Elterngespräch zu führen, so schwer ist dies oft zu realisieren, vor allem in Stresssituationen. Auch aus eigener Erfahrung wissen wir um die Gefahr, in die für ein konstruktives und kooperatives Gespräch wenig nützliche „Eltern-Ich-Position“ zu rutschen. Nämlich immer dann lockt die Verführung, wenn Eltern hilflos nach Rezepten fragen, wenn sie nach dem Experten suchen oder eigene Verantwortungsübernahme vermeiden wollen, sich also in der „Kind-Ich-Rolle“ anbieten. *(„Sagen Sie mir doch als Pädagoge, was ich tun soll?“ „Ich mach alles, was Sie mir empfehlen.“ „Was soll ich bloß tun, helfen Sie mir doch.“ „Sie wissen es doch besser als ich!“)*
Wer fühlt sich da in seiner Kompetenz nicht geschmeichelt? Dazu kommen vielleicht noch der entsprechende Tonfall, leidende Mimik und demütige Gestik, und unser väterliches bzw. mütterliches Herz springt an, wir fühlen uns groß, stark und edel und merken nicht, dass wir schon in der Falle sitzen, unnötig Verantwortung übernehmen und dadurch den anderen abwerten.
Manche Lehrer und Lehrerinnen sind auch anfällig dafür, in die „Kind-Ich-Position“ zu rutschen, wenn die Eltern ihnen gegenüber im Gespräch in der (meist autoritär-aggressiven) „Eltern-Ich-Position“ auftreten. Sie fühlen sich dann wieder plötzlich als Kind. Oft erst hinterher, wenn der Sturm vorbei ist, zu Hause oder im Gespräch mit Kollegen, fragen sie sich, warum sie sich nicht gewehrt haben und sich das haben bieten lassen. Die Antwort ist eigentlich ganz einfach: Weil sie sich in der Situation in der „Kind-Position“ befanden, ohne es richtig zu merken, und gegenüber den mächtigen „Eltern“ nur mit Angst, Rückzug, Nachgeben oder allenfalls Trotz reagieren konnten, nicht aber angemessen als Erwachsene auf der Erwachsenen-Ebene.
Diese Prozesse laufen oft blitzschnell und subtil auf der unbewussten Ebene ab. Alte und längst überwunden geglaubte Muster können uns immer wieder überraschend einholen. Wir möchten Sie ermuntern, über sich selbst zu reflektieren, um zu erkennen, wo Ihre wunden Stellen sind. Nur so können Sie sich schützen. Lernen Sie die Fallen kennen, für die Sie empfänglich sind, um ihnen aus dem Weg zu gehen. Arbeitsblatt 4 bietet Ihnen eine Möglichkeit dazu. Oder lassen Sie sich in einer Übung oder einem Life-Gespräch von einem Kollegen bzw. einer Kollegin beobachten und mit Hilfe des Arbeitsblattes 5 Rückmeldung geben.

**Nachdenken über meine innere Haltung**

Nehmen Sie sich einige Minuten Zeit und reflektieren Sie das TA-Modell in Bezug auf ihre eigene Geschichte und innere Haltung. Welche Erfahrungen haben Sie bisher mit der einen oder anderen Position gemacht? Und wann war Ihnen die eine oder andere nützlich?

| | |
|---|---|
| **In welcher Gesprächssituation neige ich dazu, in die „Eltern-Ich-Funktion“ zu rutschen? Welche Auswirkungen hat dies?** | |
| **Wann neige ich dazu, in die „Kind-Ich-Position“ zu rutschen? Welche Auswirkungen habe ich dabei beobachtet?** | |
| **In welcher Situation gelingt es mir am besten, in der „Erwachsenen-Ich-Position“ zu bleiben?** | |
| **Woran merke ich, wenn ich meine innere sichere Erwachsenen-Position verlasse?** | |
| **Was hilft mir dann am besten, meine innere Sicherheit und Souveränität wiederzugewinnen?** | |
| **Was müssten die Eltern im Gespräch tun oder sagen, damit ich mit Sicherheit in die „Kind-Ich-Rolle“ oder „Eltern-Ich-Rolle“ rutsche?** | |

**Beobachtungsbogen zum Gesprächsverhalten**

| | *Erwachsenen-ICH* | *Kind-ICH* | *Eltern-ICH* | |
|---|---|---|---|---|
| ***Merkmale*** | sicher | unsicher | autoritär | fürsorglich |
| ***Stimme*** | | | | |
| ***Formu-lierung*** | | | | |
| ***Inhalt*** | | | | |
| ***Gestik Mimik*** | | | | |

## 4.5 Lösungs- und ressourcenorientierte Methoden im Elterngespräch – Nützliche Werkzeuge der Lehrerin bzw. des Lehrers

*Gute Fragen sind die beste Informationsvermittlung.*
Quelle unbekannt

Auf der Basis dieser Grundhaltungen möchten wir nun folgende nützliche methodische Vorgehensweisen für das Elterngespräch vorstellen:

1. W-Fragen
2. Zielfragen, Wunderfrage
3. Fragen nach Ausnahmen vom Problem und bisherigen Lösungsversuchen
4. Fragen nach Beschreibungen von Veränderungen (vor der Sitzung)
5. Fragen nach der Strategie, wie die Betroffenen ins „Problem rutschen"
6. Fragen nach Ressourcen und Bewältigungstrategien von Schwierigkeiten
7. Skalierungsfragen
8. Vereinbarungen und Aufgaben

Diese Frageformen haben folgende große Vorteile:

- Die Aufmerksamkeit der Eltern wird vom „Land der Probleme" ins „Land der Lösungen" gelenkt, es kommt zu positiven Autosuggestionen und positiven Gefühlszuständen.
- Vom *„Es zum Ich"*, d. h. das scheinbar Unkontrollierbare wird schrittweise in die Kontrolle der Eltern zurückgeführt.

### 1. Konstruktive „W-Fragen"

Im Elterngespräch dienen Fragen nicht nur dazu, Informationen zu erhalten, sondern sind eines der wirksamsten Mittel um

- die Aufmerksamkeit der Eltern in bestimmte, vom Lehrer als nützlich erachtete Richtungen (zum Beispiel auf Ressourcen und/oder Lösungen) zu lenken,
- bei dem Gesprächspartner konstruktive Suchprozesse zu fördern bzw. auszulösen,
- Informationen zu vermitteln.

Bei geschlossenen Fragen, die mit einem einfachen „Ja" oder „Nein" zu beantworten sind (sogenannte „Ja-Nein-Fragen") hält sich der Anregungseffekt in Grenzen.
Bei solchen „Ja-Nein-Fragen" geht der Berater also leicht das Risiko ein, dass KlientInnen mit einem schlichten „Nein" antworten.
Lösungs- und ressourcenorientierte BeraterInnen vermeiden „Ja-Nein-Fragen" mit einer „guten" und „schlechten" Alternative, es sei denn, dass man sich absolut sicher ist, dass der Gesprächspartner die „gute" wählen wird.
Hilfreicher sind offene lösungsbezogene Fragen, welche die Suchprozesse der Eltern in die konstruktiven Richtungen ihres Wissens, ihrer Stärken, Kompetenzen, Erfahrungen und Ressourcen lenken.
Konstruktive „W-Fragen" fördern diese inneren Suchprozesse. Sie werden so genannt, weil sie mit einem „W" beginnen – *Wo, Wer, Wie, Was, Woran, Welche* usw. – allein das Fragewort „Warum" sollte vermieden werden.

Beispiele:

- *„Was* hast du bisher gefunden, was dich der Lösung des Problems nähergebracht hat?"
- *„Was* hat sich seit der letzten Sitzung verändert?"

- *„Welche* Ideen hast du, was dich der Lösung näherbringen könnte?“
- *„Was* wäre deiner Meinung nach ein weiterer sinnvoller Schritt in die richtige Richtung?“
- *„Welche* Ihrer Fähigkeiten könnten Ihnen helfen um einen kleinen Schritt weiterzukommen?“
- *„Woran* würden Sie erkennen, dass sich Ihr Sohn mehr Mühe gibt?“
- *„Wie* war das für Sie, als Sie von der Angelegenheit erfuhren?“
- usw.

## 2. Fragen nach Zielen

In der Regel definieren die Familienmitglieder ein Problem, das sie „weghaben“ wollen. *(Wir wollen weniger Streit miteinander. Ich will weniger Ärger. Ich will mich weniger aufregen. Wir wollen weniger Stress. usw.)* Stellen Sie sich vor, Sie würden in ein Reisebüro gehen und sagen. *„Ich möchte weniger Tübingen“* oder *„Ich möchte nicht Schwarzwald“:*

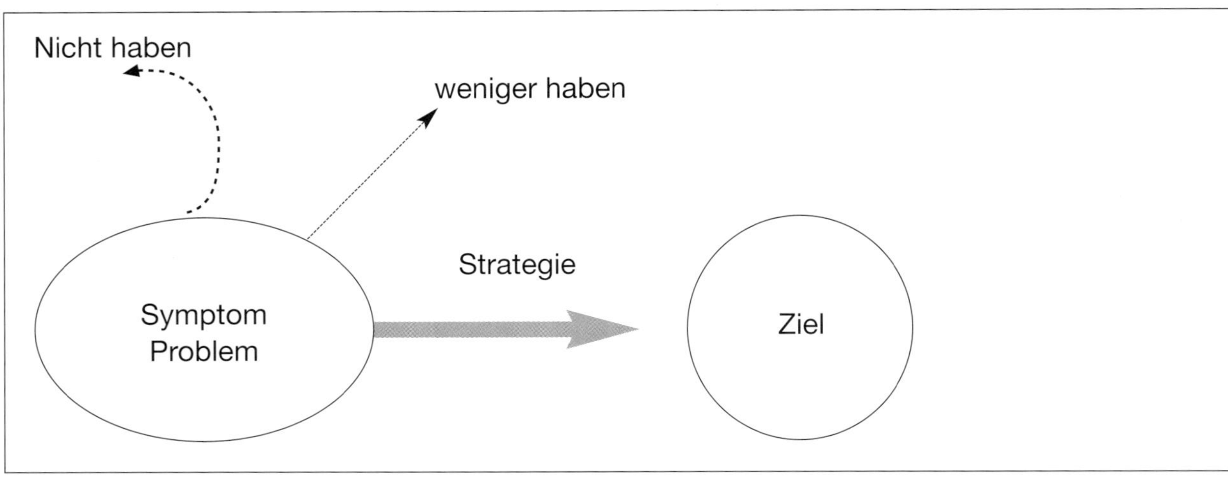


Abb. 7 *Problem und Ziel (nach Manfred Prior, Seminar Tübingen 1993)*

Das Ziel ist oft unklar bzw. nur diffus formuliert.
Die Betroffenen wollen etwas „nicht mehr haben“ bzw. „etwas weniger haben“.
Die Bemühungen in dem Elterngespräch sollten nun darauf gerichtet werden den Betroffenen zu helfen, *dass sie etwas haben wollen.* Also nicht „von etwas weg“, sondern *„zu etwas hin“.*

Kriterien für Zielfragen und Zielverhandlungen:

- Klar definieren und präzise auf der Handlungsebene beschreiben
- Positiv formulieren, keine Komparative
- In der Sprache der Betroffenen formulieren
- Bedeutsam (wichtig) für Betroffene
- Klein und überschaubar
- Eigenverantwortung, Eigenkontrolle hervorheben
- Zeitperspektive einführen, Teilziele formulieren
- Beschreiben des ersten Schrittes
- Realisierbar und erreichbar im Lebenskontext des Betroffenen
- Zuversicht, Hoffnung auf Veränderung erfragen und fördern
- Deutlich machen, dass es „harte Arbeit“ bedeutet, aber erreichbar ist

Beispiele für Zielfragen:

„*Was* sind Ihre Erwartungen, was wir gemeinsam tun könnten, um das Problem zu lösen?“
„*Was* denken Sie, müsste geschehen, dass das Problem gelöst wird?“
„*Wie* könnte ich Ihnen bei der Bewältigung der Schwierigkeiten helfen?“

„*Wer* müsste was, wann, wie verändern, damit es Ihnen allen besser geht?"
„*Was* müsste ich tun, damit Sie beruhigt wären?"
„*Woran* würden Sie merken, dass Paul allein zurechtkommt?"
„*Wie* müsste sich Michael verhalten, damit Sie mit ihm zufrieden sind?"
„*Welche* Note in Mathematik möchtest du im Zeugnis haben?"

Nur sehr wenige Menschen können auf Anhieb ihre Ziele klar und präzise angeben. Für den Lehrer bzw. die Lehrerin heißt das, sich nicht mit den diffusen Vorgaben zufrieden zu geben, sondern die Betroffenen mit gezielten Fragen dazu zu bringen klare und präzise Aussagen zu machen. Mitunter bedeutet dies penetrant und hartnäckig auf der Beantwortung der Fragen zu bestehen. Die Fragen helfen den Schülern und ihren Eltern sich Klarheit über ihre Ziele zu verschaffen und es kommt nicht selten vor, dass nach dem Gespräch ein anderes Ziel wichtiger ist als zu Beginn.
Erst wenn die Ziele klar sind, kann die Veränderungsplanung beginnen.

**Tafel 3: Beispiele für Präzisierungsfragen auf unklare Zielvorgaben**

| **Mutter/Vater/Kind** | **LehrerIn** |
|---|---|
| Ich möchte mit meinen Kindern nicht mehr so viel schimpfen. | *Wie* möchten Sie zukünftig mit Ihren Kindern umgehen?<br>*Wie* möchten Sie es Ihren Kindern sagen, wenn sie was falsch gemacht haben?<br>*Was* möchten Sie am liebsten mit Ihren Kindern tun? |
| Wir wollen weniger miteinander streiten. | *Was genau* möchten Sie am liebsten miteinander machen?<br>*Was* wollen Sie anstelle des Streites tun?<br>*Wie* wollen Sie miteinander umgehen? |
| Ich möchte mich weniger aufregen. | *Wie* möchten Sie reagieren? |
| Ich sollte mehr lernen. | *Wie viele* Stunden am Tag möchtest du denn lernen? |
| Ich sollte nicht mehr so frech zu Erwachsenen (zu den Lehrern) sein. | *Wie* möchtest du dich gegenüber den Erwachsenen verhalten? |
| Die anderen sollen mich nicht so viel ärgern. | *Was* müsstest du tun, damit die anderen dich nicht ärgern?<br>*Was* müsstest du tun, damit du dich nicht ärgerst? |
| Ich sollte mehr mit meinem Sohn unternehmen. | *Was* genau möchten Sie mit ihrem Sohn unternehmen?<br>*Wie viele* Stunden in der Woche möchten/können Sie für ihren Sohn aufbringen? |
| Ich möchte mich besser konzentrieren. | *Was* tust du, wenn du konzentriert bist? |
| Ich möchte keine Angst vor Klassenarbeiten haben. | *Wie* soll das aussehen?<br>Wie möchtest du in die Klassenarbeit gehen? Beschreibe mir das genau.<br>*Was* möchtest du denken und tun? |

**Tafel 3** – *Fortsetzung*

| Mutter/Vater/Kind | LehrerIn |
|---|---|
| Ich möchte bessere Noten haben. | *Was* möchtest du in welchem Fach erreichen? Bis *wann*? *Was* bist du bereit dafür zu tun? |
| Ich möchte im Unterrricht nicht mehr so viel Quatsch machen. | *Was* möchtest du stattdessen tun? |

**Weitere hilfreiche Frageformen zur Zielfindung:**

- Wunderfrage:

*„Angenommen, über Nacht würde ein Wunder geschehen. Wenn es über Nacht geschieht, merkt man ja nicht, dass sich ein Wunder ereignet hat, weil man tief und fest schläft. Aber Sie wachen am anderen Morgen auf und haben Ihr Ziel erreicht (das Problem ist verschwunden). Woran würden Sie merken, dass das Problem verschwunden ist? (Dass das Ziel erreicht ist?)" (Konkret auf der Handlungsebene beschreiben lassen.)*
*„Was tun Sie dann? Was macht der Vater, die Mutter, der Sohn?"*
*„Wer in der Familie würde es als Erstes merken?"*

- Drei Wünsche, Zauberstab:

Günstig bei jüngeren Kindern.

*„Angenommen, es käme plötzlich eine gute Fee in dieses Zimmer und würde Dir sagen, dass sie dir drei Wünsche erfüllen will. Was würdest du dir wünschen? Welche drei Wünsche würdest du nennen?"*
*„Hier habe ich einen Zauberstab. Nimm einmal an, du könntest damit zaubern. Was würdest du dir herbeizaubern? Drei Wünsche sind möglich."*
*„Was wäre der 1. Wunsch? Was der zweite und welches der dritte?"*
*„Was soll für dich zu Hause, in der Schule, was für deine Familie anders werden?"*

- Wichtigkeit des Ziels für die Betroffenen:

*„Wie wichtig ist dir dieses Ziel?"*
*„Was möchtest du investieren um dieses Ziel zu erreichen?"*
*„Ist dir eine 3 in Mathematik wirklich so viel wert, dass du darauf verzichten möchtest jeden nachmittag auf den Fußballplatz zu gehen?"*
*„Wie viele Stunden pro Woche bist du bereit zur Erreichung dieses Zieles zu opfern?"*
*„Wie wichtig ist es Ihnen, dass Michael in der Klasse viele Freunde gewinnt?"*
*„Wem in der Familie wäre das Ziel am wichtigsten?"*

- Eigenverantwortung und Eigenkontrolle hervorheben:

*„Was könnten wir gemeinsam zur Lösung des Problems tun?"*
*„Wie könnte ich Ihnen bei der Lösung Ihrer Schwierigkeiten helfen?"*
*„Was könnten Sie tun, damit Paul seine Hausaufgaben schneller erledigt?"*
*„Wie könnten Sie Ihre Tochter ermutigen diese Situation durchzustehen?"*
*„Was könnten Sie als Eltern zu Hause tun, damit Michael sich hier in der Schule mehr an die Regeln hält?"*

- Realisierbarkeit überprüfen:

*„Ist das drin?"*
*„Wie realistisch sind deine (Ihre) Ziele?"*
*„Wie groß ist die Wahrscheinlichkeit, dass du dieses Ziel erreichst?"*

Wenn die Ziele zu hoch gesteckt erscheinen, ist es wichtig durch geeignete Fragen und Rückmeldungen realistische und erreichbare Ziele zu erarbeiten.

Eltern, Freunde, Lehrer, Bekannte, Arbeitgeber usw. einbeziehen, auch wenn sie nicht direkt anwesend sind.

*„Was würde Deine Mutter (Vater, LehrerIn) sagen, wenn ich sie (ihn) fragen würde, ob dieses Ziel erreichbar wäre?"*

- Zeitperspektive/Teilziele:

*„Wann wollen Sie damit beginnen?"*
*„Wann, denkst du, bist du soweit, dass du deine Hausaufgaben selber machen kannst?"*
*„Bis wann möchtest du es erreicht haben in Englisch auf einer 3 zu stehen?"*
*„Wenn du in Mathematik von der 5 auf eine 3 kommen möchtest, musst du zunächst die 4 erreichen. Bis wann, denkst du, hast du diese Etappe geschafft?"*
*„Sie haben sich ein großes Ziel gesteckt. Wie sieht der erste Schritt aus um zu diesem Ziel zu kommen?"*
*„Was müsste sich als Erstes verändern, damit die Wahrscheinlichkeit, dieses Ziel zu erreichen, größer wird?"*

- Zuversicht und Hoffnung auf Veränderung:

Diese Fragen richten sich auf die Verwirklichung der Ziele. Oft haben Schüler und ihre Eltern resigniert, trauen sich nichts mehr zu, sind entmutigt.
Zuversicht und Hoffnung haben aber starke Antriebskraft zum Erreichen der Ziele. Gleichzeitig kann durch die gezielte Frage die Eigenverantwortung der Betroffenen für Veränderungen verdeutlicht werden.

*„Wie groß ist deine Hoffnung, dass du im Jahreszeugnis die 3 in Mathematik erreichst?"*
*„Wie groß ist Ihre Zuversicht, dass Sie es schaffen respektvoller miteinander umzugehen?" (... weniger zu streiten? ... mehr Geduld mit Ihrer Tochter zu haben? usw.)*
*„Wie groß ist deine Zuversicht, dass du in einem halben Jahr ruhiger und gelassener in die Klassenarbeiten gehst?"*
*„Wie stark ist deine Hoffnung, dass du das schaffst?"*

(Hoffnung bzw. Zuversicht auf einer Skala von 0–10 einschätzen lassen.)

*„Was müsstest du dir innerlich in Gedanken sagen, damit deine Hoffnung noch niedriger (höher) wird?"*
*„Wie könntest du es erreichen, dass du noch weniger (mehr) Zuversicht hast, dass du etwas verändern kannst?"*

### 3. Fragen nach Ausnahmen und bisherigen Lösungsversuchen

Wenn Menschen Probleme haben und verzweifelt sind, tun sie oft so, als ob es ihnen immer schlecht ginge.
Das Problem ist aber nicht immer gleich, es unterliegt Schwankungen. Es ist daher sinnvoll, nach diesen Ausnahmen zu fragen, wann das Problem nicht da ist bzw. wann es den Betroffenen gelungen ist das Problem zu reduzieren.
In ihrer Hilflosigkeit beschreiben Eltern und Schüler das problematische Verhalten bzw. die Probleme häufig als ein Geschehen außerhalb ihrer Kontrolle und Einflussmöglichkeiten. Zum Problem gehört „Es-Haftigkeit", d. h., die Betroffenen fühlen sich ausgeliefert.
„ES kommt ...", „ES macht ... ", „ES passiert ..."
„ES" heißt, *„ICH"* habe keine Kontrolle über „Kommen", „Aufrechterhaltung" und „Gehen" des Problems.
Stärkung der Eigenverantwortung heißt demnach auch die Betroffenen dabei zu unterstützen aus *„ES" ein „ICH" zu machen und aus „es geschieht" ein „ich tue".*

Der zeitliche Verlauf des Problems kann so aussehen:

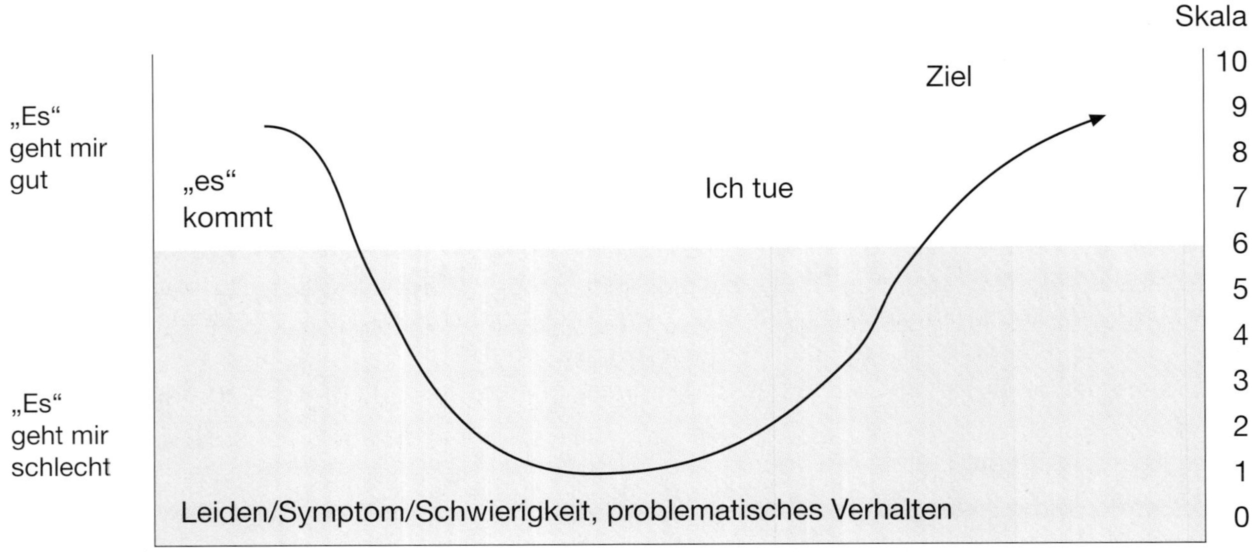


Abb. 8 *Zeitlicher Verlauf des Problemerlebens (nach Manfred Prior, Seminar Tübingen 1993)*

Mögliche Frageformen:

*„Wann war die Ausnahme?“*
*„Wann hast du dich mal ganz toll konzentrieren können?“*
*„Wann gab es Unterschiede?“*
*„Wie sah das aus, als es besser war?“*
*„Wann ist mehr..., wann ist weniger...?“*
*„Welche Gedanken hattest du, als es besser (anders) war?“*
*„Wann warst du in einer Klassenarbeit mal ruhiger?“*
*„Was machst du, wenn es besser ist?“*
*„Wie hast du das damals gemacht eine 2 in Englisch zu bekommen?“*
*„Wann haben Sie es einmal geschafft mehr Geduld mit Ihrer Tochter zu haben?“*
*„Wann waren Sie das letzte Mal zufrieden mit dem Verhalten Ihres Sohnes?“*
*„Wann waren Sie zuletzt stolz auf Ihren Sohn? Was war da?“*
*„Wie haben Sie bisher versucht das Problem zu reduzieren?“*
*„Was haben Sie bisher unternommen, damit er seine Hausaufgaben selbstständiger macht?“*
*„Was hat bisher am besten funktioniert? Wie gelang es ihnen bisher, dass Ihr Sohn das tut, was Sie wollen?“*

Durch diese Frageform wird vorausgesetzt, dass es Zeiten gab, wo es besser war, und dass der/die Betroffene etwas aktiv dazu beigetragen hat.

Die Fragen nach Ausnahmen sind dann (noch) nicht günstig, wenn:

- Das Problem noch zu wenig „gewürdigt“ wurde, d. h. vom Lehrer noch zu wenig ernst genommen wurde.
- Die Beziehung bzw. der Kontakt zwischen LehrerIn und Eltern noch nicht hergestellt ist.
- Die Eltern nicht „abgeholt“ werden, d. h., sich noch nicht ausreichend verstanden fühlen.

### 4. Fragen nach Beschreibungen von Veränderungen vor der Sitzung

*„Was hat sich verändert, seit wir den heutigen Termin vereinbart haben?“*
*„Wie hast du das gemacht, dass sich seit dem letzten Gespräch (seit der Anmeldung) einiges gebessert hat?“*
*„Welche Veränderung haben sich seit dem letzten Treffen ergeben?“*

*„Was haben Sie seit unserem Telefonat verändert? Was haben Sie versucht?“*
*„Was haben Sie inzwischen zu Hause besprochen?“*

Auch hier wird durch die Art der Fragen wieder vorausgesetzt und deutlich gemacht, dass sich etwas verändert hat, dass sich ständig etwas verändert, dass Schwankungen immer da sind und *dass der/die Betroffene aktiv daran beteiligt war.*

### 5. Fragen nach der Strategie, wie die Betroffenen in das „Problem rutschen“

Oft ist das Ergebnis (Problem/Symptom) bekannt, nicht jedoch die Strategie, der Weg, der Prozess dorthin. Strategien sind oft sehr unterschiedlich. Menschen sind sehr kreativ darin Symptome zu bekommen. Das Ergebnis ist oft dasselbe.
Um diese Strategien kennen zu lernen ist präzises Nachfragen der einzelnen Schritte notwendig, ansonsten besteht die Gefahr, dass der/die LehrerIn *seine/ihre eigenen* Schritte zugrunde legt (Bedeutungsgebung).
Als LehrerIn will ich die Strategie erfahren, will verstehen, wie mein Gegenüber zu einem bestimmten Ziel kommt (zu einer Ausnahme, zum Symptom, zum Ziel).

Beispiele:

*„Was müsstest du tun, damit es schlechter wird?“*
*„Was müsste ich tun, damit ich auch Ärger mit der Klasse bekomme.“*
*„Was könnten Sie tun, damit Sie noch mehr Streit miteinander bekommen?“*
*„Was müssten Sie denken, damit Sie noch weniger Geduld mit ihrer Tochter haben?“*
*„Was denkst (tust) du genau, wenn der Lehrer die Klassenarbeitshefte austeilt?“ (vor/während der Klassenarbeit? Wenn du nicht mehr weiter weißt? Wenn du für die Arbeit lernst? Usw.)*
*„Sei mein Trainer und bringe mir bei, wie ich es machen könnte, dass ich genau so wütend wie du werde. Was müsste ich denken?“*
*„Schildern Sie mir den genauen Ablauf. Was tun Sie? Was denken Sie?“*
*„Was müssten Sie tun, damit das Symptom schlimmer wird (jetzt erscheint)?“*
*„Angenommen, ich könnte das lernen, was müsste ich tun?“*
*„Wenn ich jetzt deine Gestalt annehmen könnte, wie müsste ich mich verhalten, damit keiner etwas merkt?“*
*„Was denkst du, wenn du beim Lernen sitzt und dich nicht konzentrieren kannst?“*
*„Was müsstest du tun, damit dir dein Englischlehrer morgen einen Eintrag gibt?“*

Implikationen dieser Fragestellungen:

- Es gibt eine Strategie um dieses Problem zu erzeugen.
- D. h. man muss etwas tun um „es“ zu bekommen, also kommt „es“ nicht von alleine, „es passiert“ also nicht. „Es geschieht“, wird umgewandelt in „ich tue“.
- Der Betroffene wird sich der Symptomproduktion bewusst. Es wird schwerer es spontan zu zeigen.
- Jeder kann das Problem bekommen. Er hat es also deshalb nicht, weil er etwas Bestimmtes unterlässt.
- Wenn man etwas lernen kann, kann man es auch verlernen.
- Die Fragen aktivieren Konfusion und beinhalten Humor. Beide sind ein günstiger Nährboden für Veränderungen.

Mit den Fragen bei Punkt A beginnen, bei dem das Problem bzw. Symptom noch nicht sichtbar oder spürbar ist, an dem es dem Betroffenen noch gut geht und noch keine Probleme vorhanden sind.
Von dort aus schrittweise Fragen stellen, was der Schüler tut, denkt, fühlt. Mit welchen konkreten Einzelschritten manövriert er sich in den Problemzustand.

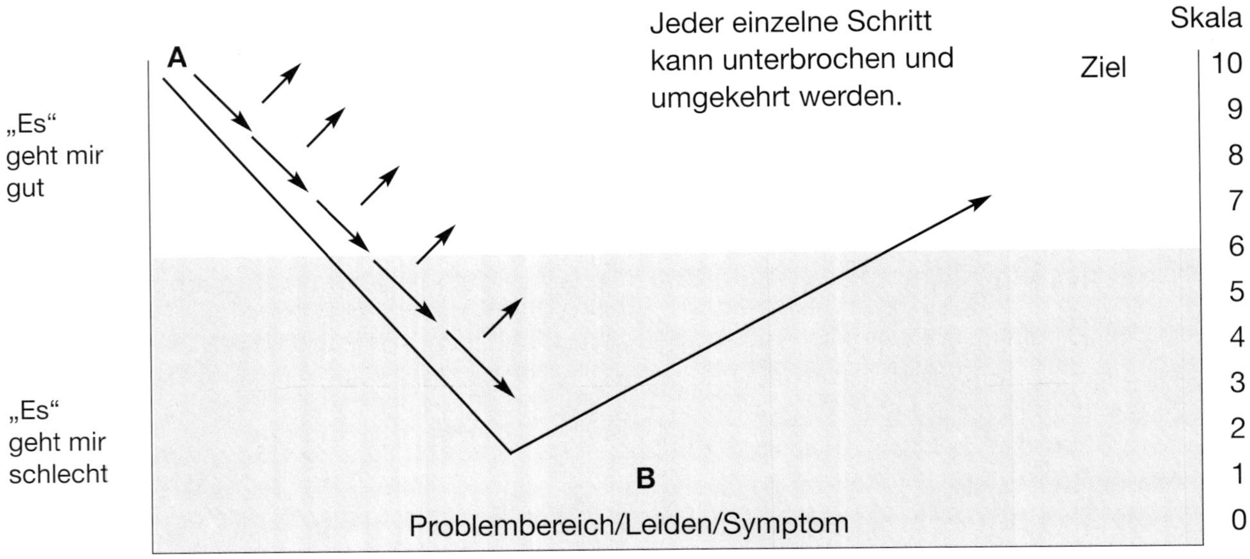


Abb. 9 *Einzelschritte ins Problem (nach Manfred Prior, Seminar in Tübingen 1993)*

Anbieten von Alternativen:

Mitunter ist es hilfreich und nützlich mögliche Alternativen (Lösungsansätze) zu schildern, als etwas, was die Betroffenen (noch) nicht machen. Dabei sind „Nicht“-Formulierungen möglich.

Beispiele:

*„Also, du machst x. Du machst nicht y oder z.“*
*„Also, du machst das nicht so, dass du ab und zu eine Pause einlegst, sondern du lernst in der Regel drei Stunden am Stück.“*
*„Also, Sie denken, dass er sie verachtet und nichts von Ihnen wissen will. Sie denken nicht, dass er nur müde ist und sich deshalb zurückzieht.“*
*„Du denkst also, dass du eh wieder nichts kannst und eine 6 schreiben wirst. Du denkst also nicht: ‚Diesmal habe ich mich besser vorbereitet und bin ruhig und gelassen.‘“*
*„Manche machen y oder z, aber du machst x.“*
*„Was Sie nicht tun, ist y oder z, das würde ja eventuell bedeuten, dass …“*
(Immer wieder zusammenfassen und beschreiben um die Betroffenen und ihre Strategien wirklich zu verstehen.)

### 6. Fragen nach Ressourcen und der Bewältigung von Schwierigkeiten

Es handelt sich dabei um Fragen nach Fähigkeiten, Stärken sowie der Bewältigung früherer oder angenommener Krisen.

*„Was schätzen Sie besonders an Ihrem Sohn?“*
*„Wo liegen Ihrer Meinung nach die Stärken Ihres Sohnes? Was kann er besonders gut?“*
*„In welchen Bereichen zeigt er schon die Selbstständigkeit, die ihm beim Lernen noch fehlt?“*
*„Wie machst du das beim Fußballtraining? Wie bringst du dich dazu das anstrengende Training durchzuhalten?“*
*„Du hast mir erzählt, dass du vor einem großen Publikum ein Klavierkonzert gegeben hast. Wie hast du dein Lampenfieber vor diesem Auftritt gemeistert? Was hast du zu dir selber gesagt?“ (Zu einem Mädchen, das wegen Klassenarbeitsangst Rat sucht.)*
*„Wie hast du das damals gepackt, als du …?“*
*„Was würdest du tun, wenn du …?“*
*„Ich habe gehört, du bist so mutig und springst im Freibad vom 5-m-Brett. Wie überwindest du dabei deine Angst?“*

Problemsituation in einem Bereich schildern, von dem man weiß, dass der Schüler (die Familie) sie aufgrund seiner Stärken meistern kann bzw. schon mal gemeistert hat (Sport/Hobbies usw. abfragen).

### 7. Arbeit mit Skalierungen

Alle Elemente (Problembereiche, Ausnahmen, Zielbestimmungen, usw.) können mit Hilfe einer Skala präzisiert werden. Der Schüler oder die Eltern schätzen das Ausmaß des Problems, die Wichtigkeit des Ziels, die Betroffenheit, die Zuversicht usw. auf einer Skala ein.

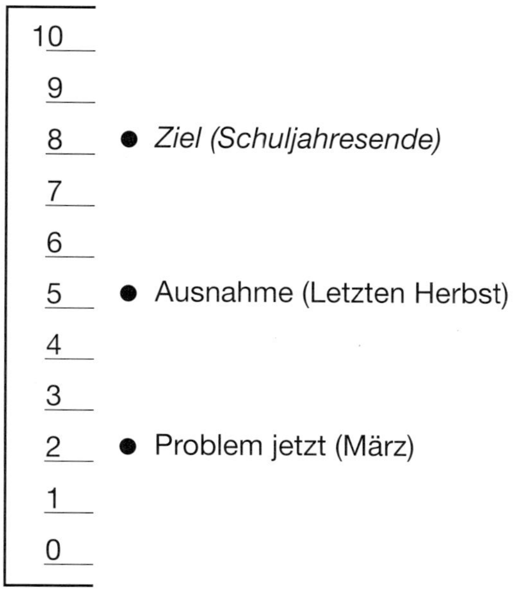


Beispiel: Mitarbeit im Unterricht

- *„Du möchtest also im Unterricht besser aufpassen, mehr mitmachen. Stelle dir mal eine Skala von 0 bis 10 vor. 0 bedeutet Null Mitarbeit, keinerlei Beteiligung und 10 volle Mitarbeit, die ganze Zeit absolut dabei. Wie würdest du dich jetzt momentan einschätzen, wo auf dieser Skala von 0 bis 10 du jetzt stehst?" (Eventuell nach Fächern differenzieren.) (Antwort: 2)*
- *Wenn du dich jetzt bei 2 einschätzt, was möchtest du dann erreichen?" (Antwort: 8)*
- *„Wann soll dieses Ziel erreicht sein? In einem Monat, in einem Jahr, am Ende des Schuljahres?" (Antwort: Ende Schuljahr)*

Abb. 10 *Skalierungen*

Der Vorteil der Skala liegt darin, dass Nuancen und Einzelschritte geschaffen werden, dass zwischen „entweder alles" und „oder nichts" Abstufungen geschaffen werden, die erreichbarer sind.

- *„Denkst du, dass es realistisch ist, dass du es bis Ende des Schuljahres geschafft hast, auf 8 zu kommen?"*
- *„Wie würde dieser Zustand 8 denn konkret aussehen? Wie oft würdest du dich in einer Unterrichtsstunde melden, wenn du den Zustand 8 erreicht hast? Woran würde der Lehrer es merken?"*
- *„Wann war es schon einmal besser als 2? Wann war es in der Vergangenheit am besten?" (Antwort: Im Herbst)*
- *„Wenn deine Mitarbeit im Herbst besser war, wo auf der Skala warst du damals?" (Antwort: 5)*
- *„Wenn du letzten Herbst auf 5 standest und jetzt auf 2, was macht den Unterschied aus zwischen 2 und 5? Was ist anders als im Herbst? Was ist der Unterschied zwischen 5 (Ausnahme) und 8 (Ziel)?"*
- *„Wenn du jetzt bei 2 bist und am Schuljahresende bei 8 sein möchtest, wo willst du dann nächste Woche sein? In einem Monat sein?"*
- *„Wenn du im letzten Herbst bei 5 warst und jetzt bei 2, war das ein gleichmäßiger Abstieg oder gab es Schwankungen?"*

Die Einschätzungen können auf der Skala mittels kleiner Klammern oder Klebepunkte markiert werden. Wenn man dem Schüler eine Skala mit nach Hause gibt, kann er mit Unterstützung der Eltern lernen sich täglich selbst einzuschätzen.
Mit der Skalierung kann auch erfragt werden, wie hoch die Motivation der Betroffenen ist das

Ziel zu erreichen, wie groß die Bereitschaft eingeschätzt wird sich dafür auch anzustrengen und Zeit und Energie zu „opfern" und wie groß die Hoffnung bzw. Zuversicht ist, dass das Ziel aus eigenen Kräften erreicht werden kann.

## 8. Vereinbarungen und Aufgaben

Mitunter kann es sinnvoll sein im Elterngespräch konkrete Aufgaben zu vereinbaren, was Eltern oder Schüler zu Hause ausprobieren können.

Durch derartige Aufgaben ist es möglich

- den Eltern konkrete Empfehlungen mitzugeben,
- die Ressourcen aller Betroffenen zu nutzen,
- die Eigenverantwortung der Schüler und Eltern zu unterstreichen,
- den Blick weg vom Problem auf die Lösung zu lenken.

Gegenüber Gesprächspartnern, die eine Aversion gegen das Wort (Haus-)Aufgabe haben (z. B. SchülerInnen mit Schulschwierigkeiten), sollten andere Formulierungen gewählt werden (z. B. Experiment; Etwas, was Ihnen helfen wird; Rezept; usw.).
Die Beziehung LehrerIn – Eltern, die Akzeptanz und die Autorität, die der Lehrer bzw. die Lehrerin bei Schülern wie Eltern genießt, spielt dabei eine entscheidende Rolle.
Es gibt verschiedene Möglichkeiten die Wahrscheinlichkeit zu erhöhen, dass die vereinbarten Aufgaben durchgeführt werden. Je nach Kontext, Beziehung, Kooperationsbereitschaft, Persönlichkeitsstruktur der GesprächspartherInnen bietet sich Folgendes an:

| **Tafel 4: Wie erhöhe ich die Bereitschaft zur Aufgabendurchführung?** |
|---|
| • **Spannung aufbauen**<br>*(Es gibt etwas, was Ihnen helfen könnte, aber ich glaube nicht, dass Sie dazu bereit sind.)*<br>• **Entscheidungen anbieten bzw. fördern**<br>*(Soll ich dir heute oder erst das nächste Mal erzählen, wie du dir helfen kannst?)*<br>• **„Verstören"**<br>*(Wären Sie auch mit einer einfachen Lösung für Ihr schweres Problem zufrieden?)*<br>• **Sich vorher die Zusicherung geben lassen**<br>*(Versprichst du mir, dass du die Aufgabe, die ich dir gebe, durchführen wirst? Ohne Zusicherung wird die Aufgabe nicht bekannt gegeben.)*<br>• **Ehrgeiz herausfordern**<br>*(Das ist eine schwierige Aufgabe, aber ich denke, dass du das kannst.)*<br>• **Wetten abschließen**<br>(mit Eltern, Erziehern, usw., wenn Kindern Aufgaben gegeben werden)<br>*(Ich denke, du schaffst das, dein Vater denkt, du schaffst das nicht. Ich bin skeptisch, ob du das wirklich so machst, wie du jetzt sagst. Ich wette um eine Tafel Schokolade mit dir.)*<br>• **Bei der Aufgabenstellung echt und kongruent sein**<br>• **Die Betroffenen bei der Aufgabenkonstruktion beteiligen**<br>• **Experiment ankündigen, dessen Ausgang auf jeden Fall interessant ist, egal wie es ausgeht** |

| Tafel 5: Nützliche Kriterien für die Aufgabenkonstruktion |
|---|
| • Die Aufgabe sollte klar und präzise formuliert sein.<br>• Positive Formulierungen auf der Handlungsebene.<br>• Klare Zeit- und Ortsvorgaben.<br>• Sie soll den Blick der Betroffenen auf die Lösung lenken.<br>• Entweder konkrete Beobachtungsaufgaben von Ressourcen, positiven Eigenschaften, erwünschten Verhaltensweisen oder konkrete Handlungsanweisungen.<br>• Sie soll die Neugier (auf Erfahrung, Ergebnis) wecken.<br>• Sie muss innerhalb des Wertesystems der Betroffenen akzeptabel sein.<br>• Die Normen und Werte der Familienmitglieder nutzen.<br>• Das Selbstbild und das Rollenverhalten der Betroffenen beachten und nutzen.<br>• Sie muss von den Betroffenen realisierbar und durchführbar sein.<br>• Sie soll Anforderung, aber keine Überforderung sein.<br>• Aufgabenstellung eventuell von den Betroffenen wiederholen lassen oder gar schriftlich fixieren.<br>• Resultat sollte überprüfbar sein.<br>• Familienmitglieder eventuell als Beobachter, Protokollanten o. Ä. einbeziehen.<br>• Diskussion über Sinn oder Unsinn der Aufgabe vermeiden. (Am besten am Ende der Sitzungen geben.)<br>• Die Familienmitglieder bei der Aufgabenkonstruktion einbeziehen. |

Beispiele:

*„Beobachten Sie bis zum nächsten Mal, wann und in welchen Situationen Ihr Sohn dieses Verhalten schon zeigt."*
*„Achte bis zum nächsten Mal darauf, wann es dir gelingt nicht wütend zu werden, obwohl dich die anderen ärgern."*
*„Notiere zweimal pro Woche in deinem Tagebuch, was du an dir toll gefunden hast. Du musst mindestens eine Seite voll schreiben."*
*„Wähle dir in der Woche einen Tag aus, an dem du so tust, als ob du den Zielzustand 8 (auf der Skala) schon erreicht hättest. Sage aber niemanden, welcher Tag das ist. Und Sie als Eltern müssen darauf achten und erraten, an welchem Tag er auf 8 war."*
*„Notieren Sie die Situation pro Tag auf einem kleinen Zettel, in der er dem Ziel am nächsten war."*
*„Nimm dir diese Skala mit und schätze dich jeden Abend selber ein, wie gut es dir gelungen ist dich tagsüber an die vereinbarten Regeln zu halten."*

*Wenn die Aufgaben nicht wie vereinbart durchgeführt wurden,* sollte man als LehrerIn keinesfalls enttäuscht oder gar vorwurfsvoll reagieren. Dadurch würden nur alteingefahrene, problemorientierte Interaktionsmuster und Schuldgefühle aktiviert.
Als nützlicher hat sich erwiesen, nach der Bedeutung des „Nichtmachens" zu fragen *(„Was bedeutet das für Sie, dass es nicht geklappt hat?")*, den Umfang der Vereinbarungen in Frage zu stellen *(„Da haben wir uns wohl zu viel vorgenommen. Das Ganze war zu umfangreich.")* bzw. eingestehen, dass man bestimmte Dinge bei der Aufgabenauswahl nicht beachtet hat. *(„Wir haben nicht daran gedacht, dass …", „Wir haben vergessen zu bedenken, dass …").*
Dadurch bleibt die Motivation eher erhalten und man erhält konkrete Hinweise, wie die Aufgabe modifiziert oder neu konstruiert werden müsste.

## 9. Führen und Lenken im Elterngespräch

In der Literatur spricht man von der Strategie des „Pacing and Leading", vom „Angleichen und Lenken" bzw. „Mitschwingen und Führen". Das erstere ist notwendig, um empathisch mitfühlen zu können, den Ratsuchenden zu verstehen, ihn da abzuholen, wo er steht. Lenkung ist angebracht, um ein Ziel, eine Lösung anzusteuern. In einem guten Gespräch wird immer eine Balance von Angleichen und Lenkung verlangt. Analog zum Unterrichtsprozess. Wenn ich zu früh oder zu stark lenke oder zu schnell bin, besteht die Gefahr, dass mein Gesprächspartner „auf der Strecke bleibt". Er muss die Möglichkeit haben, die Richtung mitzubestimmen und in seinem Tempo mitzugestalten.
Wie stark nun ein Lehrer bzw. eine Lehrerin im Gespräch die Lenkung und Führung übernehmen soll, hängt von verschiedenen Faktoren ab. Die in diesem Kapitel vorgestellten Frageformen sind relativ stark strukturierend und lenkend. Sie haben ihren Platz und Sinn in einer Palette von unterschiedlich stark lenkenden Frage- und Beratungsformen.
Für das Elterngespräch empfehlen wir dem Lehrer bzw. der Lehrerin eher einen mittleren bis stärkeren Aktivitäts- und Lenkungsgrad. LehrerInnen haben keinen Auftrag zur Therapie, sondern eine Beratungsfunktion als Kooperationspartner von Eltern. Das Ziel ist, eine Lösung anzustreben, das Gespräch auf eine Lösung hinzulenken. Dabei sollen eigene Lösungsvorschläge durchaus eingebracht werden, der Lehrer bzw. die Lehrerin muss aber dafür offen sein, wie die Lösung letztendlich aussieht. Die beiden Extreme „Nonverbales Zuhören" und „Vorschläge, Ratschläge, Anweisungen" werden daher nur in den seltensten Fällen zieldienlich sein.
Die folgende Tafel gibt einen Überblick über die unterschiedlichen Gesprächsstrategien und ihren Grad des Zuhörens bzw. der Lenkung in einem Elterngespräch.

**Tafel 6: Aktivität und Lenkung im Elterngespräch**

| *Aktivität Lenkung* | | *Gesprächsverhalten des Lehrers, der Lehrerin* |
|---|---|---|
| *Wenig* ↑ | **1. nonverbales Zuhören** | Blickkontakt, Kopfnicken, Lächeln, zugewandte Körperhaltung, Äußerungen wie *„mh", „aha", „aja", „so"*, usw.<br>Die nonverbalen Signale zeigen dem Gesprächspartner, dass die Bereitschaft vorhanden ist, zuzuhören und zu verstehen.<br>Immer dann, wenn Eltern von sich aus erzählen, Situationen schildern, ihre Sichtweise erläutern, ihr Anliegen vorbringen.<br>Wenn Eltern zu ausführlich, zu ausufernd oder unzusammenhängend und unstrukturiert reden, besteht die Gefahr, dass der Überblick verloren geht, der „Faden verloren wird" und Verwirrung und Diffusität entsteht. |
| | **2. umschreibendes Zuhören (paraphrasieren)** | LehrerIn gibt das Gesagte des Gesprächspartners mit eigenen Worten wieder (Umschreiben) wie z. B.:<br>*„Verstehe ich Sie richtig, dass ...", „Sie meinen also, wenn ...", „Ihnen ist wichtig, dass ...", „Was Sie sagen verstehe ich so ..."*, usw.<br>Die Eltern können erkennen, dass ihre Aussagen verstanden wurden. Missverständnisse können damit sofort beseitigt werden.<br>(Vgl. Kap. 16 Tafel 13 „Gedanken wiedergeben")<br>Wenn diese Phase zu lange anhält oder die Eltern zum „Abschweifen und Ablenken" neigen, besteht die Gefahr, dass das Ziel und die Lösung aus dem Blick geraten.<br>Die Wiederholungen der Elternaussagen können echohaft klingen. |
| | **3. aktives Zuhören (verbalisieren emotionaler Erlebnisinhalte)** | LehrerIn hilft dem Gesprächspartner seine unklar geäußerten Gefühle, Wünsche, Befürchtungen usw. deutlicher zum Ausdruck zu bringen:<br>*„Sie haben das Gefühl, dass ...?"*<br>*„Sie sind (z. B. verärgert, traurig, glücklich, enttäuscht, usw.) ...?"*<br>*„Aus Ihrer Perspektive ...?, „Sie meinen ...?"* usw.<br>Achtung: Nur in fragender Formulierung, nicht als unumstößliche Feststellung.<br>Zur Klärung der Bedeutung einer Aussage<br>Wenn Irritationen aufgrund doppeldeutiger Aussagen entstehen<br>Der Lehrer bzw. die Lehrerin kann damit überprüfen, ob seine/ihre Wahrnehmung und Interpretation der Elternaussage richtig ist (vergleiche Kap. 6 Tafel 13 „Gefühle wiedergeben" sowie Kap. 4.6 und 4 7). |
| | **4. offene W-Fragen stellen** | Stärker strukturierend und lenkend. Die Intention des Lehrers bzw. der Lehrerin weist in bestimmte Richtung.<br>Möglichkeit für die Eltern, zu reflektieren, auf innere Such- und Sortierungsprozesse zu gehen, neue Perspektiven kennen zu lernen, sich aktiv an der Lösungssuche zu beteiligen.<br>Wenn die Fragen zu schnell, zu dicht und zu häufig kommen, kann bei den Eltern der Eindruck des „Verhörs" bzw. des „Ausfragens" entstehen. |
| ↓ *Viel* | **5. Vorschläge, Ratschläge und Anweisungen erteilen** | Ratschläge beinhalten meist klare Vorgaben über „Richtig" bzw. „Falsch".<br>Der Ratsuchende wird symbolisch an die Hand genommen und geführt, der bzw. die LehrerIn gibt eindeutig die Richtung und die Lösungen an.<br>Sinnvoll dann, wenn Eltern eindeutig nicht in der Lage sind, selbst Verantwortung zu übernehmen. |

## Ziele präzisieren und positiv formulieren

Formulieren Sie zu den geäußerten Zielvorstellungen der GesprächspartnerInnen möglichst viele Fragen, die hilfreich sind die Ziele konkret und handlungsorientiert zu präzisieren.

| Äußerungen von Schüler/ Mutter/Vater/Eltern | Mögliche Fragen |
|---|---|
| Ich möchte mehr lernen. | |
| Ich möchte nicht jeden Nachmittag diesen Ärger bei den Hausaufgaben mit Paul. | |
| Ich möchte weniger Streit mit meinen Klassenkameraden. | |
| Ich möchte, dass mein Kind nicht so unglücklich ist. | |
| Wir möchten doch nur das Beste für unsere Tochter. | |
| Ich möchte keinen Eintrag mehr. | |
| Ich möchte, dass Paul nicht so unselbstständig ist. | |
| Ich möchte auf keinen Fall, dass wir gegeneinander arbeiten. | |
| Unser Sohn soll es einmal besser haben als wir. | |
| Ich sollte mit Paul nicht so ungeduldig sein. | |

## Ziele präzisieren und positiv formulieren

| Vorschläge der Autoren zum Arbeitsblatt 6a | |
|---|---|
| Äußerungen von Schüler/ Mutter/Vater/Eltern | Mögliche Fragen |
| Ich möchte mehr lernen. | • Was heißt das konkret?<br>• Wie viele Stunden am Tag möchtest du lernen?<br>• In welchem Fach möchtest du mehr lernen? |
| Ich möchte nicht jeden Nachmittag diesen Ärger bei den Hausaufgaben mit Paul. | • Wie würde das aussehen, wenn Sie mit dem Ablauf des Nachmittags zufrieden wären?<br>• Wie würde es im Idealfall aussehen? |
| Ich möchte weniger Streit mit meinen Klassenkameraden. | • Wie möchtest du am liebsten mit deinen Klassenkameraden umgehen?<br>• Was möchtest du am liebsten mit den Klassenkameraden tun?<br>• Wie soll das Verhältnis zu deinen Klassenkameraden aussehen? |
| Ich möchte, dass mein Kind nicht so unglücklich ist. | • Woran würden Sie merken, dass ihr Kind glücklich ist?<br>• Was müsste Ihr Kind tun, damit Sie beruhigt wären? |
| Wir möchten doch nur das Beste für unsere Tochter. | • Was denken Sie, ist das Beste für Ihre Tochter?<br>• Wie sähe das aus, wenn Ihre Tochter das Beste bekommen würde?<br>• Was heißt das? Was genau möchten Sie für Ihre Tochter? |
| Ich möchte keinen Eintrag mehr. | • Was müsstest du tun, dass du keinen Eintrag mehr bekommst?<br>• Wie möchtest du dich im Unterricht verhalten? |
| Ich möchte, dass Paul nicht so unselbstständig ist. | • Woran würden Sie merken, wenn Paul selbstständiger geworden wäre?<br>• Woran würden Sie seine Selbstständigkeit erkennen?<br>• Wie müsste sich Paul konkret verhalten, damit Sie sich innerlich beruhigt zurücklehnen könnten und denken „jetzt hat er es geschafft"? |
| Ich möchte auf keinen Fall, dass wir gegeneinander arbeiten. | • Wie würde Ihrer Meinung nach eine effektive Kooperation aussehen?<br>• Was könnten Sie tun, was müsste ich tun, damit die Zusammenarbeit effektiver wird? |
| Unser Sohn soll es einmal besser haben als wir. | • Was heißt das konkret?<br>• In welchen Bereichen soll er es einmal besser haben?<br>• Was konkret wollen Sie ihm leichter machen?<br>• Welche konkreten Erfahrungen haben Sie denn gemacht? |
| Ich sollte mit Paul nicht so ungeduldig sein. | • Wie möchten Sie reagieren, wenn er wieder so trödelt?<br>• Was müssten Sie denken um mehr Geduld zu haben? |

## Umdeuten (das Gute vom Schlechten)

Finden Sie für jede der unten stehenden Elternäußerungen eine oder mehrere positive und wertschätzende Umformulierungen, als Frage oder Aussage.
1. Übersetzen Sie dabei Eigenschaften und Zuschreibung in Verhalten.
2. Welche alternative positive Erklärung könnte es für das Verhalten geben?
3. Versuchen Sie dabei möglichst viele der „Sternzacken" zu realisieren (vgl. S. 28).

| Äußerungen von Schüler/Schülerin Mutter/Vater/Eltern | Positive Umformulierung |
|---|---|
| Er ist stinkfaul. Er tut keinen Handstreich zu Hause, ständig muss man hinter ihm her aufräumen. | |
| Michael ist ein aggressiver Junge ständig prügelt er sich mit anderen. | |
| Er ist so eigensinnig. Immer muss er mit dem Kopf durch die Wand. | |
| Er ist so 'ne richtige Heulsuse. Ständig fängt er wegen jeder Kleinigkeit an zu flennen. | |
| Ich kann mich so schlecht konzentrieren, im Unterricht muss ich immer an andere Dinge denken. | |
| Und wenn der Mathelehrer jemanden in der Klasse anmotzt, mische ich mich halt ein. | |
| Martina ist so ein ängstliches und verschlafenes Mauerblümchen. Sie sollte aktiver werden. | |
| Michael spielt sich überall in den Vordergrund und will den Ton angeben. | |
| Sebastian bekommt den Mund nicht auf, so ein richtig verstockter und stummer Fisch. | |
| Bei den Hausarbeiten braucht er immer ewig. Er ist einfach zu langsam. | |

# Umdeuten (das Gute vom Schlechten)

| Vorschläge der Autoren zum Arbeitsblatt 7a | |
|---|---|
| Äußerungen von Schüler/ Mutter/Vater/Eltern | Positive Umformulierung |
| Er ist stinkfaul. Er tut keinen Handstreich zu Hause, ständig muss man hinter ihm her aufräumen. | • Er sorgt gut für sich und schaut, dass er nicht zu viel arbeitet.<br>• Er weiß, wie er es sich bequem machen kann.<br>• Wie schafft er es eigentlich, dass er andere für sich arbeiten lässt. |
| Michael ist ein aggressiver Junge ständig prügelt er sich mit anderen. | • Was macht Michael, wenn er eine Wut hat?<br>• Er hat einen großen Drang seine Kräfte öfter mit anderen messen zu wollen.<br>• Eine richtige Kämpfernatur, er lässt sich also so leicht nicht unterkriegen (einschüchtern). |
| Er ist so eigensinnig. Immer muss er mit dem Kopf durch die Wand. | • Er weiß also, was er will.<br>• Er hat enormes Durchsetzungsvermögen.<br>• Ein sehr starker und zielgerichteter Junge. |
| Er ist so 'ne richtige Heulsuse. Ständig fängt er wegen jeder Kleinigkeit an zu flennen. | • Was bedeutet das für Sie einen so sensiblen und empfindsamen Jungen zu haben?<br>• Toll, es gibt nur wenige Jungen, die es wagen ihre Tränen auch zu zeigen. |
| Ich kann mich so schlecht konzentrieren, im Unterricht muss ich immer an andere Dinge denken. | • Du hast so vielseitige Interessen, dass es dir schwer fällt dich auf den Matheunterricht zu konzentrieren.<br>• Alle Achtung, wie schaffst du es eigentlich dich trotz der störenden Nebengeräusche aus dem Unterricht so auf deine eigenen Gedanken zu konzentrieren? |
| Und wenn der Mathelehrer jemanden in der Klasse anmotzt, mische ich mich halt ein. | • Du hast ein großes Gerechtigkeitsgefühl und willst dich für andere einsetzen.<br>• Du kannst es einfach nicht ertragen, wenn jemand ungerecht behandelt wird. |
| Martina ist so ein ängstliches und verschlafenes Mauerblümchen. Sie sollte aktiver werden. | • Sie ist so ruhig und ausgeglichen, dass sie sich durch nichts stören lässt.<br>• Sie ist zufrieden mit sich und der Welt und sie kann gelassen zuschauen und muss sich nicht überall einmischen. |
| Michael spielt sich überall in den Vordergrund und will den Ton angeben. | • Er ist ein sehr selbstbewusster Junge.<br>• Er ist sich seiner Wirkung bewusst.<br>• Er weiß um seine Qualitäten und weiß sie auch einzusetzen. |
| Sebastian bekommt den Mund nicht auf, so ein richtig verstockter und stummer Fisch. | • Er ist ein Junge, der nicht überall seinen Senf dazugeben muss.<br>• Der Weise schweigt und denkt sich seinen Teil. |
| Bei den Hausarbeiten braucht er immer ewig. Er ist einfach zu langsam. | • Er versucht also meistens, gründlich und sorgfältig zu arbeiten.<br>• Er weiß, wie er es anstellen muss um Sie möglichst lange bei sich zu haben. |

# Ressourcenorientierte Fragen

Nehmen Sie sich einige Minuten Zeit und erinnern Sie sich an einen Schüler/eine Schülerin, der/die Schwierigkeiten hat im Lernen, Leisten, Erleben oder Verhalten. Nehmen wir an es sei deshalb ein Elterngespräch geplant, entweder auf Ihre Initiative oder auf Wunsch der Eltern.

Kurze Skizzierung der Schwierigkeiten:

_______________

_______________

Worin sehen Sie, trotz all der Schwierigkeiten (und des damit zusammenhängenden Ärgers) die Stärken und Fähigkeiten des Schülers, der Schülerin? Was kann er/sie besonders gut? Welche Vorzüge hat er/sie?

_______________

_______________

Welche Stärken, Fähigkeiten, Ressourcen sehen Sie bei den Eltern, bei der Familie des Schülers/der Schülerin?

_______________

_______________

Welche positiven Erklärungen und Bedeutungen könnte es für die gezeigten Schwierigkeiten geben?

_______________

_______________

Welche positiven Motive könnte es für die gezeigten Schwierigkeiten geben?

_______________

_______________

Welche positiven Auswirkungen haben die Schwierigkeiten des Schülers, der Schülerin (auch wenn die negativen zu überwiegen scheinen) für ihn/sie selber, für seine/ihre Familie, für Sie als LehrerIn, für andere?

_______________

_______________

Wie könnten die Ressourcen des Schülers/der Schülerin bzw. seiner/ihrer Familie für eine Veränderung genutzt werden?

_______________

_______________

Was könnten Sie aufgrund der obigen Überlegungen im Elterngespräch konkret sagen oder mitteilen?

_______________

_______________

Welche ressourcen- und lösungsorientierten Fragen könnten Sie aufgrund Ihrer Überlegungen den Eltern stellen? Welche stellen Sie sich selbst?

_______________

_______________

## 4.6 Kontakt und Kommunikation – die vier Seiten einer Nachricht

*Kommunikation bedeutet,*
*Fantasien durch Informationen zu ersetzen.*
Wilfried Reifarth

Wenn sich Menschen begegnen, treten sie in Kommunikation miteinander, ob sie wollen oder nicht, mit oder ohne Sprache. Gemäß dem Postulat von Paul Watzlawick ist es *nicht* möglich, *nicht* zu kommunizieren. Für eine Kommunikation sind also Worte, Gespräche, Reden und Sprechen keine Voraussetzung, in der gegenseitigen Begegnung werden die unterschiedlichsten Signale ausgesandt und wahrgenommen.
Lenken wir in diesem Kapitel jedoch unsere Aufmerksamkeit auf die verbale Kommunikation, auf das gesprochene Wort, auf das Miteinander-Reden, das Miteinander-Sprechen.
Die alltägliche Erfahrung lehrt uns, wie störungsanfällig dieses Miteinander-Reden ist, eine Fundgrube für Missverständnisse, Missinterpretationen, gewollte und/oder ungewollte Verständigungsschwierigkeiten. Obwohl wir die Worte genau gehört haben, haben wir dennoch nicht verstanden und obwohl wir deutlich gesprochen haben, fühlen wir uns unverstanden.
Bei gelungener Kommunikation geht es also nicht nur um deutliche Aussprache und genaues Hinhören, sondern auch um Verstehen, um Klarheit, um Stimmigkeit.
In ein- und derselben Aussage können wir unterschiedliche Aspekte transportieren und wir hören nur (heraus), was wir hören wollen.
Das im Folgenden beschriebene psychologische Modell der zwischenmenschlichen Kommunikation ist eine Adaption des „Vier-Ohren-Modells“ von Friedemann Schulz von Thun (1981).
In einem Gespräch wandert das Gesagte vom Sprecher zum Hörer, Schulz von Thun spricht von der Nachricht, die vom Sender zum Empfänger geht.
Diese Nachricht, diese Aussage hat dabei vier Aspekte bzw. Dimensionen, sowohl auf Seiten

**Die 4 Dimensionen einer an mich gerichteten Aussage meines Gesprächpartners (GP)**

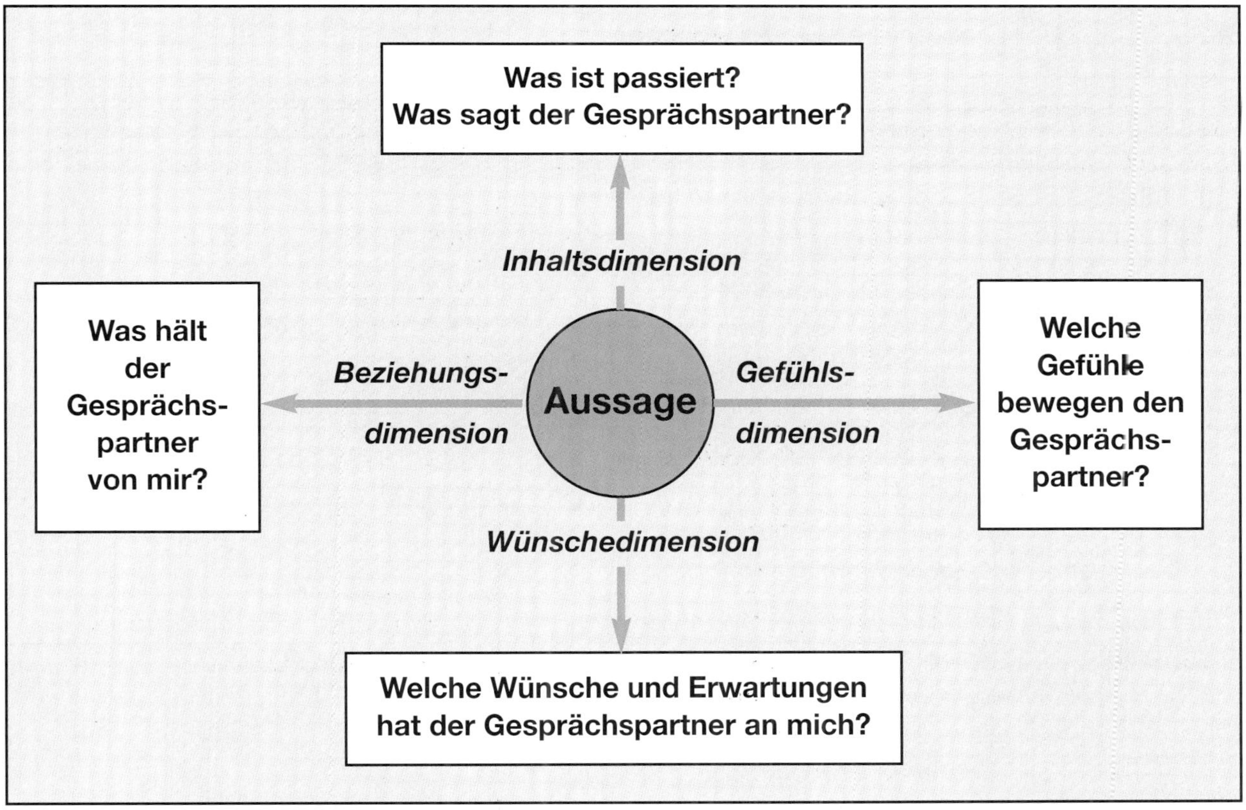


Abb. 11 *Die 4 Dimensionen einer Aussage*

des Senders als auch auf Seiten des Empfängers. Bildhaft gesprochen kann man daher auch von dem *„vier-mündigen Sender“* und dem *„vier-ohrigen Empfänger“* sprechen.
Dies Modell ist nützlich und hilfreich, um in Gesprächssituationen Klarheit zu gewinnen. Es hilft einerseits (als Sender einer Botschaft), „nur mit einem Mund zu reden“, eindeutige Aussagen zu treffen, klar zu kommunizieren, und andererseits (als Empfänger) mit „offenen Ohren“ Gesagtes und Gehörtes zu verstehen bzw. durch Nachfragen zu klären.

**Als Sprecher („Sender“) stellt sich für mich die Frage:**

- Wie eindeutig und klar ist meine Botschaft?
- Wie übereinstimmend ist das, was ich sage, mit dem, was ich denke und fühle? (Frage der Kongruenz)
- Steht für mich eine Sachinformation, eine Beziehungsaussage, eine Gefühlsmitteilung oder ein Wunsch an den Gesprächspartner im Vordergrund und habe ich dies auch deutlich zum Ausdruck gebracht? (z. B. „Ich sage dir …“, „Ich denke über dich …“, „Ich fühle mich …“ bzw. „Ich will von dir …“)

**Als Angesprochener („Empfänger“) kann ich mich fragen:**

- Welche Dimension(en) der an mich gerichteten Aussage meines Gesprächspartners nehme ich besonders stark wahr?
- Welche Gedanken, Gefühle, Handlungsimpulse lösen die wahrgenommenen Dimensionen bei mir aus?
- Welche Dimension(en) werde ich wohl am ehesten ansprechen? (vgl. Tafel 9 „Die 4 Reaktionsebenen“)
- Durch welche Frage erfahre ich, ob das, was ich heraushöre, auch so gemeint war?
- Durch welche Nachfrage kann ich meinen Gesprächspartner dazu bringen, eine klare Aussage zu machen?

**Tafel 7: Die vier Dimensionen einer Aussage**

| | ***Der vier-mündige Sender*** <br> ***Was ich sagen will.*** | ***Der vier-ohrige Empfänger*** <br> ***Was ich heraushöre.*** |
|---|---|---|
| **Inhalts-dimension** | Die sachliche, inhaltliche Information bzw. Aussage. *„Das ist so!“* | Wie die Sachinformation ist. <br> Was der Sachverhalt ist. |
| **Gefühls-dimension** | Die Gefühle, die Stimmung. <br> Das, was der Sprecher von sich preis gibt. *„Das halte ich davon. So geht es mir dabei.“* | In welcher Stimmung mein GP ist. <br> Wie es ihm geht. <br> Was er von der Sache hält. |
| **Wünsche-dimension** | Was ich erreichen möchte, wozu ich den Gesprächspartner veranlassen möchte. <br> *„Ich will, dass du das tust.“* | Was mein GP von mir will. <br> Wozu er mich bringen will. |
| **Beziehungs-dimension** | Die (formelle oder informelle) Beziehung zum Gesprächspartner, was ich von ihm halte, wie wir zueinander stehen. <br> *„So denke ich von dir. Das halte ich von dir.“* | Was mein GP von mir hält. <br> Wie er zu mir steht. |

**Beispiel:** (frei nach Reinhold Miller, 1990)

*Kollege X hat sich verspätet. Als er etwas atemlos sein Klassenzimmer erreicht, steht dort der Schulleiter vor der Tür und bemerkt mit einem Blick auf die Armbanduhr: „Kollege X, es ist bereits 7 Uhr 53.“*

Eine klare Sachinformation, oder nicht? Kollege X könnte also für die erhaltene Information danken, seine Uhr danach stellen und das Klassenzimmer betreten. Es könnte aber auch sein, dass Kollege X sehr genau über die aktuelle Uhrzeit informiert ist, dann wäre die Information von Seiten des Schulleiters wohl überflüssig. Oder etwa nicht?
Nehmen wir das kommunikationspsychologische Modell zu Hilfe, so werden vier unterschiedliche mögliche Botschaften von Seiten des Schulleiters sichtbar:

**Tafel 8: Beispiel zu den vier Dimensionen einer Aussage (Vier-Ohren-Modell)**

| | ***Der vier-mündige Sender***<br>***Denkbare Botschaft des Schulleiters*** | ***Der vier-ohrige Empfänger***<br>***Was Kollege X heraushören kann*** |
|---|---|---|
| **Inhalts-dimension** | Kollege X, es ist bereits 7 Uhr 53. | *Aha, es ist 7 Uhr 53. Gut zu wissen.* |
| **Gefühls-dimension** | Kollege X, Sie sind unzuverlässig. Ich bin ärgerlich über Sie, weil Sie (schon wieder) zu spät kommen. | *Oh, mein Chef ist sauer. Der regt sich aber auch wegen jeder Kleinigkeit auf.* |
| **Wünsche-dimension** | Kollege X, ich möchte, dass Sie in Zukunft pünktlich zum Unterricht erscheinen. | *Jetzt erinnert er mich schon wieder daran, dass ich pünktlich sein soll.* |
| **Beziehungs-dimension** | Kollege X, ich als Schulleiter und ihr Vorgesetzter bemerke, dass Sie zu spät kommen. | *Immer lauert er nur mir auf, um auf mir rumzuhacken. Hier halte ich es nicht mehr lange aus.* |

Je nach Kontext, bisherigen gemeinsamen Erfahrungen, Beziehungen, Persönlichkeitsstrukturen usw. steht eine der Botschaften im Vordergrund der „Sendung“.
Wir bräuchten also 4 Ohren, um alle Dimensionen bzw. Botschaften einer Nachricht wahrzunehmen bzw. herauszuhören. Im Grunde haben wir freie Auswahl, auf welche Seite der Nachricht wir reagieren wollen. Doch sind wir in Abhängigkeit von der Persönlichkeit, der Beziehung zum Gesprächspartner, der Situation, unseren Erfahrungen all zu oft „einohrig“ und haben einseitige Empfangsgewohnheiten. Und wenn Sender-Mund und Empfänger-Ohr nicht übereinstimmen, kommt es zu Missverständnissen und -interpretationen und somit zu Kommunikationsstörungen.

### Die Inhaltsdimension

Menschen mit einseitiger Ausrichtung auf diese Dimension reagieren nur auf den Sachinhalt einer Nachricht, suchen die Auseinandersetzung auf der Sachebene. Mögliche Antworten von Kollege X wären in diesem Falle: *Danke für die Auskunft, Herr Schulleiter, da kann ich gleich meine Uhr danach stellen“* oder *„Nein, das ist nicht ganz korrekt, es ist exakt 7 Uhr 51, ich habe meine Uhr soeben nach der Zeitansage im Radio gestellt.“*
Was denken Sie, wie der Schulleiter wohl auf diese „Einohrigkeit“ reagieren wird? Mit allergrößter Wahrscheinlichkeit geht es ihm nicht darum, dem Kollegen X die genaue Uhrzeit zu sagen.

Weitere Beispiele:

Übertrittsgespräch Klasse 4. *Ein Vater rechnet der Lehrerin vor, dass bei der Klassenarbeitsbewertung, wie sie Kollege Z vornimmt, sein Sohn in Deutsch auf einer 2,5 und nicht auf 2,7 stehen würde. Die Lehrerin rechtfertigt sich, rechnet in Gegenwart des Vaters nochmals alles durch, zieht Konferenzbeschlüsse und Richtlinien hervor und liest sie ihm vor usw. Ohne Erfolg, der Vater lässt sich nicht überzeugen. Es findet eine zermürbende Auseinandersetzung auf der Sachebene statt, die wichtigsten Dimensionen werden nicht angesprochen. Die Gefühlsdimension (Enttäuschung über die nicht bekommene Gymnasialempfehlung) und der Beziehungsaspekt (gegenseitiges Nicht-Akzeptieren, gegenseitiges Abwerten) bleiben unangesprochen.*

**Die Gefühlsdimension**

Wahrgenommen wird das Gefühl, der Gemütszustand, das der Aussage zugrunde liegt. Es sind die zahlreichen nonverbalen Signale, auf die sensibel reagiert wird, wie Tonfall, Lautstärke, Melodie der Stimme, Mimik, Gestik, Haltung usw.
Unser bereits bekannter Kollege X nimmt mit seinem Gefühls-Ohr den Ärger seines Chefs wahr und könnte demnach erwidern: *„Nun seien Sie doch nicht gleich so ärgerlich, das kann doch jedem mal passieren!“* oder *„Sie sind zu Recht sauer auf mich. Entschuldigen Sie bitte!“*

Weitere Beispiele:

Mutter: *„Drei Stunden musste ich gestern Nachmittag bei meinem Sohn sitzen, bis er mit den Hausaufgaben fertig war.“ Lehrerin (auf die Gefühlsdimension reagierend): „Das war sicher sehr belastend für Sie, wo Sie doch noch die zwei Kleinen haben.“*

Schüler: *„Wieso bekomme ich nur eine 4 für diese Zeichnung, ich habe doch genauso lange drangesessen wie der Frank.“* Lehrer: *„Du bist enttäuscht über deine Note und hältst sie für ungerecht, obwohl du dich doch so angestrengt hast.“*

**Die Wünschedimension**

Menschen mit übergroßem Ohr für diese Dimension hören in erster Linie die Erwartungen der Gesprächspartner heraus und wollen es ihnen möglichst recht machen, d. h., diese Erwartungen erfüllen. Sie vergessen dabei leider oft ihre eigenen Bedürfnisse und andere notwendige Reaktionen. Es fällt ihnen schwer, sich abzugrenzen und sie laufen ständig Gefahr, ausgenützt zu werden.
Kollege X würde demnach eilfertig versichern: *„Jawoll, Herr Schulleiter, ab morgen komme ich bestimmt immer pünktlich. Ich werde nie mehr zu spät kommen.“*

Weitere Beispiele:

Mutter im Übertrittsgespräch Klasse 4: *„Mein ältester Sohn hatte damals sogar noch größere Schwierigkeiten in Deutsch und hat jetzt im Gymnasium gute Noten.“ Der Klassenlehrer hört den Wunsch der Mutter, dem Jungen trotz der schlechten Deutschnote die Gymnasialempfehlung zu geben und sagt: „Ich verstehe ihren Wunsch, liebe Frau M., aber Ihr Jüngster hat nicht diesen Ehrgeiz und dieses Durchhaltevermögen wie Ihr Ältester.“*

**Die Beziehungsdimension**

Menschen mit großem Beziehungs-Ohr beziehen sofort alles auf sich, nehmen alles persönlich, fühlen sich sofort angegriffen. Sie gehen entweder in eine offensive Verteidigung, sprich Angriff, über oder ziehen sich beleidigt zurück.
Kollege X würde demnach folgendermaßen reagieren (je nach Mut und Selbstwert offen oder in Gedanken): *„Ständig mäkeln Sie nur an mir herum. Sie lassen keine Gelegenheit aus, um mich*

*fertig zu machen"* (informelle Beziehungsebene) oder *„Ja, ich weiß, dass Sie der Chef sind, das brauchen Sie mir nicht immer vor Augen zu führen"* (formelle Beziehungsebene).
Die hierarchische Struktur der Beziehung (formale Beziehung) spielt hier ebenso eine Rolle wie die zwischenmenschliche (informelle) Beziehung. Unklare Strukturen bzw. Beziehungen erschweren dabei die Kommunikation.

Weitere Beispiele:

Vater von Paul, der in Englisch eine 5,5 geschrieben hat, zur Lehrerin: *„Die Klassenarbeit war viel zu schwer und außerdem nur oberflächlich vorbereitet. Die können Sie so nicht werten."* Die Lehrerin denkt: *„Wie redet der denn mit mir? Wen glaubt er denn vor sich zu haben? Das brauche ich mir doch nicht bieten zu lassen!"* Sie weist den Vater freundlich, aber bestimmt in seine Grenzen und bespricht mit ihm die Fehler und mögliche Abhilfen.
Wie würde das Gespräch wohl weitergehen, wenn der Vater von Paul ein Kollege oder gar Schulrat wäre. Würde sie in letzterem Falle in erster Linie dem „Vater" oder dem „Schulrat" antworten?

## Auf welchem Ohr höre ich am besten?

1. Übersetzen Sie alle 4 möglichen Botschaften der unten stehenden Elternäußerungen.
2. Wählen Sie die vermutliche Hauptbotschaft aus, auf die Sie reagieren möchten und
3. Formulieren Sie darauf eine mögliche Reaktion (Antwort/Frage).

Mutter: „*Seit Sie Klassenlehrerin sind, geht Martin mit Bauchweh in die Schule.*“
Inhalt: ______________________________
Gefühl: ______________________________
Wunsch: ______________________________
Beziehung: ______________________________
Reaktion auf ______________________________

Vater: „*Bei Ihrem Vorgänger hat Martina in Mathe aber noch eine 2 gehabt.*“
Inhalt: ______________________________
Gefühl: ______________________________
Wunsch: ______________________________
Beziehung: ______________________________
Reaktion auf ______________________________

Mutter: „*Ich setze mich mit Paul doch schon jeden Nachmittag hin und lerne mit ihm. Ich weiß auch nicht, was ich noch tun soll.*“
Inhalt: ______________________________
Gefühl: ______________________________
Wunsch: ______________________________
Beziehung: ______________________________
Reaktion auf ______________________________

Mutter: „*Paul sitzt jeden Nachmittag mindestens drei Stunden an den Hausaufgaben. Da bleibt ja kaum noch Zeit zum Spielen.*“
Inhalt: ______________________________
Gefühl: ______________________________
Wunsch: ______________________________
Beziehung: ______________________________
Reaktion auf ______________________________

Mutter: *„Ich kann mir nicht vorstellen, dass Michael so aggressiv sein soll. Zu Hause gibt es keine Probleme mit ihm.“*

Inhalt: ______________________________

Gefühl: ______________________________

Wunsch: ______________________________

Beziehung: ______________________________

Reaktion auf ______________________________

Mutter: *„Martina beklagt sich jeden Tag, dass sie von den Jungs der Klasse geärgert wird. So kann das nicht weitergehen.“*

Inhalt: ______________________________

Gefühl: ______________________________

Wunsch: ______________________________

Beziehung: ______________________________

Reaktion auf ______________________________

Vater: *„Und wieso erfahre ich eigentlich erst jetzt, dass Georg schon seit Schulbeginn überhaupt nicht mitarbeitet?“*

Inhalt: ______________________________

Gefühl: ______________________________

Wunsch: ______________________________

Beziehung: ______________________________

Reaktion auf ______________________________

Mutter: *„Aber er will doch so gerne auf die Realschule. Und man hat doch heute kaum mehr eine Chance, wenn man nicht mindestens Mittlere Reife hat.“*

Inhalt: ______________________________

Gefühl: ______________________________

Wunsch: ______________________________

Beziehung: ______________________________

Reaktion auf ______________________________

## Auf welchem Ohr höre ich am besten?

Vorschläge der Autoren zum Arbeitsblatt 9a

Mutter: *„Seit Sie Klassenlehrerin sind, geht Martin mit Bauchweh in die Schule."*

Inhalt: Martin hat Bauchweh

Gefühl: Ich bin wütend auf Sie, weil Sie dafür verantwortlich sind.

Wunsch: Behandeln Sie Martin besser, damit er wieder gern in die Schule geht.

Beziehung: Sie sind eine schlechte und unfähige Lehrerin.

Reaktion auf Wunsch und Beziehung:
Ich bin froh, dass Sie zu mir gekommen sind. Wissen Sie, das ist mir lieber, als dass hintenrum geredet wird. Ich kann damit umgehen. Lassen Sie uns gemeinsam überlegen und nach einer Lösung suchen. Wie erklären Sie sich momentan, dass Martin immer wieder Bauchweh hat? Oder: Was ist Ihr Wunsch, wie ich mit Martin umgehen soll?

Vater: *„Bei Ihrem Vorgänger hat Martina in Mathe aber noch eine 2 gehabt."*

Inhalt: Sie hat sich um zwei Noten verschlechtert.

Gefühl: Ich bin sauer auf Sie, weil ich Ihnen die Schuld gebe. Und ich habe Angst um Martina.

Wunsch: Ändern Sie den Unterricht und ihre Notengebung, damit Martina wieder eine 2 bekommt.

Beziehung: Sie machen was falsch. Sie stellen zu große Anforderungen.

Reaktion auf
Gefühl: Ich verstehe Ihren Ärger und ihre Besorgnis.

Wunsch: Was könnte Martina Ihrer Meinung nach tun, um wieder auf eine 2 zu kommen?

Beziehung: Sie denken, dass ich zu große Anforderungen an die Kinder stelle?

Mutter: *„Ich setze mich mit Paul doch schon jeden Nachmittag hin und lerne mit ihm. Ich weiß auch nicht, was ich noch tun soll."*

Inhalt: Ich lerne mit Paul.

Gefühl: Ich fühle mich hilflos und verzweifelt.

Wunsch: Helfen Sie mir, sagen Sie mir, was ich noch tun kann.

Beziehung: Sie sind doch die Lehrerin, Sie müssen doch wissen, was zu tun ist.

Reaktion auf auf Inhalt: Beschreiben Sie mir doch bitte genau, wie der Nachmittag verläuft. Wer macht was und wann?

Gefühl: Sie bringen viel Einsatz und fürchten, dass es nichts nutzt.

Wunsch: Lassen Sie uns doch gemeinsam überlegen, was zu tun ist.

Beziehung: Was denken Sie, braucht Paul, und was brauchen Sie?

| | |
|---|---|
| Mutter: *„Paul sitzt jeden Nachmittag mindestens drei Stunden an den Hausaufgaben. Da bleibt ja kaum noch Zeit zum Spielen."* | |
| Inhalt: | Er lernt drei Stunden und kann nicht spielen. |
| Gefühl: | Ich bin ärgerlich auf Sie, weil Sie zu viel Hausaufgaben stellen. |
| Wunsch: | Geben Sie das nächste Mal bitte weniger Hausaufgaben auf. |
| Beziehung: | Ich als Mutter muss mein Kind vor Ihren hohen Anforderungen schützen. |
| Reaktion auf | |
| Inhalt: | Was macht er genau in diesen drei Stunden? |
| Gefühl: | Denken Sie, dass er zu viel Hausaufgaben auf hat? |
| Wunsch: | Mir ist auch schon aufgefallen, dass er sehr langsam arbeitet. |
| Beziehung: | Ich bin Ihnen dankbar, dass Sie auf mich zukommen, damit wir die Angelegenheit klären können. |

| | |
|---|---|
| Mutter: *„Ich kann mir nicht vorstellen, dass Michael so aggressiv sein soll. Zu Hause gibt es keine Probleme mit ihm."* | |
| Inhalt: | Es ist für mich unvorstellbar, dass mein Michael so aggressiv sein soll. |
| Gefühl: | Ich bin entsetzt über das, was Sie da behaupten. |
| Wunsch: | Lassen Sie diese Anschuldigungen und Verleumdungen, mein Junge ist o. k. |
| Beziehung: | Ich als Mutter werde doch noch besser wissen, wie mein Junge ist. Das lasse ich mir doch von Ihnen nicht sagen. |
| Reaktion auf | |
| Inhalt: | Sie haben Michael zu Hause noch nie wütend erlebt und können dies kaum glauben. |
| Gefühl: | Sie sind betroffen und erschrocken über meine Nachricht. |
| Wunsch: | Wie erklären Sie sich, dass Michael in der Schule sich ganz anders verhält als zu Hause? |
| Beziehung: | Ich weiß, dass es für Sie nicht angenehm ist, ich hielt es aber für wichtig, dass Sie als Eltern Bescheid wissen. |

| | |
|---|---|
| Mutter: *„Martina beklagt sich jeden Tag, dass sie von den Jungs der Klasse geärgert wird. So kann das nicht weitergehen."* | |
| Inhalt: | Martina wird geärgert. |
| Gefühl: | Ich habe Angst und Sorge um meine Tochter und bin wütend auf Sie, weil Sie nichts tun. |
| Wunsch: | Tun Sie endlich was, Sorgen Sie dafür, dass das aufhört. |
| Beziehung: | Ich verlange als Mutter von Ihnen, dass Sie was unternehmen und mein Kind schützen. |
| Reaktion auf | |
| Inhalt: | Was hat Sie Ihnen zu Hause genau erzählt? |
| Gefühl: | Ich bin genauso besorgt wie Sie. Sie haben Recht, es muss etwas geschehen. |
| Wunsch: | Ich sehe die Schwierigkeiten auch, aber ich habe noch kein Rezept dagegen gefunden. |
| Beziehung: | Vielleicht sollten wir uns mal mit mehreren Eltern zusammensetzen und überlegen, was zu tun ist. |

Vater: „*Und wieso erfahre ich eigentlich erst jetzt, dass Georg schon seit Schulbeginn überhaupt nicht mitarbeitet?*“

| | |
|---|---|
| Inhalt: | Ich will wissen, warum Sie mich nicht benachrichtigt haben. |
| Gefühl: | Ich bin sauer, weil ich nichts erfahren habe. |
| Wunsch: | Gestehen Sie Ihren Fehler ein. |
| Beziehung: | Ich als Vater mache Ihnen den Vorwurf, dass Sie Ihre Pflicht verletzt haben. Sie hätten mich benachrichtigen müssen. |
| Reaktion auf Gefühl: Wunsch: Beziehung: | Sie sind mit Recht ärgerlich, weil Sie erst jetzt davon erfahren haben. Bisher konnte ich es noch ganz gut selbst regeln, aber jetzt ist ein Zeitpunkt gekommen, wo ich auf Ihre Mitarbeit angewiesen bin. Ich möchte Ihnen zunächst mal schildern, wie die Entwicklung im letzten halben Jahr war und was bisher von meiner Seite unternommen wurde. |

Mutter: „*Aber er will doch so gerne auf die Realschule. Und man hat doch heute kaum mehr eine Chance, wenn man nicht mindestens Mittlere Reife hat.*“

| | |
|---|---|
| Inhalt: | Der Junge will auf die Realschule, sonst hat er keine Chance. |
| Gefühl: | Ich bin in Sorge um ihn. Wenn er nicht auf die Realschule kommt, findet er später keinen geeigneten Beruf. |
| Wunsch: | Geben Sie ihm doch die Realschulempfehlung. |
| Beziehung: | Sie müssen seinen Willen respektieren. |
| Reaktion auf | |
| Inhalt: | Welche Berufswünsche hat er denn? |
| Gefühl: | Sie befürchten, dass er seinen Berufswunsch nicht verwirklichen kann, wenn er die Hauptschule besucht? |
| Wunsch: | Was spricht Ihrer Meinung nach für die Realschule? |

# Vier-Ebenen-Interaktions-Modell

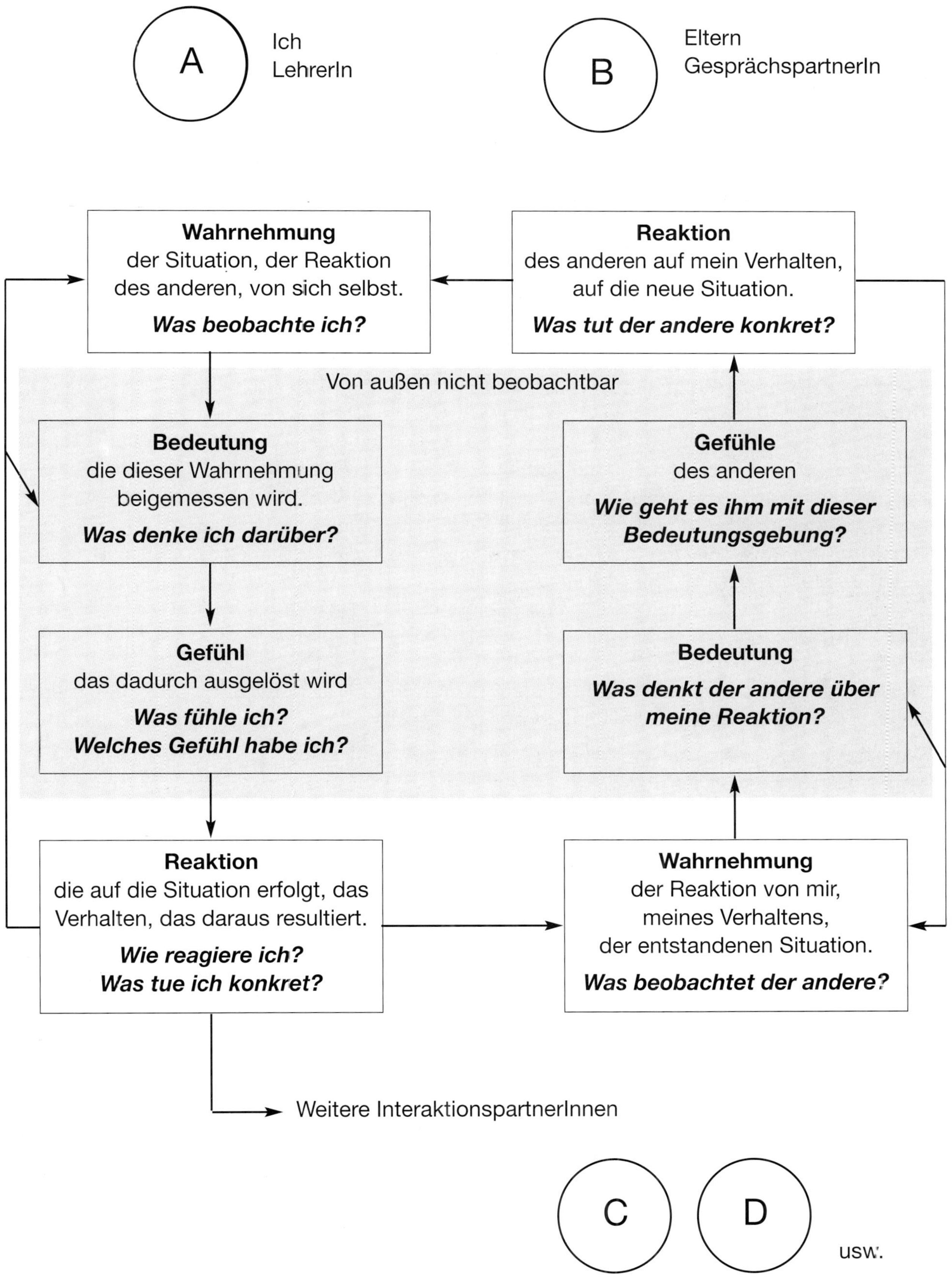


Abb. 12 *Vier-Ebenen-Interaktions-Modell*

## 4.7 Die vier Ebenen des menschlichen Erlebens und Verhaltens

*Nichts ist in sich gut oder schlecht,*
*das Denken macht es erst dazu.*
William Shakespeare

Das auf S. 67 dargestellte kommunikationspsychologische Modell hat sich in unserer Arbeit als sehr nützlich für die Gesprächsführung erwiesen. Es stellt sozusagen eine kognitive Landkarte, ein Grundlagenmodell für die Informationsaufnahme und -verarbeitung und davon abgeleitete Reaktionsprozesse im zwischenmenschlichen Bereich dar.
Wenn Menschen sich begegnen, findet immer Interaktion und Kommunikation statt. Watzlawik stellte das Postulat auf: *„Man kann nicht nicht kommunizieren!"*
Eine Person *A* nimmt Person *B* wahr (einen Inhalt, eine Situation, eine Handlung, ein Verhalten, verbal oder nonverbal), und sie reagiert in jedem Falle darauf. (Auch Ignorieren, aus dem Wege gehen, Nichtbeachten ist eine Reaktion, ist Kommunikation.)
Zwischen der sicht- und beobachtbaren Situation *B* (Inhaltsebene) und der ebenfalls sichtbaren Reaktion von *A* darauf finden nun unsichtbare innere Prozesse statt, die aber entscheidend sind für die verfügbaren Reaktionsmöglichkeiten von *A*.
Dem *Inhalt*, der Wahrnehmung der Situation wird eine bestimmte *Bedeutung* gegeben. Das sind die Erklärungen von *A* für die beobachtete Situation. Diese Bedeutung ist das Ergebnis der Weltbilder, Einstellungen, Glaubenshaltungen, Lebensmuster, Lernprozesse, persönlichen Hintergründe, bisherigen Erfahrungen mit *B*, selektiven Wahrnehmung usw. von *A*.
Diese Bedeutung löst wiederum ein bestimmtes *Gefühl* in *A* aus, das eng an die Bedeutungsgebung gekoppelt und von ihr abhängig ist.
Auf der Basis dieser beiden inneren Prozesse stehen nun mehr oder weniger eingeschränkte *Reaktionsmöglichkeiten* zur Verfügung, für die sich *A* entscheiden kann.

---

Erläuterungen zu Abbildung 12 anhand eines Fallbeispiels:

*Situation:* Die Mutter macht mit Paul (Klasse 3 Grundschule) Hausarbeiten. Paul zeigt sich unkonzentriert, abgelenkt, beschäftigt sich nebenher immer wieder mit anderen Dingen, hört nicht zu, macht Fehler, schreibt unleserlich, jammert und klagt, er könne das nicht.

| | **Prozess** | **Erläuterungen** |
|---|---|---|
| 1 | Die Mutter **nimmt wahr**, dass Paul unkonzentriert ist und Fehler macht. Sie sieht, wie er Schwierigkeiten hat sich auf die Rechnungen zu konzentrieren und sie zu lösen, sieht seine unleserliche Schrift und die Menge der Aufgaben, die er noch zu bewältigen hat. Sie beobachtet, wie er immer wieder zur Uhr schaut, zum Fenster blickt, mit dem auf dem Tisch liegenden Radiergummi spielt, mit dem Stuhl schaukelt, usw. Sie bemerkt seine Unlust und hört sein Jammern. | Wir nehmen immer nur einen mehr oder weniger großen Ausschnitt aus Situationsabläufen wahr. Dabei können wir nie alle dargebotenen Informationen wahrnehmen. Dabei handelt es sich jedoch nicht nur um eine Überforderung unserer Sinnesorgane, sondern auch um Verzerrungen und Einschränkungen der Wahrnehmung (so genannte selektive Wahrnehmung bzw. „blinde Flecken"), die durch unsere Einstellungen, Glaubenshaltungen und Gefühle beeinflusst werden. |
| 2 | Die **Bedeutung**, die die Mutter der von ihr so wahrgenommenen Situation gibt: Sie ist der Meinung, dass Paul könne, wenn er nur wolle. Sie denkt, dass er bei dem schönen Wetter zu seinen Freunden will um mit ihnen Fußball zu spielen. Sie interpretiert sein Verhalten als Unlust und Bockigkeit, weil sie darauf bestanden hat, dass er zunächst seine Hausaufgaben erledigen soll. Sie ist der Meinung, dass ein Neunjähriger langsam wissen sollte, „wo es lang geht", dass er selbstständiger und zielgerichteter arbeiten sollte. Gleichzeitig weiß sie, dass im nächsten Jahr die Entscheidung für die weiterführende Schule ansteht und dass Pauls momentane Noten nicht fürs Gymnasium reichen. Sie | Zu unterscheiden sind **aktuelle** (d. h. auf die jeweilige Situation bezogen) und **überdauernde Bedeutungsgebungen** (d. h. innere Glaubenshaltungen und Einstellungen). In dem Beispiel finden wir eine kausale Interpretation der Mutter (Er ist bockig, *weil* ...). Ein alternativer, **finaler** Erklärungsversuch wäre: „Er verhält sich so, *um* mich zu ärgern."<br>Überdauernde Bedeutungsgebungen werden durch die eigene Geschichte und eigene Lebenserfahrungen geformt. Die Bedeutungen, die wir einer Situation bzw. unseren Wahrnehmungen geben sind auch abhängig von unserer aktuellen Lebenssituation, unseren Erwartungen und Wünschen, den Erfahrungen, die wir mit |

| | Prozess | Erläuterungen |
|---|---|---|
| | denkt, dass sie dafür verantwortlich ist, dass Paul dieses Ziel erreicht. Schließlich hat sie sich dazu entschlossen nicht zu arbeiten um ganz für die Erziehung Pauls da zu sein. Ein Versagen von Paul bedeutet demnach auch ein Versagen der Mutter. Auch ist sie der Meinung, dass die Lehrerin den Kindern zu viele und zu schwierige Hausaufgaben aufgibt ohne sie ausführlich in der Schule zu erklären. | dem Interaktionspartner haben. Wenn diese Situation täglich auftritt, ist die Interpretation der Mutter sicher eine andere als wenn sie ein einmaliges Ereignis darstellt. |
| 3 | Das **Gefühl**, das bei der Mutter durch diese Bedeutungsgebungen ausgelöst wird: Zum einen wird sie wütend auf Paul, weil er so trödelt und so unselbstständig ist, zum anderen ist sie besorgt und ängstlich, dass er durch seine mangelnde Arbeitshaltung seine weitere Schullaufbahn gefährdet. Sie ist auch ärgerlich auf die Lehrerin, von der sie mehr erwartet. Sie hat Versagungsgefühle sich selbst gegenüber und fühlt sich schuldig. *„Was mache ich bloß falsch, dass es mir nicht gelingt den Jungen mehr zu motivieren?“*<br>Je länger der Nachmittag sich hinzieht, desto mehr verspürt sie den Ärger und die Angst auf körperlicher Ebene. Sie spürt ein Flattern in der Magengegend, der Herzschlag beschleunigt sich, sie spürt einen Kloß im Hals und ihre Hände zittern. | Psychische (gedankliche) und körperliche Ebene sind beim Auftreten von Gefühlen eng miteinander gekoppelt, d. h. eine bestimmte Bedeutungsgebung, ein bestimmter Gedanke verursacht kausal ein bestimmtes Gefühl. Ein Gefühl wird immer von Körperreaktionen begleitet, wobei diese von der betreffenden Person selbst und von anderen nur zum Teil wahrgenommen werden. Während also die Bedeutungsgebung für andere unsichtbar abläuft, sind die Gefühlsprozesse teils unsichtbar, teils wahrnehmbar. |
| 4 | Die bisher abgelaufenen Prozesse führen bei der Mutter zu folgender **Reaktion**: Sie schimpft mit Paul und schreit ihn an. Er solle sich endlich konzentrieren. *„Lies doch genau, hier steht doch, was du machen sollst. Pass doch besser auf. Und schreib die Zahlen ordentlich untereinander, sonst kannst du doch nicht zusammenzählen.“* Und als dies immer noch keinen Erfolg zeigt, gibt sie ihm schließlich eine Ohrfeige. | Reaktion im kommunikationspsychologischen Modell ist hier gemeint als Verhaltensreaktion in der Interaktion mit einem anwesenden Mitmenschen. Es interessieren hier vor allem die Verhaltensweisen verbaler (ich sage etwas) und nonverbaler (ich tue etwas, handle) Art, die sich an einen anwesenden Interaktionspartner richten. |
| 5 | Paul nimmt bei dieser Reaktion der Mutter in erster Linie die Gefühlsdimension wahr (vgl. Kap. 4.6). | Die vier Grundaspekte einer Botschaft in der Reaktion der Mutter könnten etwa folgendermaßen aussehen:<br>1. Inhalt: *„Hier steht, was du machen sollst. Schreib die Zahlen ordentlich untereinander usw.“*<br>2. Wunsch/Erwartung: *„Konzentriere dich endlich. Mach, dass du fertig wirst. Ich wünsche, dass du selbstständiger wirst.“*<br>3. Gefühl: *„Ich bin wütend auf dich. Ich habe Angst, dass du schlechte Noten schreibst und habe Angst um deine Zukunft.“*<br>4. Beziehung: *„Ich bin deine Mutter und habe Erwartungen an dich. Ich kann dir sagen, was du tun sollst. Ich habe die Verantwortung für dich.“* |
| 6 | Er denkt, dass seine Mutter wütend auf ihn ist, weil sie ihn nicht mag. Er interpretiert seine Wahrnehmung als Ablehnung seiner Person, und dass er selbst schuld daran ist. *„Sie tut das alles um mich zu schikanieren. Sie gönnt mir nicht, dass ich mit meinen Freunden spiele. Was habe ich ihr getan? Was kann ich tun, damit sie mich wieder mag.“* | Es ist typisch für Kinder in Pauls Alter zu denken, dass sie für die Gefühle der Eltern verantwortlich sind. Er möchte der Mutter gefallen, will von ihr geliebt werden, möchte alles dafür tun, und merkt, dass er es nicht schafft. |
| 7 | Er fühlt sich schuldig, weil er der Mutter Kummer bereitet, und ist traurig, weil er sich ungeliebt und unverstanden wähnt, und wütend gegenüber der Person, die von ihm Anstrengung verlangt und ihm das Spielen verbietet. Hinzu kommt noch die Angst die Liebe der Mutter zu verlieren, und er fühlt sich machtlos, was seine Wut vergrößert. | Solches „Gefühls-Chaos“ steigert in der Regel die Verwirrung zusätzlich und verschärft den inneren Teufelskreis (vgl. Betz/Breuninger). |
| 8 | Die Wut führt dazu, dass er noch mehr Widerstand gegenüber der Mutter zeigt. Er wehrt sich allerdings passiv, da er die Liebe der Mutter nicht noch mehr aufs Spiel setzen will. Er beginnt zu weinen, sagt *„Ich kann das doch nicht“* um an das Mitleid der Mutter zu appellieren. | Kinder haben in der Regel sehr feine Antennen dafür, wie ihre Eltern denken und fühlen. Sie spüren die Macht, die sie mit bestimmten Verhaltensweisen über die Eltern haben und setzen sie unbewusst manipulativ ein. |

Die Reaktion der Mutter wirkt nun nicht nur auf Paul, sondern wird auch von ihr selbst wahrgenommen.
Sie denkt, dass es ihr nun schon wieder nicht gelungen ist Paul zu helfen, und dabei hat sie es sich doch so sehr vorgenommen mehr Geduld und Gelassenheit mit dem Jungen zu haben. *„Ich habe schon wieder versagt. Ich bin eine schlechte Mutter. Der arme Junge."*
Dadurch erhöht sich ihr Schuldgefühl, sie fühlt sich hilflos und unfähig, gegenüber dem Jungen empfindet sie Mitleid.
Als Wiedergutmachung nimmt sie den Jungen in den Arm, tröstet ihn, entschuldigt sich für die Ohrfeige, weint mit ihm und rechnet ihm zuletzt die Aufgaben aus um ihn nicht länger zu „quälen". Ihre Wut richtet sie nun gegen die Lehrerin, der sie bei Gelegenheit mal ordentlich die Meinung sagen will.
Es kommt so zu „Wechselbädern der Gefühle" gegenüber Paul, zu inkonsequenten und für Paul bewusst nicht nachvollziehbaren Reaktionen auf sein eigenes Verhalten. Durch dieses eingefahrene Interaktionsmuster verfestigt sich die Unselbstständigkeit und das Ausweichverhalten von Paul immer mehr, die Mutter wird dadurch immer mehr bei den Hausaufgaben gebraucht werden.
Wir haben es in der menschlichen Kommunikation und Interaktion nie mit Einbahnprozessen zu tun, sondern immer mit Wechselwirkungsprozessen bzw. mit Spiralprozessen.
Wenn derartige Wechselwirkungsprozesse immer nach dem gleichen Muster ablaufen und die Betroffenen das Gefühl haben, dass sie den Ablauf nicht steuern oder beeinflussen können, haben wir es mit so genannten Teufelskreisen bzw. Teufelsspiralen zu tun. Solche verfestigten Muster kennen Sie sicherlich aus Privat- wie Berufsleben, Interaktionsmuster, bei denen sich beinahe voraussagen lässt, was als Nächstes geschieht.
Wie bereits erwähnt ist die Bedeutungsgebung nicht von außen wahrnehmbar. Um Handlungen und Interaktionsprozesse wirklich zu verstehen müssen wir daher die inneren Wirklichkeitskonstruktionen erfragen, anderenfalls bleibt uns nur die unzuverlässige Methode der Interpretation und Spekulation.
Gezielte und systematische Fragen auf allen dieser vier Ebenen helfen dabei beiden Gesprächspartnern, Interaktionsmuster zu verstehen, denn durch die Fragen werden auch bei den Eltern die Einsicht und das Verständnis für die aktuell wirkenden Kommunikationsmuster ermöglicht.
Gleichzeitig lösen sich aber auch innere Suchprozesse aus und eröffnen die Möglichkeit für neue Bedeutungsgebungen und somit neue Reaktionsmuster. (Andere Gedanken und Sichtweisen über eine Situation oder über einen Interaktionspartner lösen andere Gefühle aus. Dadurch werden andere Reaktionen ermöglicht, das Verhaltensrepertoire erweitert sich und erhöht die Wahlmöglichkeiten.)
Diese Fragen auf den vier Ebenen können sich nun auf die Vergangenheit, auf die Gegenwart, auf die Zukunft und auf hypothetische Ereignisse beziehen.

Die folgende Tafel verbindet die in Kapitel 4.6 vorgestellten Dimensionen einer Aussage mit dem 4-Ebenen-Interaktionsmodell und dient als innere Landkarte bzw. Leitsystem im Elterngespräch.

**Tafel 9: Die 4 Ebenen möglicher Fragen oder Reaktionen auf eine Aussage oder Schilderung von Eltern**

| | **Ebenen** | **Mögliche Fragen und Reaktionen** |
|---|---|---|
| ❶ | Inhalts-Ebene | Die Situation genauer schildern lassen |
| ❷ | Beziehungs-/ Bedeutungs-Ebene | Die Eltern nach Erklärungen, Bedeutungen der Situation fragen in Bezug auf mich, auf sich selbst, auf andere |
| ❸ | Gefühls-Ebene | Die Eltern nach ihren mit den Erklärungen verbundenen Gefühlen fragen |
| ❹ | a) Wünsche-Ebene | Die Eltern nach ihren durch ihre Gefühle ausgelösten Wünsche und Erwartungen an mich, an sich selbst, an andere fragen |
| | b) Reaktions-, Handlungs-Ebene | Die Eltern nach ihren durch die Gefühle ausgelösten Reaktionen, Handlungen fragen |

**Erinnerung:** Achten Sie im Gespräch darauf, möglichst offene W-Fragen zu verwenden und einengende und geschlossene Ja-Nein- bzw. Suggestiv-Fragen zu vermeiden.
Auf der folgenden Tafel 10 finden Sie einige Beispiele von möglichen Fragen und Reaktionen aufgelistet, die man sich in der Gesprächsvorbereitung oder mittels Partnerübungen verinnerlichen kann. (Auch gegen einen Spickzettel im Elterngespräch ist nichts einzuwenden.)

**Tafel 10: Beispiele für Fragen auf den vier Ebenen**

(Diese kann man nicht nur den Eltern im Gespräch stellen, sondern vorher auch sich selbst.)

| **Interaktionsebene** | **Mögliche Fragestellungen** |
|---|---|
| **Inhalt** | ● Wie stellt sich Ihnen das Problem dar?<br>● Welches Problem beschäftigt Sie?<br>● Was liegt Ihnen auf dem Herzen?<br>● Was für ein Anliegen haben Sie?<br>● Wo drückt Sie der Schuh?<br>● Wie macht sich das Problem zu Hause bemerkbar?<br>● Wann, wo und wie tritt das schwierige Verhalten auf?<br>● Was macht er genau, wenn er an den Hausaufgaben sitzt?<br>● Wie versucht er zu Hause die Aufgaben zu lösen?<br>● Wie sieht das konkret aus, wenn er seine Schulsachen herrichtet?<br>● Wann ist Ihnen das zum ersten Mal aufgefallen?<br>● Wie lange sitzt er genau bei den Hausaufgaben?<br>● Woran merken Sie es genau, dass ihre Tochter Angst vor der Klassenarbeit hat?<br>● Welche Auswirkungen hat dies dann in der Familie?<br>● ________________<br>● ________________<br>● ________________ |
| **Bedeutung** | ● Wie beurteilen Sie diese Situation?<br>● Was denken Sie darüber?<br>● Was spielt sich bei Ihnen dabei ab?<br>● Was bedeutet das für Sie ?<br>● Wie sehen Sie das? |

- Wie beurteilen Sie die Situation?
- Wie beurteilen Sie die Reaktion von ...?
- Welche Befürchtungen haben Sie, wenn sich hierbei nichts ändert?
- Welche Ursachen vermuten Sie?
- Wie erklären Sie sich die Zunahme der Probleme im letzten halben Jahr?
- Was denken Sie, wozu ist Ihr Sohn immer stärker in die Rolle des Klassenkaspers geraten?
- Was, denken Sie, will er damit erreichen?
- Was glauben Sie, denkt er über sich selber, wenn er die Gymnasialempfehlung nicht erhält?
- Was würde es für den Jungen bedeuten, wenn er die Klasse wiederholen müsste?
- Der Vater ist doch Germanist. Was würde er denken, wenn Paul ausgerechnet in Deutsch eine 5 bekommt?
- Was denken Sie dann über sich und Ihre Bemühungen, wenn Sie die ganze Woche mit Michael geübt haben und er schreibt trotzdem eine 6?
- ______________________________
- ______________________________
- ______________________________

**Gefühl**

- Wie fühlen Sie sich?
- Wäre es Ihnen wohler, wenn ...?
- Wie empfinden Sie das?
- Welches Gefühl löst das bei Ihnen aus?
- Wie geht es Ihnen dabei?
- Welche Empfindungen werden durch diese Einstellung der anderen Eltern bei Ihnen hervorgerufen?
- Wie geht es Ihnen jetzt, wenn Sie sehen, dass Paul zu weinen beginnt?
- Wie geht es Ihnen, wenn Sie hören, dass Michael aufgrund seines Verhaltens von den meisten Klassenkameraden abgelehnt wird?
- ______________________________
- ______________________________
- ______________________________

**Verhalten**

- Wie reagieren Sie dann in dieser Situation?
- Wie äußert sich diese Reaktion bei Ihnen?
- Wie reagierten Sie auf dieses Verhalten?
- Was müssten Sie Ihrer Meinung nach tun um dies zu verändern?
- Was tun Sie, wenn Sie denken, dass ...?
- Was machen Sie, wenn Sie sehen, dass Paul bei den Hausaufgaben trödelt?
- Wenn du dann auf den Lehrer wütend bist, was machst du dann?
- Was macht der Vater, wenn er abends von Ihnen erfährt, dass Michael sich schon wieder geprügelt hat?
- Wie würde Paul reagieren, wenn Sie ihm mitteilen würden, dass er erst dann auf den Fußballplatz darf, wenn er die Hausaufgaben ganz und zu Ihrer Zufriedenheit erledigt hat?
- Wie würde die Familie reagieren, wenn Paul das Klassenziel nicht erreicht?
- ______________________________
- ______________________________
- ______________________________

**Tafel 11: Beispiel eines Lehrer-Eltern-Gesprächs (Ausschnitt der 4 Ebenen)**

| Ratsuchende (Mutter) | Berater (Klassenlehrer) |
|---|---|
| **Inhalt**<br>Seufzen: „Mein Philipp (2. Klasse Grundschule/überdurchschnittlich intelligent) braucht zwei Stunden für die Hausaufgaben …“ | **Reaktion Inhalt**<br>„Mit anderen Worten, es erscheint Ihnen extrem lang?“ |
| Mutter bestätigt. | **Frage Bedeutung**<br>„Wie erklären Sie sich das?“ |
| **Bedeutung**<br>„Er arbeitet einfach zu langsam, vielleicht ist er auch überfordert …“ | **Reaktion Bedeutung**<br>„Sie meinen, er ist von seiner Auffassungsgabe her nicht in der Lage die Hausaufgaben rascher zu erledigen?“ |
| Mutter bestätigt das mit leisem Zweifel in der Stimme. | **Frage Gefühl**<br>„Wenn Sie das Hausaufgabendrama mit Philipp täglich miterleben und denken er ist überfordert, was geht dann innerlich in Ihnen vor?“ |
| **Gefühl**<br>„Ich fühle mich überfordert und hilflos, aber manchmal werde ich auch sauer auf ihn.“ | **Reaktion Gefühl**<br>„Sie möchten ihm einerseits gerne helfen, wissen aber nicht wie. Sie werden aber auch andererseits durch Philipps Trödelei ganz ärgerlich auf ihn?“ |
| Mutter bestätigt, schaut unglücklich. | **Frage nach Verhalten**<br>„Und wenn Sie sich so fühlen, wie verhalten Sie sich dann Philipp gegenüber?“ |
| **Verhalten (interaktiv)**<br>„Ich setze mich zu ihm hin, ermahne ihn schneller zu arbeiten. Oft schimpfe ich auch mit ihm. Wenn ich gar nicht mehr kann, mache ich die Aufgaben auch mal für ihn fertig.“ | **Frage nach Reaktion auf dieses Verhalten**<br>„Was beobachten Sie, wie Philipp dann darauf reagiert?“ usw. |

usw.

## 4.8 Die vier Blickweisen der beratenden Lehrperson

*Man sieht nur mit dem Herzen gut,*
*das Wesentliche ist für die Augen unsichtbar.*
Antoine de Saint-Exupéry

Wie der nordamerikanische indianische Schamane und Professor für Psychologie, Dr. Terry Tafoya, berichtet, muss der Heiler, Schamane oder auch Berater den zu Heilenden bzw. seinen Gesprächspartner immer mit „vier unterschiedlichen Augen", d. h. unter vier Blickwinkeln betrachten (vgl. Abb. 13, S. 75).

### 1. Mit dem Auge des Adlers

Der Adler schwebt in großer Höhe über die Prärie, betrachtet von dort aus die Landschaft und hält Ausschau nach einer möglichen Beute.
Er sieht, wie die Felder und Farmen mit Wegen verbunden sind, wie sich Hecken und Wälder in die Landschaft einfügen, wie sich Flüsse durch Täler schlängeln usw. Kurzum: er sieht Ganzheiten und Zusammenhänge.
Auf die Gesprächssituation übertragen bedeutet das: Die Lehrperson sieht mit dem Auge des Adlers den Schüler im Beziehungsnetzwerk seiner Klasse, seiner Familie, seiner Freundesclique, statt ihn isoliert zu betrachten. Die Eltern des Schülers versucht sie in deren Lebenszusammenhang zu verstehen, d. h. vor dem Hintergrund ihrer Berufstätigkeit, ihrer Wohnsituation, ihrer Eingebundenheit in das soziale Bezugssystem von Freunden, Nachbarn, Verwandten und Bekannten (vgl. auch Kapitel 3).

### 2. Mit dem Auge des Falken

In der indianischen Mythologie ist der Falke der Vogel mit dem „scharfen Blick", der den Fokus des Sehens auf ein Detailmerkmal verengen kann, wie z. B. auf den jungen Hasen am Rande des Weizenfeldes.
Übertragen auf die Gesprächssituation bedeutet das: Im Verlauf des Gesprächs beobachten Sie als beratende Lehrperson immer wieder fast unmerkliche Veränderungen der Mimik, Gestik, Körperhaltung, Atmung, Gesichtsfärbung usw. ihres Gesprächspartners.
In welchen Gesprächszusammenhängen erfolgt z. B. ein fast unbemerkliches Nicken mit dem Kopf als Zeichen der Zustimmung, ein Verkrampfen der Hände, als Zeichen der Anspannung, ein zustimmendes Lächeln, ein nervöses Wippen mit dem Fuß usw.?
Oder Sie rücken einen bestimmten Teilaspekt in den Fokus des Gesprächs, über den Sie genauere Informationen benötigen (z. B. die Legasthenie von Georg, das Lernverhalten von Felix, die Begabung von Simone, die Beziehung von Peter zu seinem Vater, ...).

### 3. Mit dem Auge der Maus

Die Maus wird in der Prärie als das Tier gesehen, das ganz nah an andere Tiere herankommen kann (z. B. an den starken Büffel) und die Möglichkeit hat sich bei Gefahr wieder ins schützende Mauseloch zurückziehen zu können.
Nahe an den Gesprächspartner herankommen bedeutet für Sie als Lehrperson einfühlsam mitzuschwingen, indem sie versuchen geäußerten Inhalt und Gefühl ernst zu nehmen und nachzuvollziehen. Im Grunde handelt es sich bei dem Auge der Maus um den in Kapitel 4.3 beschriebenen Sternzacken Empathie.

**Die vier Augen des Schamanen**

(gilt wohl auch für LehrerInnen und ErzieherInnen)
nach Terry Tafoya

Abb. 13 *Die vier Augen des Schamanen*

> Wichtig ist, dass der Berater bzw. die Beraterin – abhängig vom Klienten und seiner Situation – abwechselnd und flexibel den Klienten verstärkt mit einem der vier Augen des Schamanen betrachten kann, dass es ihm bzw. ihr möglich ist jederzeit von einem Auge zum anderen zu wechseln, je nachdem, was der Beratungsprozess erfordert.

### 4. Mit dem Auge des Büffels

Der Büffel ist das stärkste Tier der nordamerikanischen Prärie, das sich vor keinem anderen Tier (außer vom Menschen) fürchten muss.
Auf die beratende Lehrperson übertragen bedeutet das:
- Klarheit in der Ausdrucksweise,
- konstruktiv konfrontieren können,
- Stellung beziehen können,
- sich abgrenzen können,

falls es der Gesprächsverlauf erfordert.

Wie unsere langjährige Erfahrung zeigt, können Gesprächspartner dann gut das Auge des Büffels vertragen, wenn sie erleben, dass Sie als beratende Lehrperson aus einer solidarischen und positiven Grundhaltung heraus (vgl. Kapitel 4.3) handeln. Für viele ratsuchende Eltern und Schüler ist es hilfreich die Lehrperson als stark, klar und mutig zu erleben (freilich auf einer gleichberechtigten Erwachsenen-Ich-Ebene und nicht aus dem Eltern-Ich heraus! Vgl. Abb. 6, S. 33 TA-Modell).

## 4.9 Die vier Wissensarten der beratenden Lehrperson

*Wissen ohne Erfahrung ist lebloser Ballast.*
Moshé Feldenkrais

Die Kunst ein erfolgreiches Elterngespräch zu führen besteht unter anderem darin bei sich selbst und beim Gesprächspartner wach und sensibel die vielschichtigen Ebenen des menschlichen Erlebens und Verhaltens zu beobachten, blitzschnell einzuschätzen und reagieren zu können.
Als beratende Lehrperson kann dabei folgender gedanklicher Kunstgriff hilfreich sein: Ich sage mir an irgendeiner Stelle des Gesprächs „stopp", gehe gedanklich in eine weit entfernte obere Ecke des Beratungszimmer und beobachte aus dieser Distanz heraus (man nennt das Dissoziation), wie ich z. B. gerade mit der Mutter X umgehe. Ich begebe mich also für kurze Zeit in eine distanzierte Metaposition und schaffe so Abstand.

Aus dieser Beobachterposition heraus kann ich mir dann z. B. die unten aufgeführten Fragen (nach Tom Anderson 1990, S. 161 ff.) stellen:

1. *Das rationale Wissen:*
   Was hat das, was die Mutter gerade erzählt, mit den Schulschwierigkeiten ihres Sohnes zu tun?
2. *Das praktische (Handlungs-)Wissen:*
   Welche Frage soll ich jetzt stellen?
3. *Das Beziehungswissen:*
   Sei offen für das, was Dir die Mutter gerade sagt und interpretiere nicht etwas von Dir hinein! (geprägt z. B. von der Beziehung zu Deiner eigenen Mutter)
4. *Das Körperwissen:*
   Jetzt spüre ich gerade eine Verkrampfung im Rücken. Wovor muss ich auf der Hut sein? Wie kann ich wieder gelassener und entspannter werden?

Eine andere hilfreiche Distanzmöglichkeit ist die *„Kinn-hinter-das-Herz-Methode"*:
Dabei lehne ich mich ganz bewusst mit dem Oberkörper so weit zurück, dass mein Kinn sich vom Ratsuchenden aus gesehen hinter meinem Herz befindet. Vielleicht kann ich das noch dadurch unterstützen, dass ich meine Hände bequem über meinem Bauch zusammenfalte.
Die *„Kinn-hinter-das-Herz-Methode"* ist vor allem in solchen Gesprächssituation sinnvoll, in denen ich spüre zu stark involviert, zu sehr der negativen Ausstrahlung des Gesprächspartners ausgesetzt zu sein und den Überblick verloren zu haben. Auf diese Art und Weise schaffe ich mir wieder eine hilfreiche Distanz, einen professionellen Abstand.

## 4.10 Die vier Kommunikationstypen

*Am Anfang war das Wort.*
*– Gleich danach kam das Missverständnis.*
Autor unbekannt

Eltern kommen oft in einer Haltung zum Lehrer-Eltern-Gespräch, die gekennzeichnet ist durch ein Gefühl der Bedrohung (z. B. „Was hat die Lehrerin wieder an meinem Kind auszusetzen?"), der Angst (hoffentlich hat die Lehrerin nicht mitbekommen, was sich bei uns in der Familie abspielt) oder Verunsicherung („Wie schätzt die Lehrerin meine Elternkompetenz ein?").
Um den Selbstwert zu schützen greifen Eltern dann zu einer der von Virginia Satir (1975, S. 85 ff.) beschriebenen vier Kommunikationsformen bzw. zu einer Mischform von zweien dieser Kommunikationsformen:

1. Beschwichtigen, versöhnen, besänftigen, so dass die Lehrperson nicht ärgerlich wird.
2. Anklagen, fordern, aggressiv sein, so dass die Lehrperson den Elternteil als stark ansieht und eingeschüchtert wird.
3. Rationalisieren, intellektualisieren, so dass die Problematik ganz harmlos aussieht, der Elternteil scheinbar erhaben über der Problematik steht.
4. Ablenken, ausweichen, vernebeln, wodurch der Elternteil die Problematik ignoriert und sich so verhält, als sei sie gar nicht da.

Zum Glück müssen die meisten Eltern nicht zu solchen Schutzmasken greifen und kommunizieren in der fünften, kongruenten Kommunikationsform, in der Worte, Gesichtsausdruck, Körperhaltung und Tonfall der Stimme übereinstimmen (vgl. Hennig/Knödler 1998, S. 199 ff.).
Manche Eltern kennzeichnet jedoch eine dieser vier schützenden Kommunikationsformen nicht nur als zur Schau getragene Fassade im Elterngespräch, sondern als genereller Ausdruck ihrer Persönlichkeit und somit als „Grundtönung" ihres Kommunikationsverhaltens.

### 1. Versöhnliche, besänftigende Kommunikationsform

*Worte:* Zustimmen („Was immer du willst, ist in Ordnung; entscheide du"), Entschuldigen, Wohlwollen, nie Fordern.

*Stimme:* leise, weinerlich, vorsichtig, gedrückt.

*Auftreten:* eher vorsichtig und leise bis zaghaft, rücksichtsvoll.

*Körper:* Schultern nach vorn gebeugt, im Sitzen eine Hand offen im Schoß, wenig Atmung ...

*Syntax:* Häufiger Gebrauch von Einschränkungen: „wenn", „nur", „ganz", „gerade" und häufige Verwendung des Konjunktivs „könnte", „würde" usw., häufige Störung durch Gedankenlesen (A. v. Schlippe, 1984, S. 68).

Abb. 14 *Versöhnliche, besänftigende Kommunikationsform*

*Gedanken und Gefühle* der eigenen Unwichtigkeit, Hilf- und Wertlosigkeit: Der Beschwichtigende ist ein ewiger „Ja-Sager" und versucht sich dadurch nützlich zu fühlen, dass er immer für andere etwas tut und immer jemand findet, der ihn anerkennt. Er versucht immer dem anderen zu gefallen und entschuldigt sich permanent, weil er immer glaubt dem anderen zur Last zu fallen.

*Umgangsmöglichkeiten der Lehrerin/des Lehrers mit dieser Kommunikationsform:*

Verhelfen Sie den Eltern von der Kind-Ich-Ebene auf die Erwachsenenebene zu gelangen (vgl. TA-Modell S. 33). Ermutigen, loben und stärken Sie ganz bewusst ihre Elternkompetenz, unterstützen Sie ihre elterliche Verantwortung. Erleichtern Sie ihnen offen Kritik zu äußern.

Mögliche Formulierungen:

„... da ja niemand ihre Tochter Martina besser kennt als Sie, Frau Kant ...!"
zu den Eltern eines 9-jährigen Sohnes gewandt: „... da Sie seit 9 Jahren sozusagen die absoluten Spezialisten für Ihren Sohn Tobias sind, werden Sie am ehesten wissen, ..."
„... sagen Sie mir bitte ganz offen, was Ihnen auf dem Herzen liegt", „Mir ist es immer wichtig zu wissen, woran ich bin ..."
usw.

**2. Anklagende, fordernde Kommunikationsform**

*Worte:* nicht zustimmen („Du machst nie etwas richtig"), fordernd, diktatorisch, überlegen, beschuldigend, ablehnend, unterbrechend.

*Stimme:* laut, oft schrill, hart, fest.

*Auftreten:* Um anklagend zu wirken ist es hilfreich sich vorzustellen, dass man einen beschuldigend ausgestreckten Finger hat, sich nach vorne beugt.

*Körper:* Atmung in kleinen, engen Zügen oder ganz angehalten.

*Syntax:* häufig Verallgemeinerungen: „jeder", „alle", „nie", „keiner", „jedesmal", „immer", „du".

Abb. 15 *Anklagende, fordernde Kommunikationsform*

*Verwendung von negativen Fragen:* „Warum tun Sie es nicht?" „Wie kommt es, dass Sie ... nicht können?" Zeitliche und situative Zusammenhänge sind oft inkorrekt wiedergegeben oder verbunden.

*Gedanken und Gefühle:* Der Anklagende ist dauernd darum bemüht, seine Gewichtigkeit herauszustreichen, gleichzeitig ist er ein Fehlersucher und Tyrann. Er kämpft ununterbrochen darum anerkannt zu werden und lebt in der ständigen Erwartung angegriffen zu werden.

*Umgangsmöglichkeiten der Lehrerin/des Lehrers mit dieser Kommunikationsform:*

Da hinter einem aggressiven Auftreten oft Ängste und Befürchtungen stecken, sprechen Sie diese freundlich und offen an. Loben Sie die Eltern für ihre offene Rückmeldung, fordern Sie sie auf „alles auf den Tisch zu legen", geben Sie ihnen die Möglichkeit Dampf abzulassen, damit das Erregungsniveau der Eltern absinken kann.

Dazu einige Beispiele:

Vater mit wütender Stimme: „Also, ich lasse es mir jetzt einfach nicht mehr länger gefallen, dass Sie permanent meinen Sohn Tobias zum Sündenbock der gesamten Klasse machen ...!"
Lehrerin: „Es mag Sie vielleicht erstaunen, aber ich kann wesentlich besser damit umgehen, wenn Sie Ihren Ärger offen auf den Tisch legen, statt wie manche anderen Eltern hinten herum zu handeln ..."
„... Wodurch kommt Ihr Eindruck zustande, ich würde Ihren Sohn zum Sündenbock machen, ... was bekommen sie zu Hause mit? Versuchen Sie mal Ihren Ärger, in Wünsche und Erwartungen an mich zu verwandeln." Usw.

### 3. Intellektualisierende, rationalisierende Kommunikationsform

*Worte:* vernünftig, erklärend, begründend, rechtfertigend; es geht um die Unterscheidung zwischen richtig und falsch

*Stimme:* oft monoton, langweilig und einschläfernd.

*Körper:* unbewegt, gespannt.

*Syntax:* Tilgung der Darstellung von Erlebnisinhalten, d. h., es entfällt oft das Subjekt der aktiven Verben – z. B. *„kann gesehen werden"* statt *„ich sehe"* oder *„es ist störend"* statt *„es stört mich"*, überhaupt oft *„man"*, *„es"*, *„Leute"*-Verallgemeinerungen, Nominalisierungen: „Frustration", „Stress", „Spannung" usw. (statt direkt zu sagen: *„Ich fühle mich durch dein Verhalten frustriert!"*, sagt der Rationalisierende: „Es gibt Frustrationen"; der Verfasser).

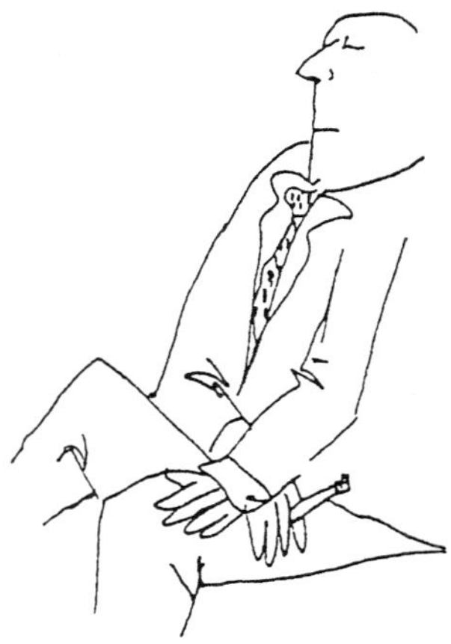

Abb. 16 *Rationalisierende Kommunikationsform*

*Gedanken und Gefühle:* Der Rationalisierende besitzt eine große Angst vor Emotionen jeder Art und damit verbunden Angst vor Verlust von Kontrolle und Ausgeliefertsein (A. v. Schlippe, 1984, S. 73).

*Umgangsmöglichkeiten der Lehrerin/des Lehrers mit dieser Kommunikationsform:*

Gehen Sie zwar zunächst zur Erleichterung des Kontakts ebenfalls auf die rationale Ebene und verhelfen Sie dann ganz allmählich dem Elternteil durch Fragen auf der Gefühlsebene (vgl. Kapitel 4.6) sich auch auf dieser Ebene auszudrücken wie z. B.:
*„... Wie geht es Ihnen in dieser Situation X? ..."*
*„... Welche Empfindungen, Gefühle (und Ähnliches) löst die Situation X bei Ihnen aus? ..."*
Eine andere Möglichkeit stellt das so genannte Verbalisieren emotionaler Erlebnisinhalte dar, d. h., Sie ermutigen den Gesprächspartner seine Gefühle auszudrücken durch Formulierungen wie:
*„... und es war dann eine Enttäuschung für Sie, als Sie erfuhren, dass Ihr Sohn Martin keine Bildungsempfehlung für das Gymnasium erhielt?"*
*„... Kann es sein, dass mein Vorgehen Sie ängstlich gemacht hat?"* u. Ä.

### 4. Ablenkende, ausweichende Kommunikationsform

*Worte:* ohne Beziehung, Clownerien, häufig Themen ausweichend, Thema- und Akzentwechsel. Im Extrem: Worte ergeben keinen Sinn, Vermeidung alles Konkreten, irritierend.

*Körper:* eckig und in verschiedene Richtungen weisend, (häufig Kinder, die als „minimale cerebrale Dysfunktion" bzw. „ADS, Aufmerksamkeits-Defizit-Syndrom" etikettiert worden sind), farbig, auffällig, interessante Aufmachung usw. (A. v. Schlippe, 1984, S. 74)

*Syntax:* rascher Wechsel zwischen den drei ersten syntaktischen Formen, selten direkte Bezugnahme auf das vom Gesprächspartner Gesagte.

Abb. 17 *Ablenkende, ausweichende Kommunikationsform*

*Gedanken und Gefühle:* Der Ablenkende fühlt sich nirgendwo zugehörig und hat den Eindruck, niemand mache sich etwas aus ihm. Er fühlt sich schwindelig oder verschwommen, und alles, was er sagt oder tut, hat keine Beziehung zu dem, was vorher ein anderer Gesprächspartner gesagt oder getan hat.

*Umgangsmöglichkeiten der Lehrerin/des Lehrers mit dieser Kommunikationsform:*

Ganz allgemein ist es hier wichtig nicht den roten Faden im Gespräch zu verlieren, sondern am Thema zu bleiben, Ungeordnetes zu ordnen, Wesentliches von Unwesentlichem zu unterscheiden, manchmal auch den inkohärenten Redefluss durch ein freundliches aber klares „STOPP" zu unterbrechen.

Dazu einige Beispiele:

Lehrerin: *„Herr Berger, es ist mir sehr wichtig das, was Sie sagen, auch richtig mitzubekommen. Deshalb möchte ich Sie an dieser Stelle mal unterbrechen …"*
*„Welches sind die drei wichtigsten Punkte für Sie von dem bisher Gesagten?"*
*„Können Sie bitte versuchen, das bisher Gesagte kurz zusammenzufassen?"*
*„Damit ich Sie richtig verstanden habe, möchte ich mal an dieser Stelle das bisher von Ihnen Gesagte folgendermaßen zusammenfassen …"*

Selbstverständlich müssen diese vier doppeldeutigen Kommunikationsformen nicht in reiner Form auftreten, sondern können auch miteinander kombiniert sein (z. B. „ablenkend" kombiniert mit „besänftigend").

## 4.11 Gemeinsamkeiten von Unterricht und Elterngespräch

*Der Lehrer hat die Aufgabe eine Wandergruppe mit Spitzensportlern und Behinderten bei Nebel durch unwegsames Gelände zu führen und zwar so, dass alle bei bester Laune und möglichst gleichzeitig an drei verschiedenen Zielorten ankommen.*

Autor unbekannt

Neben gravierenden Unterschieden zwischen Unterricht und Elterngespräch bzw. Beratung gibt es dennoch eine ganze Menge Gemeinsamkeiten. Zunächst zu den Unterschieden:
Im Gegensatz zum Beratungsprozess ist der Unterrichtsprozess u. a. gekennzeichnet durch die folgenden Verhaltensweisen der Lehrerin, des Lehrers:

- Eine klare, einseitig bestimmte Ziel- und Wertevorgabe
- Eine hohes Ausmaß an Lenkung und Strukturierung
- Verantwortungsübernahme
- Deutliches Machtgefälle (z. B. Möglichkeit zu Sanktionen)
- Hohe Redeanteile

usw.

Aber es existieren auch viele Gemeinsamkeiten, wie Sie aus der folgenden Zusammenschau ersehen können:

**Tafel 12: Unterrichten und Gespräche führen - Lernen und sich verändern**

Eine Synopse 12 analoger Grundprozesse

| | Unterrichten | Gesprächsführung |
|---|---|---|
| 1 | Gute Beziehung LehrerIn–SchülerIn | Gute Beziehung (tragfähig, vertrauensvoll) zum Gesprächspartner aufbauen |
| 2 | Angenehme Lernumwelt und Lernatmosphäre | Angenehme Gesprächsumwelt, Schaffen einer positiven Gesprächsatmosphäre |
| 3 | Den Lernenden in einen positiven emotionalen Zustand versetzen | Dem Gesprächspartner verhelfen, aus negativen Zuständen herauszufinden. Unterbrechen von Blockaden |
| 4 | LehrerIn füllt keinen Nürnberger Trichter, sondern ist Arrangeur, ModeratorIn, ProzessbegleiterIn. | GesprächsleiterIn ist keine ManipulatorIn, sondern Arrangeur eines Kontextes, der Veränderungen erleichtert. |
| 5 | Auf Bekanntem aufbauen, Bekanntes und Unbekanntes verknüpfen, d. h. mittlerer Neuigkeitsgrad | Die innere Wirklichkeitskonstruktion und die äußere Wirklichkeit des Gesprächspartners erfassen (Lebenskontext). Diese mit angebotenen „neuen Elementen" verknüpfen, z. B. *angemessen ungewöhnliche* Fragen stellen |
| 6 | An den Vorlieben und Interessen anknüpfen, auf den Stärken aufbauen | Ressourcenorientierung. Was ist für die Eltern bzw. das Schulkind gut? Was soll bleiben wie es ist? Ausnahmen von der Problemsituation? Was kann zur Problemreduzierung verwendet werden? |
| 7 | Selbstinitiierte, selbststeuerbare Lernprozesse fördern | „locus of control" (den Ort der Kontrolle) internalisieren statt external abhängig von LehrerInnen oder BeraterInnen zu sein |
| 8 | Lernstrategien zu vermitteln ist wichtiger als Lerninhalte zu vermitteln | Inhalte im Gespräch sind austauschbar, wichtiger sind Problemlösestrategien bzw. Problemvermeidungsstrategien |
| 9 | Alle Sinneskanäle (visuell, akustisch, kinästhetisch) ansprechen | In dem Gespräch visuelle, akustische und kinästhetische Methoden einsetzen um mit dem Gesprächspartner in Kontakt zu kommen, um ihn verstehen zu können |
| 10 | Langfristige Lernziele in kleinere kurzfristig erreichbare aufteilen | Veränderungsziele in kleinere Unterziele aufteilen |
| 11 | Auf das Lerntempo der Lernenden achten | Auf das Veränderungstempo der Gesprächspartner achten |
| 12 | Den Lebenskontext der Lernenden mit einbeziehen („Bedeutsamkeit") | „ecology-check": den Lebens- und Beziehungskontext der Gesprächspartner mit einbeziehen. Auswirkungen der Veränderungsprozesse abschätzen und mit berücksichtigen. Überprüfung der „Machbarkeit" |

# 5. Vorbereitung des Elterngesprächs

*Eine Gesprächsvorbereitung ist wie ein grüner Rasen,*
*auf dem die Beteiligten sich bequem niederlassen können.*
Reinhold Miller

## 5.1 Vorkontakte und Vorerfahrungen

Es ist sehr nützlich sich als LehrerInnen stets vor Augen zu halten, dass das Elterngespräch nicht erst mit dem Eintreten der Eltern ins Beratungszimmer beginnt, sondern bereits mit den Vorerfahrungen und Vorkontakten, die zwischen Eltern und Lehrerin vor dem anberaumten Gesprächstermin stattgefunden haben.
Gab es konstruktive, angenehme Eltern-Lehrer-Begegnungen, Gespräche, Telefonate usw. oder verliefen diese spannungsgeladen, konfliktreich und destruktiv?
Je nach Verlauf dieser Vorkontakte kommen die Eltern mit einer eher negativ oder positiv gefärbten Erwartunghaltung ins Eltern-Lehrer-Gespräch.
Als wichtige Grundregel kann festgehalten werden: Je konflikthafter und spannungsgeladener die Eltern-Lehrer-Beziehung aufgrund der Vorkontakte ist, desto gründlicher sollten Sie sich als LehrerIn auf das Elterngespräch vorbereiten (siehe Checkliste 1, S. 86), ja vielleicht sogar im Rollenspiel mit KollegInnen das Gespräch durchspielen (vgl. Übungsbeispiele Kapitel 9).
Ein weiterer kritischer Punkt ist die Art und Weise, wie das Elterngespräch zustande kam, denn sie entscheidet darüber, in welchem Motivationszustand die Eltern ins Gespräch gehen.

In Anlehnung an de Shazer (1989) unterscheiden wir vier Motivationszustände, in denen Eltern ins Gespräch mit LehrerInnen gehen:

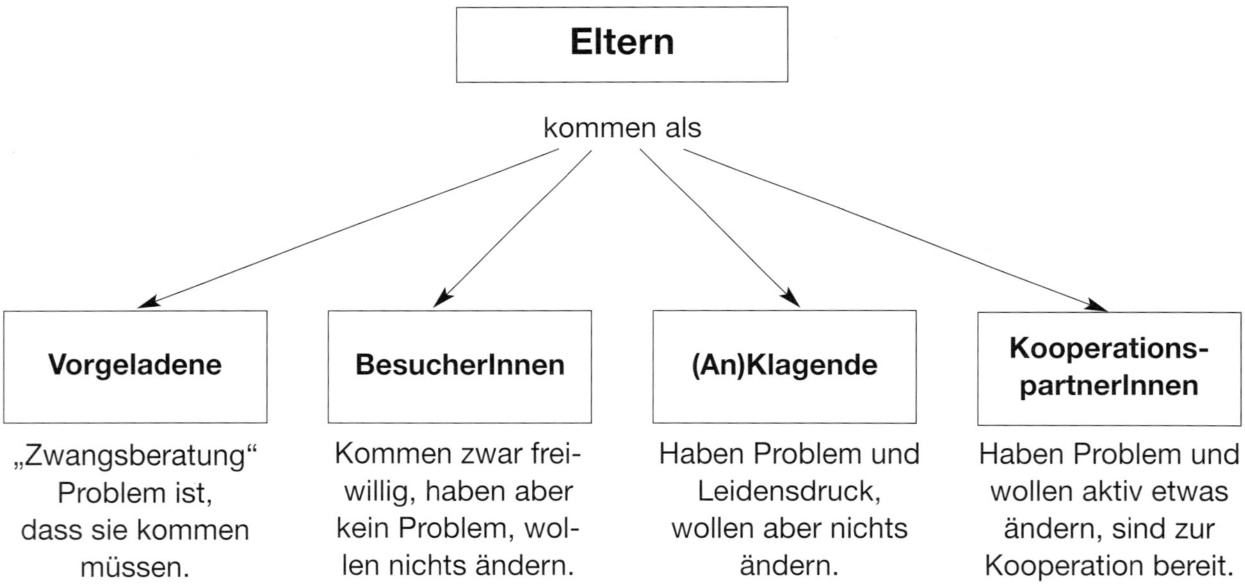


Abb. 18 *Motivationszustände der Gesprächspartner nach de Shazer*

Dabei ist zu beachten, dass es sich um *eine Beschreibung der Beziehung zwischen LehrerInnen und Eltern* handelt und nicht um Charakterzüge der GesprächspartnerInnen.
Wichtig erscheint uns in diesem Zusammenhang, dass in der telefonischen, persönlichen oder schriftlichen Einladung klar zum Ausdruck kommt, dass ...

- der Anlass und das Ziel des Gesprächs das Wohl der Schülerin/des Schülers im Blick haben.
- in erster Linie die Eltern und erst in zweiter Linie die Lehrperson eine hohe Motivation am psychischen Wohlergehen und am Schulerfolg des Schülers haben sollten.

- es um die Kooperation zweier „Experten-Systeme“ geht, nämlich dem elterlichen Expertensystem, das wie kein anderes den Schüler/die Schülerin kennt und Einfluss auf sie/ihn hat und dem Lehrerexperten-System, das den Schüler in seinem Sozial- und Leistungsverhalten im schulischen Kontext einschätzen kann.
- zwischen diesen beiden Experten-Systemen eine klare Verantwortungsteilung besteht, eine Grenze, die von keiner Seite verletzt werden sollte.
- den Eltern der Gesprächstermin mindestens so wichtig wie der Lehrperson sein muss, weshalb diese auch den Eltern nur maximal zwei mögliche Gesprächstermine anbieten soll, die an einem für sie günstigen Zeitpunkt (z. B. nicht Freitagabend um 20.00 Uhr) liegen sollten.

Achtung:

So genannte Terminrangeleien (alle möglichen vorgeschlagenen Termine kommen angeblich wegen Zeitmangels nicht in Frage) stellen von Elternseite oft den unbewussten Versuch dar die Standfestigkeit der Lehrperson zu testen, nach dem Motto: „Mal sehn, wie knetbar die ist.“

*Beispiel für eine telefonische Einladung der Eltern zum Elterngespräch in die Schule*

Beteiligte:
Grundschulklassenlehrerin Frau Berger sowie Frau Müller, die Mutter des 8 Jahre alten Tobias, der die 2. Grundschulklasse besucht

Frau Müller: *„Ja, hier Müller?“*
Frau Berger: *„Ja, hallo, hier Berger!“*
Frau Müller: *„Ja, Frau Berger, was gibt's?“* (mit ängstlicher Stimme)
Frau Berger: *„Frau Müller, ich rufe wegen des Tobias an, weil ...“*
Frau Müller (unterbricht): *„– hat der Tobias etwas ausgefressen?“*
Frau Berger (lacht): *„Nein, nein, aber Sie wissen ja, dass wir vereinbart hatten uns frühzeitig in Verbindung zu setzen, wenn es einen Anlass gibt uns gemeinsam über Tobias Gedanken zu machen.“*

> Erläuterung:
> Durch das Lachen nimmt die Lehrerin der Mutter etwas Angst weg. Sie erinnert an die Vereinbarung und unterstreicht damit die gemeinsame Verantwortung. *Frühzeitig* heißt, dass es noch keinen gravierenden Anlass gibt. *Gemeinsam* betont die Kooperationsbereitschaft und das gemeinsame Interesse an Tobias. *Gedanken machen* klingt nicht so schwerwiegend wie über Probleme reden.

Frau Müller: *„Ist Ihnen irgend etwas an Tobias aufgefallen?“ ...*
Frau Berger: *„Ja, ich habe an Tobias beobachtet (konkrete Beschreibung statt Etikettierung), dass er immer noch sehr stockend liest und immer wieder Wörter errät und dass er beim Schreiben kleiner geübter Sätze sehr viele Fehler macht, obwohl ich ihn für einen ausgesprochen intelligenten Jungen halte. Was bekommen Sie denn zu Hause von Tobias beim Lesen und Schreiben mit, Frau Müller?“*

> Erläuterung:
> Konkrete Beschreibung des Problemverhaltens, Betonung der Stärken des Tobias neben seinen Schwierigkeiten, Ernstnehmen der Mutter, indem sie nach ihren Eindrücken gefragt wird.

Frau Müller: *„Tja, hm, ich habe mir auch schon darüber Gedanken gemacht, wieso das nicht langsam mit dem Lesen und Schreiben beim Tobias besser wird. Wissen Sie* (entschuldigend), *ich übe jeden Tag mit ihm mindestens $^1/_2$ Stunde Lesen und Schreiben, am Wochenende ist mein Mann dahinter her.“*

Frau Berger: *„Ja, Frau Müller, ich würde vorschlagen, statt am Telefon in einem persönlichen Gespräch gemeinsam zu überlegen, wie Sie zu Hause und ich in der Schule Tobias am besten unterstützen können. Was halten Sie davon?"*

> Erläuterung:
> Die Lehrerin schlägt vor und zitiert die Mutter nicht in die Schule, sie betont noch einmal die gemeinsamen Überlegungen und sie richtet den Fokus der Aufmerksamkeit weg vom Problem hin zu Lösungen, nämlich Tobias zu unterstützen.

Frau Müller (erleichtert): *„Ja, ich würde das auch gut finden, wann könnte ich zu Ihnen kommen?"*

Hier noch einmal zusammenfassend einige nützliche Grundsätze:

1. In der Regel werden Eltern zum Gespräch *eingeladen,* ein klärendes Gespräch wird *angeboten.* Nur im Extremfall werden Eltern vorgeladen (wie zu einer Gerichtsverhandlung). Allerdings erscheinen sie dann auch in der Rolle des Angeklagten und werden alles versuchen, sich zu verteidigen oder sogar den Spieß umzudrehen, d. h. die Schule anzuklagen.
   Also: Eltern sind Steuerzahler und Kunden der Schule und nicht Bittsteller oder Angeklagte!
2. Den Gesprächsanlass nicht dramatisieren, sondern statt Betonung des Problems den Fokus auf die *Lösung* richten.
3. Das gemeinsame *Interesse* am Wohlergehen des Kindes und an der Lösung der Problematik betonen.
4. Die Eltern sind „Experten" für ihr Kind in der Familie, die Lehrperson ist ExpertIn für den Schüler im Kontext der Schule. Betonung der gegenseitigen Ergänzung des Expertenwissens und klare Grenzziehung zwischen Eltern- und Lehrerverantwortung.
5. Problematisches Verhalten des Kindes konkret beschreiben, statt etikettierende Pauschalierungen wie z. B. „unkonzentriert", „aggressiv", „kontaktgestört" usw. zu benutzen.
6. Neben möglichen Schwächen des Schülers auch immer seine Stärken betonen.

## 5.2 Gezielte Vorüberlegungen zum Elterngespräch

*Wer Angst vor der Blamage hat,*
*wird niemals Schlittschuhlaufen lernen.*
Arthur Lassen

Eines wollen wir an dieser Stelle vorausschicken: Vorüberlegungen, Gedanken und Planung vor dem Elterngespräch sollen einer optimalen Vorbereitung des Lehrers/der Lehrerin dienen und keinesfalls zu Vorurteilen und entsprechenden Scheuklappen führen, die den Gesprächsverlauf einengen.
Ein flexibles Eingehen auf die jeweiligen Prozesse im Gespräch und die Wirklichkeitskonstruktion der Eltern steht immer an erster Stelle. Hier gilt als oberstes Gebot: Die Planung des Gesprächs hat den Gesprächsteilnehmern und nicht die Gesprächsteilnehmer haben der Planung zu dienen!
Eine Gesprächsvorbereitung kann jedoch die Sicherheit der Lehrperson und eine klare Gesprächsstruktur kann die Effektivität des Gesprächs erheblich erhöhen. Unklare Strukturen führen zu unklarer Kommunikation.

*Erläuterung der Checkliste 1 Gesprächsvorbereitung (Seite 86)*
Im Folgenden wollen wir die Punkte der Checkliste Gesprächsvorbereitung näher erläutern:

## 1. Gesprächsanlass

Zunächst ist zu klären, wie bzw. auf wessen Anregung der Termin zustande kam und wer welches Anliegen hat. Wer sieht welche Schwierigkeiten und wer hat welches Problem? Haben wir als LehrerIn ein Problem, weil z. B. der Schüler unseren Unterricht stört und die Eltern sehen gar kein Problem, da sich der Schüler zu Hause unauffällig verhält?
Dann besteht die Gefahr, dass ich als LehrerIn etwas von den Eltern will und sie kommen als „Besucher" (s. S. 82) zu uns, sie sehen gar keinen Anlass für ein Eltern-Lehrer-Gespräch.
Haben nur die Eltern ein Problem und wir als LehrerIn keines, weil sie z. B. eine überhöhte Erwartungshaltung an ihr Kind haben, die dieses nicht erfüllen kann (z. B. nach der 4. Klasse das Gymnasium besuchen)? Wir erleben jedoch diesen Schüler im Unterricht als unauffällig mit durchschnittlichen Leistungen.
Dann kommen die Eltern in der Regel als (An)Klagende (s. S. 82) oder als KooperationspartnerInnen.
Sehen sowohl ich als auch die Eltern ein Problem (Leistungs-, Verhaltens- oder Erlebnisstörungen ihres Schulkindes) und es geht vor allem darum eine gemeinsame Sichtweise des Problems und mögliche Lösungen zu entwickeln?
Dann kommen die Eltern als KooperationspartnerInnen (manchmal als [An]Klagende; s. S. 82).
Hat nur ein Kollege X mit dem betreffenden Schüler ein Problem (und ich nicht) oder haben nur die Eltern mit dem Kollegen X ein Problem?
Dann bin ich in der Rolle des Vermittlers und es besteht die Gefahr, dass das Problem über mich „umgeleitet" wird, d. h., dass ich eventuell als „Bündnispartner" missbraucht werden soll.
Die Frage, wer der Beteiligten ein Problem hat bzw. sieht, bestimmt also sehr stark, in welcher Motivationshaltung die Gesprächspartner ins Gespräch gehen, welche Erwartungen bestehen, in welche Rolle ich als LehrerIn gedrängt werden kann bzw. welche Rolle ich übernehmen möchte und welche nicht. Weitere Vorüberlegungen in diesem Zusammenhang:

- Wird der Gesprächsanlass/das Problem eher bagatellisiert oder aufgebauscht? Muss ich also eher dramatisieren oder beruhigen?
- Handelt es sich vermutlich um ein eher „lösbares" oder eher „unlösbares" Problem (z. B. der Schüler mit einer unterdurchschnittlichen Begabung soll überdurchschnittliche Schulleistungen erbringen)? Geht es also eher um die Lösung eines Problems oder die Lösung vom Problem (z. B. der Schüler wechselt in eine andere Schulart, die Eltern reduzieren ihre überhöhte Erwartungshaltung usw.)? Also nach dem Motto: Die einfachste Lösung ist der Wechsel von einem Kontext in einen anderen (z. B. von der Schulart X in die Schulart Y), eine schwierigere Lösung wäre schon sich selbst zu verändern, eine unmögliche Lösung wäre einen anderen Menschen zu verändern.
- Wenn die Eltern einen Gesprächsanlass/ein Problem nennen: Handelt es sich vermutlich tatsächlich um dieses Problem oder ist das genannte Problem nur ein Vorwand (eine „Eintrittskarte") über ein anderes Thema sprechen zu können? Wollen die Eltern eigentlich mein Unterrichtsverhalten kritisieren? Will mir die Mutter eigentlich über die massiven Alkoholprobleme ihres Mannes ihr Herz ausschütten?
- Wie kam die Terminvereinbarung zustande? Habe ich als Lehrerin die Eltern eingeladen, sind die Eltern auf mich zugekommen oder findet das Gespräch auf Betreiben Dritter (z. B. Schulleiter) statt?

## 2. Ideen zur Entstehung der Schwierigkeiten

Hilfreich dazu ist Modell der vier Einflussbereiche (Seite 19 ff.) sowie die entsprechenden Arbeitsblätter 10 und 11. In die entsprechenden Felder können alle mir zur Verfügung stehenden Informationen eingetragen werden, die ich aus der direkten Beobachtung des Schülers im Unterricht, aus Beschreibungen von KollegInnen, aus früheren Elternkontakten des betreffenden Schülers usw. zur Verfügung habe.

## Checkliste 1 Gesprächsvorbereitung

| | |
|---|---|
| **1. Gesprächsanlass**<br>● Wer hat welches Anliegen?<br>● Wer hat Leidensdruck?<br>● Wie kam der Termin zustande?<br>● Beziehung zu Gesprächspartner (Motivationszustände) | |
| **2. Ideen zur Entstehung der Schwierigkeiten**<br>● Vermutungen aufgrund bereits stattgefundener Gespräche<br>● Direkte Beobachtung des Schülers im Unterricht<br>● Einflussbereiche | |
| **3. Gesprächsthemen**<br>● Themen, die ich ansprechen möchte<br>● Themen, die vermutlich die Eltern ansprechen<br>● Mir noch fehlende Informationen | |
| **4. Meine Ziele für das Elterngespräch** | |
| **5. Vermutete Ziele und Erwartungen der Eltern**<br>● an mich<br>● an andere | |
| **6. Meine Befindlichkeit**<br>● Mit welchen Gefühlen gehe ich ins Elterngespräch?<br>● Worauf muss ich bei mir achten? | |
| **7. Auswahl der Gesprächsteilnehmer** | |
| **8. Rahmenbedingungen**<br>● Raum<br>● Zeit | |
| **9. Sonstiges** | |

Welche Faktoren aus welchem der vier Einflussbereiche sind vermutlich an der Entstehung und welche an der Aufrechterhaltung der momentanen Schwierigkeiten beteiligt?
Sinnvollerweise fange ich mit dem Feld „Schule“ an, weil ich in diesem die meisten direkten Informationen besitze. Ich kann mir Hypothesen über die Stellung des Schülers in der Klasse, die Beziehung zu mir und anderen KollegInnen, usw. bilden.
Als nächstes kann ich dann zum Feld „Schüler“ als Persönlichkeit weitergehen und Vermutungen über seine Begabungshöhe und -struktur, seine Konzentrationsfähigkeit, seine Kontaktfähigkeit, sein Temperament usw. anstellen.
Wenn ich dann zu den Feldern „Familie“ und „Umwelt“ übergehe, bin ich schon wesentlich stärker auf indirekte Informationen (z. B. was der Schüler bzw. seine Eltern von zu Hause berichten) angewiesen.
Übrigens Vorsicht vor Informationen von so genannten „Dritten“ (andere Eltern, Nachbarr, Mitschüler usw.)! Sie dürfen nicht ins Gespräch gebracht werden. Die Kunst des Gesprächs besteht eben darin, diese Information von den Eltern selbst zu erhalten. Wenn die Eltern aus den verschiedensten Gründen mir dann bestimmte Informationen vorenthalten, muss ich das (zähneknirschend) akzeptieren. Eine Konfrontation meinerseits mit diesen Informationen vonseiten Dritter würde sie nur in den Widerstand bzw. in die Flucht treiben.
Es sei nochmals darauf hingewiesen, dass es sich dabei nur um Wirklichkeitsbeschreibungen handelt und nicht um die Wirklichkeit selbst. Allerdings haben alle diese Wirklichkeitsbeschreibungen enorme Auswirkungen auf das aktuelle Verhalten aller Beteiligten und sind ein Teil davon.

### 3. Gesprächsthemen

Hier geht es um die Vorüberlegungen, welche Themen ich ansprechen möchte und welche vermutlich von den Eltern zur Sprache gebracht werden.
Stehen eher Leistungs-, eher Verhaltensprobleme oder eine Kombination von beidem im Vordergrund?
Welche mir bekannten Stärken hat der Schüler?
Welche Informationen möchte ich ins Gespräch einbringen (z. B. Lernverhalten oder Sozialverhalten des Schülers in der Schule), welche will ich von den Eltern erfahren (z.B. häusliches Lernverhalten, Kontakte zu Gleichaltrigen usw.)?
Welche Themenbereiche könnten möglicherweise mit einem Tabu belegt sein, wie z. B. Alkoholprobleme eines Elternteils, drohende Trennung/Scheidung und wie will ich mit diesen Tabuthemen umgehen (z. B. selber ansprechen, ausklammern, die Eltern dazu bringen die Tabus anzusprechen)?

### 4. Meine Ziele für das Elterngespräch

Ausgehend vom übergeordneten Ziel dieses Trainingsbuches, nämlich die Eltern zur Zusammenarbeit zu gewinnen, geht es hier um die Frage, was konkret als mögliches Ergebnis am Ende des Elterngesprächs stehen könnte, damit sowohl ich als auch die Eltern zufrieden aus dem Gespräch herausgehen.
Nehmen wir mal an, das Elterngespräch würde optimal verlaufen, welches Ergebnis könnte dann am Ende des Gesprächs stehen?

### 5. Vermutete Ziele und Erwartungen der Eltern

Hier geht es um die Frage, welche Ziele und Erwartungen die Eltern an mich schon offen geäußert haben, welche sie meiner Vermutung nach haben könnten und welche möglichen versteckten Ziele hinter den offen geäußerten liegen könnten.
Ebenso ist die Frage wichtig, inwieweit meine Gesprächsziele mit denen der Eltern übereinstimmen und wie bei einer Nichtübereinstimmung im Verlaufe des Gesprächs der größte gemeinsame „Nenner“ erreicht werden kann.

## 6. Meine Befindlichkeit

Der Erfolg eines Elterngesprächs wird unter anderem auch dadurch bestimmt, in welchem Gefühlszustand ich das Gespräch beginne: Beginne ich es mit einem Gefühl der Gelassenheit, Zuversicht und voller Selbstvertrauen oder nagen Ängste und Zweifel an mir?
Welche inneren und äußeren Stützfaktoren benötige ich um evtl. bestehende negative Gefühlszustände in mir zu verringern?
Wie kann ich z. B. den Raum, die Sitzgelegenheiten, die Zeit usw. so einrichten, dass ich mich (und natürlich ebenso die Eltern) wohl fühle?
Wer sollte am Gespräch zur Erhöhung meiner Sicherheit teilnehmen, wer nicht?
Wie kann ich mich in einen positiven Gefühlszustand versetzen? Ein Tipp: Ich kann unmittelbar vor dem Gespräch gedanklich an meinen Lieblingsort (zu Hause oder im Urlaub) gehen und mir ganz intensiv (sehen, hören, fühlen) vorstellen, wie es mir dort ging. Ergänzend kann ich mir vorstellen, wie es war, als ich das letzte Mal ein sehr erfolgreiches Elterngespräch geführt hatte (vgl. Kapitel 9).
Eine weitere wichtige Vorüberlegung kann die Frage sein, zu welchen negativen Gefühlsreaktionen mich der Vater bzw. die Mutter im Gespräch veranlassen könnten. Ich kann mir vorher überlegen, was der Vater, die Mutter tun müsste um mich ganz sicher in Wut, Konkurrenzverhalten, Angst usw. zu versetzen.
Was kann ich tun, um das zu verhindern und falls ich es nicht verhindern kann, wie kann ich dann konstruktiv mit dieser Situation umgehen?
Unter Umständen kann es sehr hilfreich sein diese Situation mit einer Kollegin, einem Kollegen oder in einer Lehrersupervisionsgruppe im Rollenspiel durchzuspielen und Verhaltensalternativen auszuprobieren.

## 7. Auswahl der Gesprächsteilnehmer

Der Verlauf eines Elterngesprächs wird nicht zuletzt dadurch bestimmt, wer am Gespräch teilnimmt und wer nicht: Brauche ich noch zur „Verstärkung“ einen Kollegen, eine Kollegin oder gar den Schulleiter? Sollen nur die Mutter, nur der Vater, beide Elternteile ohne oder mit Kind oder nur ein Elternteil mit Kind am Gespräch teilnehmen?
Grundsätzlich gilt: Es sollen alle diejenigen am Gespräch teilnehmen, die zur Problemlösung beitragen können. Unserer Erfahrung nach wird z. B. viel zu oft ohne triftigen Grund der Vater erst gar nicht zum Elterngespräch eingeladen und damit für alle Beteiligten das Vorurteil zementiert: „Schule und Kindererziehung sind allein Sache der Mutter.“

Den Vater einzuladen bringt fast nie Nachteile aber einige Vorteile:

- er wird „gewürdigt“, d. h. als wichtig für die Problemlösung erachtet,
- Sie erhalten ein umfassenderes Bild der Familie,
- wenn es um wichtige Entscheidungsprozesse geht, ist der Vater direkt mit beteiligt und eingebunden, die Mutter muss nicht zu Hause „Übersetzerin“ spielen,
- der Vater kann eine aktive und verantwortliche Rolle bei der Problemlösung spielen.

## 8. Äußere Rahmenbedingungen

*a) Raum:*

Als GastgeberIn ist es unter anderem meine Aufgabe dafür zu sorgen, dass das Elterngespräch in einem ansprechenden Raum stattfindet, in dem die Gesprächsteilnehmer weder durch Telefonate noch durch hereinkommende KollegInnen gestört werden können.
Es müsste mittlerweile zum selbstverständlichen Standard jeder Schule gehören über ein so genanntes Eltern-Besprechungszimmer zu verfügen, es sei denn an dieser Schule spielt Kooperation mit den Eltern als lästige Randerscheinung keine Rolle.

Falls Sie an einer Schule unterrichten, die über kein Elternsprechzimmer verfügt, müssten sie notfalls ihr Klassenzimmer benutzen. Allerdings sollten Sie sich dann eine Ecke des Klassenzimmers „wohnlich“ herrichten und vor allem als Grundschullehrerin darauf achten den Eltern (erwachsenengerechte) Stühle anzubieten. Wie nämlich die Erfahrung zeigt, werden viele Eltern, die auf kleinen Erst- und Zweitklassstühlen sitzen, automatisch und reflexartig in ihre eigene Schulzeit zurückversetzt. Wenn dieser Zeitabschnitt negativ gefärbt war, wirkt sich der bei den Eltern hervorgerufene entsprechende Gefühlszustand auch nachteilig auf den Verlauf des Beratungsgesprächs aus.
In Lehrerfortbildungsveranstaltungen zum Thema Elterngespräch entbrennen regelmäßig heftige Diskussionen um die Frage: „Tisch, ja oder nein?“
Unsere Überlegungen dazu: Ein Tisch zwischen Eltern und Lehrern kann eine sehr zweischneidige Funktion haben:
Er kann einerseits für die beratende Lehrperson als „Schutzmauer“ dienen, andererseits für die Eltern als Barriere wirken.
Wenn Sie also unbedingt einen Tisch benötigen, dann setzen Sie sich bitte mit den Eltern in einem 90°-Winkel an eine Ecke des Tisches, auf den Sie dann Kaffeetassen (oder sogar einen Blumenstrauß) stellen und ihre Unterlagen ablegen können.
Besser finden wir es allerdings Elterngespräch im Kreis oder Halbkreis auf bequemen Stühlen ohne Tisch stattfinden zu lassen.

*b) Zeit:*

*„You can't put twenty pounds of potatoes in a two-pound-bag.“* Mit diesem Zitat des amerikanischen provokativen Therapeuten Frank Farrelly wollen wir zum Ausdruck bringen, dass Sie ein ernsthaftes Beratungsgespräch nicht in zehn Minuten durchführen können, sondern dafür einen angemessenen Zeitrahmen benötigen.
Allerdings bringen in der Regel so genannte „Open-End-Gespräche“, die sich über zwei oder mehr Stunden hinquälen, außer Migräne und Erschöpfungszuständen für die Beteiligen selten den gewünschten Erfolg.
Als sinnvoll hat sich ein Gesprächsrahmen von ca. 45 Minuten herausgestellt (also die Dauer einer Schulstunde), den Sie gleich zu Beginn des Gesprächs den Eltern gegenüber klar benennen sollten.

Die Arbeitsblätter auf den folgenden Seiten können Ihnen behilflich sein sich über Ihre Sichtweise der Problematik bzw. des Konflikts klar zu werden, die bisher vorhandenen Informationen zu strukturieren und erste Lösungsschritte zu konstruieren.

**Einflussfaktoren des Problems**

Bei Konflikten und Problemen gibt es nie eine Ursache – eine Wirkung, sondern ein Zusammenwirken von vielen „Stressoren" aus den vier Bereichen, die in Kapitel 3 ausführlich beschrieben wurden.
Tragen Sie in die jeweiligen Kreise ein, wie viel Prozent Ihrer Meinung nach die einzelnen Bereiche zur Entstehung bzw. Aufrechterhaltung des Problems beigetragen haben bzw. noch beitragen. (Gesamtsumme 100%)

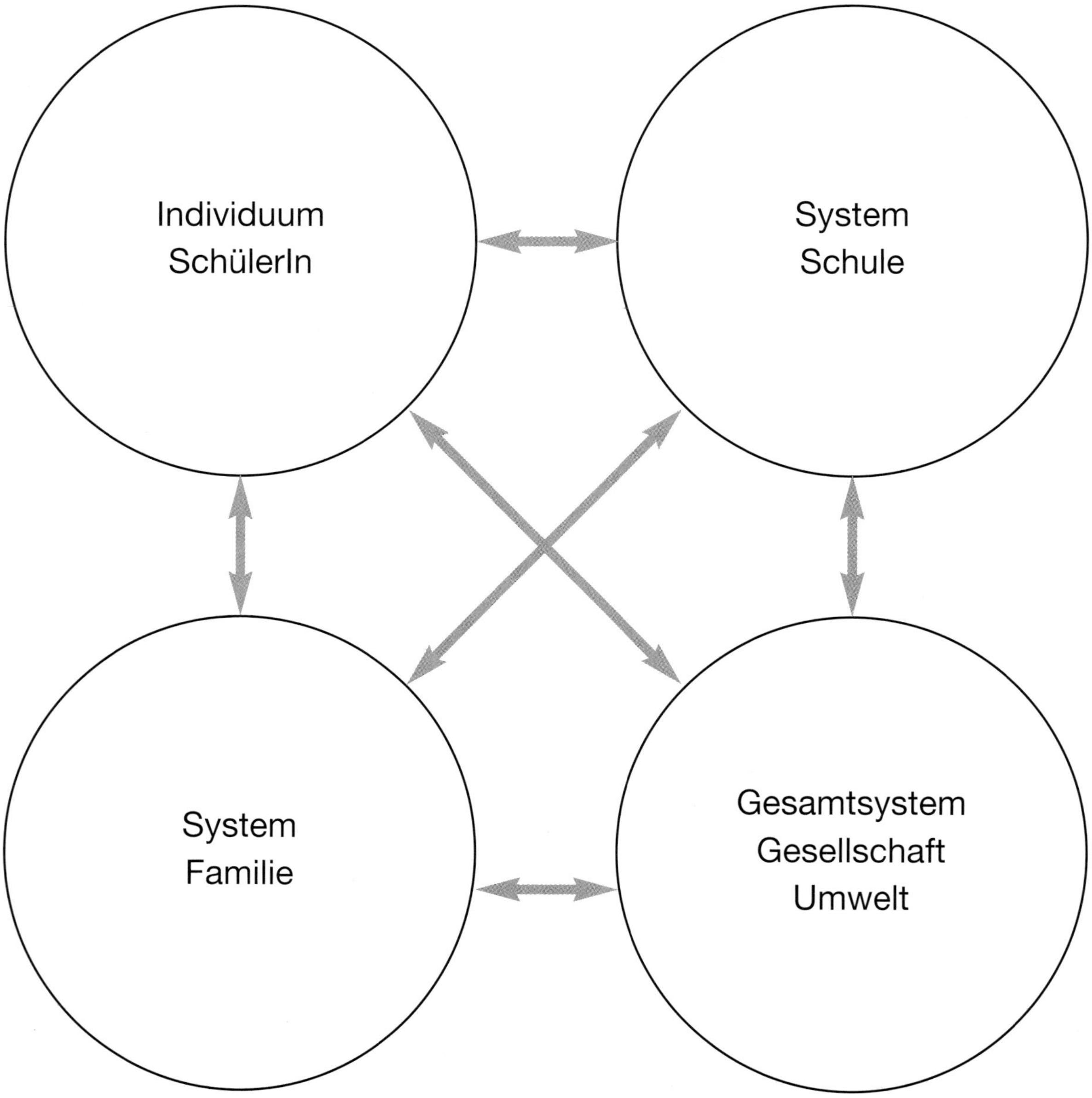

**Meine Sichtweise des Problems**

Bei Konflikten und Problemen gibt es immer mehrere Faktoren aus verschiedenen Bereichen, die als „Ursache" angesehen werden können oder dafür sorgen, dass das Problem bestehen bleibt (vgl. Kapitel 3).
Sammeln Sie alle Informationen, die Sie bisher haben, und versuchen Sie Ideen zu entwickeln, welche einzelnen Faktoren oder „Stressoren" aus welchen Bereichen Ihrer Ansicht nach eine Rolle spielen könnten und welche Lösungen für welche Faktoren sich anbieten könnten.

| | Entstehung bzw. Aufrechterhaltung des Problems | Lösungsideen |
|---|---|---|
| Individuum<br>SchülerIn | | |
| Familie<br>Eltern | | |
| Schule<br>LehrerIn | | |
| Gesellschaft<br>Umwelt | | |

# 6. Durchführung des Elterngesprächs

*Kommunikation bedeutet,*
*Fantasien durch Informationen zu ersetzen.*
Wilfried Reifarth

## 6.1 Die 2×4-Kommunikationsformen im Elterngespräch

Redlich (1992) stellt in seinem Trainingsprogramm acht Kommunikationsformen für die Beratung vor, die ohne Einschränkung auch auf das Elterngespräch übertragen werden können. Die 2×4-Gesprächsverhaltensweisen bzw. Methoden lassen sich problemlos in unser Stern-Modell der Grundhaltungen (vgl. Kap. 4.3) integrieren.

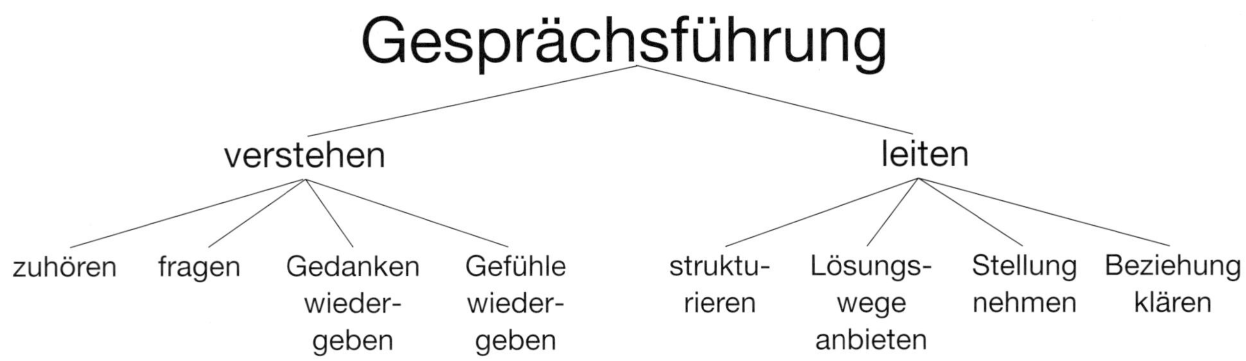


Abb. 19 *Die 2×4-Kommunikationsformen (aus: Redlich 1992)*

Wenn es gelingt die beiden schwer miteinander zu vereinbarenden Aufgaben „Verstehen“ und „Leiten“ auszubalancieren, ist die Grundlage zu einer guten Verständigung und einem effektiven Gespräch geschaffen.
„‚Verstehen‘ meint im zweifachen Sinn des Wortes, einerseits die Wahrnehmung, Gedanken, Gefühle, Wertvorstellungen, Motive und Handlungen des Klienten zu begreifen und sie andererseits ohne Vorbehalte zu akzeptieren“ (Redlich, S. 2). Es geht dabei um die Erfassung der Wirklichkeitskonstruktionen der Gesprächspartner, wie wir sie in Kap. 4.7 mit dem 4-Ebenen-Interaktionsmodell dargestellt haben.
Bei den 4 Gesprächskomponenten des „Verstehens“ verhält sich der Lehrer, die Lehrerin nicht direktiv, sondern einfühlsam. Er/sie gleicht sich quasi dem Gesprächspartner an, hinsichtlich Gedanken, Tempo, Gefühlen usw., „geht mit ihm ein Stück des Weges um diesen Weg kennen zu lernen“. Im Sinne eines zügigen Problemlösungsprozesses muss dieses „Angleichen und Mitgehen“ aber zu einem „Lenken und Leiten“ werden. Der Lehrer bzw. die Lehrerin ist verantwortlich für die Struktur und den Ablauf des Gesprächs (vgl. S. 50).
Redlich schlägt für diese Aufgabe des „Leitens“ ebenfalls 4 Elemente vor, die auch zum Teil in Kap. 4.3 im Stern-Modell angedeutet sind bzw. im folgenden Abschnitt erläutert werden.

**Tafel 13 (nach: Redlich 1992)**

## Den Gesprächspartner verstehen

| | |
|---|---|
| **Zuhören, Aufmerksamkeit schenken:** | Wenn der Gesprächspartner frei und verständlich spricht und Sie ihm folgen können, sollten Sie vorwiegend den Schilderungen lauschen und ihn mit gezielten Fragen zum Fortfahren ermutigen. Halten Sie den Blickkontakt, signalisieren Sie mit zustimmenden Gesten und Mimik Ihr Interesse. |
| **Fragen stellen:** | Wenn die Äußerungen des Gesprächspartners missverständlich sind, sollten Sie durch offene Fragen zur Präzisierung von Sachverhalten, Gedanken und Gefühlen beitragen.<br>Hier kommen alle Frageformen und -techniken zur Anwendung, die in den anderen Kapiteln vorgestellt und beschrieben wurden. |
| **Gedanken wiedergeben:** | Zur Klärung von Vorstellungen und Gedanken tragen Sie bei, indem Sie die Äußerungen des Gesprächspartners mit eigenen Worten, aber möglichst unverfälscht, wiederholen. Dadurch vergewissern Sie sich, ob Sie den Gesprächspartner richtig verstanden haben (Verständnis auf der inhaltlichen Ebene, „Inhalts-Ohr").<br>Beispiel:<br>Mutter: *„Um zwei Uhr holt er die Mathehefte heraus und um vier sitzt er immer noch da und jammert. Und er hat erst zwei Aufgaben gemacht."*<br>LehrerIn: *„Sie meinen also, dass er zwei Stunden dasitzt und in dieser Zeit nur zwei Aufgaben rechnet? Dass er die meiste Zeit weint und nicht weiterkommt?"* |
| **Gefühle wiedergeben:** | Soweit Gefühle das Denken und Handeln des Gesprächspartners bezüglich des Gesprächsthemas berühren, können Sie durch ihre Verbalisierung zur Klärung beitragen.<br>Sie vergewissern sich durch diese Gesprächsform, ob Ihre Wahrnehmung stimmt, ob Ihr „Gefühls-Ohr" die Botschaft des Gesprächspartners richtig übersetzt hat.<br>Beispiel:<br>Mutter: *„Nach zwei Stunden beginne ich ihn dann schon mal anzuschreien. Ich hab da ja auch nicht immer die Nerven. Was soll aus dem mal werden, wenn er sich nicht anstrengt."*<br>LehrerIn: *„Sie werden dann ungeduldig und ärgerlich, weil Sie denken, er strengt sich nicht genug an. Und sie haben Sorge, dass er die Schule nicht schafft."* |

Tafel 14 (nach: Redlich 1992)

## Das Gespräch leiten

| | |
|---|---|
| **Strukturieren:** | Planen Sie eine klare Struktur des Gesprächsverlaufs, unterbreiten Sie diese als Vorschlag in der Eröffnungsphase des Gesprächs Ihrem Gesprächspartner.<br>Um kooperativ zu sein muss die Vorgehensweise für die Gesprächspartner transparent sein. Um zu gemeinsamen Absprachen zu kommen können Sie am Ende eines jeden Handlungsschrittes die Ergebnisse des letzten Abschnittes zusammenfassen und weitere Vorgehensweisen anbieten.<br>Tipp: Immer wieder kleine Minikontrakte mit den Gesprächspartnern schließen, d. h., Übereinkunft erzielen über die unmittelbar nächsten Schritte. In Kap. 6.2 finden Sie den Vorschlag für einen Gesprächsverlauf. |
| **Lösungswege erarbeiten:** | Nützlich ist es immer wieder den Fokus vom Problem auf die Lösungen zu lenken und aktiv anzuregen, dass Lösungswege erarbeitet werden. Hilfreich für diese Komponente sind die Fragemethoden, wie sie in Kap. 4.5 beschrieben wurden.<br>Aus Ihrem Erfahrungsschatz können Sie bewährte Methoden vorschlagen, aus denen sich der Gesprächspartner dann passende auswählen kann oder an denen er eigene entwickeln kann (vgl. auch Kap. 6.2). |
| **Stellung nehmen:** | Auch Sie haben im Zusammenhang mit dem Gesprächsthema eigene Vorstellungen, Gedanken und Gefühle. Sie sollten in der Lage sein diese in angemessener Form zu äußern und damit zur Problemlösung beizutragen. Diese Komponente darf aber nicht verwechselt werden mit Rechtfertigung oder Überreden wollen. |
| **Beziehung klären:** | Sie thematisieren offen die Beziehung zum Gesprächspartner, wenn hier Unklarheiten und Missverständnisse auftreten. Machen Sie deutlich, dass unterschiedliche Sichtweisen normal sind, dass es in diesem sensiblen Gebiet um die gemeinsamen Bemühungen um das Kind immer wieder zu Grenzüberschreitungen und Grenzverletzungen kommen kann. Dass Sie aber gewillt sind die Auseinandersetzung fair und in gegenseitigem Respekt und im Sinne des Kindes zu führen. |

## 6.2 Phasen und Ablauf eines Elterngesprächs

Nach gründlicher Vorbereitung kann es nun losgehen. Folgende Struktur dient als nützlicher (roter) Leitfaden durch das Gespräch, ein Gerüst, das Ihnen Sicherheit und Halt bietet.

| **Checkliste 2** | **Phasen des kooperativen Elterngesprächs** |
|---|---|
| **1. Begrüßung, Kontakt** | ● Gastgeberrolle.<br>Anwärmphase, Kontakt zum Gesprächspartner herstellen, eine unsichtbare Brücke bauen, eine Vertrauensbasis schaffen. |
| **2. Eröffnung, Information über Struktur und Verlauf** | ● Klärung von Anlass und Anliegen.<br>● Klärung der Erwartungen und Ziele des Gesprächs.<br>● Festlegen der zur Verfügung stehenden Zeit. Formale Aspekte des Gesprächs.<br>● Motivation, Gesprächsbereitschaft, Kooperationsbereitschaft sichern.<br>● Elternverantwortung betonen. |
| **3. Problem verstehen** | ● Was wird vom Gesprächspartner jetzt als Problem gesehen?<br>● Was sieht der Lehrer als Problem?<br>● Umgang mit dem Problem?<br>● Bisherige Lösungsversuche?<br>● Entstehungszeitpunkt des Problems?<br>● Erklärung des Problems, Begleitende Gefühle, Reaktionen. |
| **4. Problemsicht erweitern** | ● Angrenzende Probleme, beteiligte Personen, positive Seiten des Problems.<br>● Funktion des problematischen Verhaltens, der Schwierigkeit.<br>● Führen in die Zukunft: Welche Konsequenzen wird das Problem in ein, zwei, drei, fünf Jahren haben? |
| **5. Ausnahmen vom Problem, Ressourcen erfragen** | ● Wann trat das Problem nicht auf bzw. wurde allein bewältigt?<br>● Wie war der Verlauf in den letzen Wochen?<br>● Was hat sich verändert?<br>● Wo liegen die Stärken des Schülers, der Familie? Was klappt gut?<br>● Freizeitverhalten? |
| **6. Ziele definieren** | ● Wer will was wie erreichen? Bis wann?<br>● Klare, präzise Zielbeschreibungen ausarbeiten.<br>● Erwartungen der Eltern, der LehrerIn, des Schülers. |
| **7. Lösungen konstruieren** | ● Gemeinsames Sammeln und Erarbeiten von Lösungswegen unter Berücksichtigung der Norm- und Wertvorstellungen, der Realisierbarkeit, der Ressourcen der Betroffenen. |
| **8. Kontrakt, Vereinbarungen, Aufgaben** | ● Zusammenfassung der Ergebnisse.<br>● Möglichst klare und konkrete Vereinbarungen formulieren.<br>● a) Inhaltlich: Was werden die Eltern unternehmen? Wer wird was machen? Eventuell Beobachtungsaufgaben und/oder Verhaltensexperimente für einzelne Gesprächsteilnehmer vereinbaren.<br>● b) formal: Wann und mit welchen Beteiligten findet das nächste Gespräch statt? |
| **9. Verabschiedung** | ● Positiver Schlusskommentar. |

Erläuterungen und Beispiele zu den einzelnen Phasen:

## 1. Begrüßung und Kontakt

| | |
|---|---|
| **Gastgeberrolle**<br>In der Regel finden die Elterngespräche in der Schule statt, d. h., der Lehrer bzw. die Lehrerin ist in der Gastgeberrolle und somit verantwortlich für die räumlichen Bedingungen, die wiederum die Atmosphäre und somit den Gesprächsverlauf beeinflussen. Einige technische Vorbereitungen sind daher lohnend um eine gemütliche und angenehme Raumatmosphäre zu ermöglichen. | |
| **Anwärmphase**<br>Mit der Begrüßung ist es wichtig den Kontakt zu den einzelnen GesprächsteilnehmerInnen aufzunehmen. Fallen Sie nicht gleich mit der Tür ins Haus, sondern wechseln Sie zunächst einige belanglose Worte mit den Eltern, achten Sie aber darauf, dass Sie mit *beiden* Elternteilen Kontakt aufnehmen.<br>Wenn Sie die Eltern zum ersten Mal sehen, können Sie ihrer Freude darüber Ausdruck verleihen sie kennen zu lernen. Zeigen Sie Interesse an Beruf, anderen Familienmitgliedern, dem neugebauten Haus, dem früheren Wohnort, wie sich die Familie in der neuen Umgebung eingelebt hat, an allem, was sich momentan anbietet und geeignet ist das Vertrauen herzustellen und eine unsichtbare Brücke zu bauen. Es geht schlichtweg um ein Anwärmen, um ein Kennenlernen bzw. „Bekanntschaftspflege“, um den Boden für das Gespräch zu bereiten. | • *Sind Sie gut durch den Berufsverkehr gekommen?*<br>• *Sie sind ja zum ersten Mal hier im Klassenzimmer. Schauen Sie sich in aller Ruhe um, Ihr Michael verbringt ja einige Zeit hier. Dort ist sein Tisch.*<br>• *Sie wohnen ja noch nicht lange hier? Wie gefällt es Ihnen hier in XY?*<br>• *Haben Sie schon Kontakt gefunden hier?*<br>• *Ich habe gehört, Sie arbeiten bei XY. Wie ist eigentlich die momentane Arbeitslage dort?*<br>• *Sie arbeiten dort als Werbeberater. Was müssen Sie da eigentlich konkret machen?*<br>• *Sie sind ja momentan sicher sehr im Stress mit dem Hausbau. Wie weit sind Sie denn?*<br>• *Wir kennen uns ja noch, ich war ja auch Klassenlehrerin bei Ihrer Tochter Manuela. Wie geht es ihr denn auf der Realschule?*<br>• *Es ist ja ein herrliches Wetter heute. Eigentlich sollte man es zu einem Spaziergang nützen.* |
| **Kontakt zum Gesprächspartner herstellen**<br>(und während des Gesprächs ständig überprüfen und aufrechthalten), verbal und nonverbal.<br>Dazu benötigen Sie in der Regel alle Sinne. | • (siehe Tafel 15: Zehn Möglichkeiten im Elterngespräch den Kontakt mit den Gesprächspartnern herzustellen und aufrechtzuerhalten, S. 97) |

## Zehn Möglichkeiten, im Elterngespräch den Kontakt mit den Gesprächspartnern herzustellen und aufrechtzuerhalten

**Zu Gesprächsbeginn:**

1. Ankommen, sich bequem hinsetzen, ein paar Mal tief durchatmen
2. Nach innen gehen und nachspüren, ob man irgendwo noch Verspannungen hat.

**Während des Gesprächs**

3. Immer wieder Blickkontakt mit dem Gesprächspartner aufnehmen, aber nicht mit Blicken „festnageln."
4. Den Beiträgen der Eltern interessiert zuhören, mit Kopfnicken und „mhm" bestätigen.
5. Geistige und körperliche „Hinwendung" zum Gesprächspartner, nebenher nicht andere Dinge erledigen.
6. Wenn Sie etwas notieren wollen, sagen Sie es dem Gesprächspartner.
   *„Moment, das erscheint mir wichtig, ich würde es mir gern notieren ... So, jetzt stehe ich Ihnen wieder voll zur Verfügung"*
7. Hin und wieder nach „innen gehen" und auf eigene Körpersignale achten, nachspüren, wie es Ihnen geht. Körpersignale ernst nehmen.
8. Den „inneren Blick schweifen lassen"
   (vgl. Vier Blickweisen S. 75)
   - Dissoziativ (Auge des Adlers): Mit dem „inneren Auge" etwas weiter wegrücken, Distanz einnehmen, Überblick gewinnen.
   - Assoziativ (Auge der Maus): Mit dem „inneren Auge" den Gesprächspartner nah heranholen, Nähe herstellen, Mitfühlen (aber nicht Mit-„Leiden"), Mitspüren, Mitschwingen.
   - Fokussiert (Auge des Falken): Einzelne Details präzise nachfragen und betrachten. Die Feinwahrnehmung für Einzelheiten schärfen
   - Diffus und konfrontativ (Auge des Büffels): Atmosphärische Schwingungen wahrnehmen, evtl. ansprechen. Widersprüche aufzeigen, konfrontieren ohne bloßzustellen.
9. Auf die nonverbalen Signale des Gesprächspartner achten (Sprechgeschwindigkeit, Tonlage, Mimik, Gestik, usw.)
10. Auf die Sprache und die Wortwahl der Eltern achten. Vorübergehend in die Denkwelt der Gesprächspartner eintauchen und ihre „Sprache" sprechen, d. h., die gleichen Worte, Beschreibungen, Metaphern, Symbolik benutzen.

## 2. Eröffnung, Information über Struktur und Verlauf

| | |
|---|---|
| **Klärung von Anlass und Anliegen.**<br>Auch wenn die Eltern sinnvollerweise bereits mit der Einladung darüber informiert wurden, ist es angebracht, den Gesprächsanlass nochmals zu formulieren. | ● *Ja, Frau X, Herr X, wir sind heute zusammengekommen, weil …* |
| Dabei ist auch nochmals festzustellen, von wem das Gespräch initiiert wurde. War es Elternwunsch oder haben Sie als LehrerIn ein Anliegen? Oder kam das Gespräch gar auf Wunsch eines Dritten zustande? Wer hat das Problem? | ● *Sie haben mich um das Gespräch gebeten und wie Sie am Telefon erwähnten, machen Sie sich Sorgen um die Rechtschreibleistung von Paul.*<br>● *Sie haben sich ja mit mir in Verbindung gesetzt, weil Ihnen einige Dinge aufgefallen sind (zu Ohren gekommen sind), die Ihnen Sorge bereiten. Ich bin froh, dass Sie rechtzeitig reagiert und mich angerufen haben um die Angelegenheit zu klären.* |
| Wenn Sie als LehrerIn das Gespräch initiiert haben, sollten Sie dies als ICH-Botschaft auch deutlich machen. | ● *Ich habe Sie um ein Gespräch gebeten, weil ich mir momentan um Paul Sorgen mache. Ich habe Ihnen ja schon mitgeteilt, dass in der letzten Zeit einige Dinge vorgefallen sind, und ich bin auf Ihre Hilfe angewiesen um mit Paul wieder klarzukommen.* |
| **Die Beschreibung des Problems** bzw. der Schwierigkeiten sollte konkret auf der Verhaltensebene erfolgen ohne Interpretationen und Wertungen. | ● *Mir ist aufgefallen, dass Paul morgens, vor allem montags, sehr müde erscheint.*<br>● *Paul erscheint oft ohne Hausaufgaben.*<br>● *Im Mathematikunterricht spricht Paul oft mit dem Nachbarn und ruft scheinbar unmotiviert in die Klasse.* |
| **Die Erwartungen und Ziele** des Gesprächs sollten kurz angesprochen werden.<br><br>Was sollte am Ende des Gesprächs geklärt sein?<br><br>Welche Erwartungen und Ziele haben die Eltern an das Gespräch? | ● *Das heutige Gespräch soll dazu dienen, zu überlegen, wie wir gemeinsam Paul helfen könnten, dass er …*<br>● *Wir sollten uns abstimmen, wie wir in Zukunft vermeiden könnten, dass …*<br>● *Das heutige Gespräch kann ein erster Schritt sein eine Lösung für das Problem zu finden.*<br>● *Heute geht es zunächst darum, die verschiedenen Standpunkte und Sichtweisen zu klären um dann anschließend …*<br>● *Was wäre für Sie wichtig im heutigen Gespräch?*<br>● *Was sind Ihre Vorstellungen, was wir heute erreichen sollten?* |

| | |
|---|---|
| Die **Zeitstruktur** sollte bekanntgegeben bzw. festgelegt werden (z. B. 1 Stunde. Open-end-Gespräche sind nervenaufreibend und führen zu keinen besseren Ergebnissen).<br><br>Kurz über die **Verlaufsstruktur** informieren bzw. mit den Eltern abklären.<br><br>Alternativen anbieten und Miniverträge schließen.<br><br>Erwähnen, dass die Zeit eventuell nicht ausreicht und weitere Termine notwendig werden können. | • *Wir haben jetzt eine Stunde Zeit um die nächsten Schritte zu besprechen (die Standpunkte auszutauschen, usw.)*<br>• *Ich schlage vor, dass Sie zunächst schildern, wie Sie die Angelegenheit sehen, anschließend werde ich Ihnen meine Sichtweise darlegen.*<br>• *Möchten Sie zunächst Ihre Sichtweise darlegen oder soll ich zuerst schildern, wie ich es sehe?*<br>• *Im Folgenden geht es darum festzulegen, was erreicht werden soll und Lösungswege zu sammeln bzw. zu erarbeiten.*<br>• *Lasst uns sehen, wie weit wir heute kommen, ansonsten müssen wir uns nochmals zusammensetzen.* |
| **Motivation, Gesprächsbereitschaft, Kooperationsbereitschaft sichern.**<br>Je nach Ausgangslage und den Bedingungen, die zu dem Gespräch führten (vgl. Kap. 5), kann die „Motivationsarbeit“ viel Zeit und Energie in Anspruch nehmen.<br>Wichtig: Kooperationsbereitschaft und Lösungsinteresse der Eltern nie in Frage stellen. Eltern als die Hauptverantwortlichen, als die Experten für ihre Kinder sehen und benennen. | • *Wie sind Ihre Vorstellungen, wie wir kooperieren (zusammenarbeiten) können.*<br>• *Sie kennen Ihr Kind am besten.*<br>• *Seit 11 Jahren sind Sie die Spezialisten für Paul.*<br>• *Sie sind die Experten für seinen persönlichen und den häuslichen, familiären Bereich, ich bin der Fachmann (die Fachfrau) für den Unterricht. Was beobachten Sie zu Hause? Wie reagiert er zu Hause?*<br>• *Sie sind die Eltern und haben den größten Einfluss auf Michael (die Verantwortung). Ich kann nur …* |
| Die Gemeinsamkeit, nämlich das Interesse am Kind, dass es dem Kind in der Schule gut geht, hervorheben. | • *Wir haben das gleiche Interesse, nämlich dass es Paul in der Schule besser gehen soll.* |
| Bei vermuteten unterschiedlichen Sichtweisen, bei erwarteten Vorwürfen und Angriffen an ein faires und respektvolles Umgehen miteinander appellieren (bzw. es voraussetzen). | • *Ich denke, dass es uns gelingen wird, trotz gegenteiliger Meinungen und Ansichten im Interesse von Michael fair miteinander umzugehen. Und ich bin froh so offen mit Ihnen über die Angelegenheit sprechen zu können.* |

## 3. Problem verstehen

| | |
|---|---|
| In dieser Phase geht es darum die **Sichtweise, die Wirklichkeitskonstruktionen des Gesprächspartners kennen zu lernen.**<br>Hier kommen die 4 Komponenten **„Zuhören“ „Fragen stellen“, „Gedanken und Gefühle wiedergeben“** (Kap. 6.1) ebenso zur Anwendung wie die **Fragetechniken,** die in den Kapiteln 4.2 bis 4.5 beschrieben wurden.<br>**W-Fragen**<br>Fragen nach den **vier Ebenen** „Inhalt“, „Bedeutung“, „Gefühl“, „Reaktionen“.<br>(Blick-)Kontakt halten, Interesse und Verständnis zeigen, empathisch „mitgehen“. Zwischendurch immer wieder zusammenfassen, die Gedanken wiedergeben. Dabei nicht zu lange beim Problem verweilen, möglichst rasch in die nächsten Phasen überleiten. | • *Wie sehen Sie die Angelegenheit jetzt?*<br>• *Wie sind Ihre Erklärungen?*<br>• *Wie gehen Sie momentan damit um?*<br>• *Was haben Sie bisher unternommen um Paul zu helfen?*<br>• *Seit wann bestehen die Schwierigkeiten?*<br>• *Wem macht das am meisten aus?*<br>• *Wie sieht das genau aus, wenn er 3 Stunden bei den Hausaufgaben sitzt? Was tut er genau? Beschreiben Sie mir den Ablauf genau?*<br>• *Also, was ich bis jetzt verstanden habe, ist, dass Paul zu Hause die Rechenaufgaben nur dann bearbeiten kann, wenn sie daneben sitzen. Aber Sie haben dann immer Sorge, dass er nicht selbstständig wird, außerdem werden Sie dann immer ungeduldig, weil die andere Arbeit liegen bleibt oder der kleine Bruder im Nebenzimmer schreit.* |

## 4. Problemsicht erweitern

| | |
|---|---|
| Diese Phase ist eng mit der vorhergehenden verzahnt, oft gar nicht von ihr zu trennen. Es geht dabei darum durch gezielte Fragen den Fokus des Problems zu erweitern, neue Aspekte und Sichtweisen des Problems anzubieten und einzuführen.<br>Fragen nach weiteren beteiligten Personen.<br>Fragen nach der Wirkung und Funktion des Problemverhaltens.<br><br>Fragen nach weiteren Problemfeldern (z. B. Auftreten allergischer Reaktionen). | • *Wer bekommt noch alles mit, dass Paul in Mathematik Schwierigkeiten hat?*<br>• *Wie bekommt der Vater mit, dass ...?*<br>• *Wie wirkt sich das Problem auf das Familienleben aus?*<br>• *Was hat Paul davon, wenn Sie 3 Stunden neben ihm sitzen?*<br>• *Auf was müsste Paul verzichten, wenn er seine Hausaufgaben selbstständig machen würde?*<br>• *Wo hat Paul sonst noch Schwierigkeiten?* |
| Führen in die Zukunft.<br>Nützlich bei Eltern, die das Problem nicht sehen oder sehen wollen (Besucherstatus), bzw. um den Hintergrund und das Ausmaß der Besorgnis und der Ängste zu erfahren. | • *Nehmen wir mal an, es würde sich nichts verändern. Welche Konsequenzen hätte dies in ein, zwei, drei, fünf, zehn Jahren?*<br>• *Was sind ihre Fantasien, was könnte schlimmstenfalls passieren, wenn sich nichts verändern würde?* |

## 5. Ausnahme vom Problem und Ressourcen erfragen

| | |
|---|---|
| Oft entsteht der Eindruck, dass das Problemverhalten gleichbleibend sei. In der Realität gibt es aber ständige Schwankungen, mal klappt es besser, mal schlechter. Die Fragen nach den **Ausnahmen** geben wichtige Hinweise auf die Ressourcen und Fähigkeiten der Beteiligten und sind somit wertvolle Grundlagen für die Lösungen (vgl. dazu Kap. 4.5). | • *Wann hat Paul es mal geschafft, die Hausaufgaben selbstständig zu bearbeiten? Was war da genau?*<br>• *Was hat sich in der Zeit, seit wir den Termin vereinbart haben, verändert?*<br>• *Wie waren die letzten zwei Wochen, wann war es besser, wann war es belastender?* |
| Ebenso wichtig ist die Frage nach den **Ressourcen**, nach den Stärken der Schüler wie der Eltern. Was klappt gut? In welchen Bereichen gibt es keine Probleme?<br>Die Frage nach dem Freizeitverhalten, nach den Hobbies, ist ein wichtiger Schritt um die sogenannte „Problemhypnose" aufzulösen. Gerade die sportlichen Aktivitäten, Engagement im außerschulischen Bereich usw. bieten diesbezüglich oft eine Fundgrube und oft werden diese außerschulischen Fähigkeiten zu wenig beachtet und gewürdigt. | • *Jetzt haben wir einiges darüber gehört, was Paul nicht kann. Mich würde interessieren, wo Sie seine Stärken sehen?*<br>• *Sie haben mir erzählt, dass es jedes Mal Streit mit Michael gibt, wenn Sie mit ihm lernen, weil Sie ihn ständig drängen müssen. In welchen Situationen kommen Sie gut miteinander aus? Wann klappt es besser?*<br>• *In welchen Bereichen können sie sich auf Paul verlassen, wo zeigt er, dass er selbstständig sein kann?*<br>• *Ich habe gehört, dass Michael bei den Vereinsmeisterschaften im Freistilschwimmen den ersten Platz belegt hat. Da braucht man doch eine Menge Selbstständigkeit, Konzentration, Durchhaltevermögen und Anstrengungsbereitschaft um so weit zu kommen.*<br>• *Wie haben Sie es letzte Woche geschafft, dass Paul seine Hausaufgaben selbstständig bearbeitete?* |

## 6. Ziele definieren

| | |
|---|---|
| Wer will was wie und bis wann erreichen? Oft sind die Ziele diffus und unklar.<br>Durch gezieltes Nachfragen zu klaren und präzisen Zielbeschreibungen auf der Verhaltensebene kommen.<br><br>Erwartungen der Eltern und der LehrerIn abstimmen, auf kooperativem Wege Einigung über das Ziel erreichen. Gemeinsamkeiten als erste Minimalziele herausarbeiten. Denken Sie daran, die Eltern sind in erster Linie verantwortlich für ihr Kind. | • *Wie sehen Ihre Erwartungen aus, was durch unsere Zusammenarbeit erreicht werden sollte?*<br>• *Was erwarten Sie von Paul, von mir als LehrerIn, von sich selbst, was verändert werden müsste?*<br>• *Was müsste Paul konkret tun, dass Sie beruhigt wären und sich innerlich entspannt zurücklehnen könnten.*<br>• *Woran würden Sie merken, dass Paul selbstständig lernen kann. Was würden Sie beobachten?* |

| | |
|---|---|
| Wunderfrage (vgl. Kap. 4.5)<br><br>Teilziele formulieren.<br>Zukunftsvisionen entwickeln. | • *Sie erwähnten, dass sie erst zufrieden seien, wenn Paul eine 2 in Mathematik hat. Ich denke, dass wir versuchen sollten, ihn soweit zu stabilisieren, dass er zunächst seine 4 auf eine 3 verbessert.*<br>• *Nehmen wir an, ein Jahr sei vergangen und das Problem sei gelöst. Wie arbeitet Paul jetzt? Was tut er konkret? Wann beginnt er mit den Hausaufgaben? Wie setzt er sich hin? Was denken und fühlen Sie in der Situation? Wie reagieren Sie darauf? Was machen Sie mit der Zeit, die Sie plötzlich für sich zur Verfügung haben? usw.* |

## 7. Lösungen konstruieren

| | |
|---|---|
| Diese Phase ergibt sich automatisch aus den vorhergehenden. Durch Konkretisieren der Ziele und Aktivierung der Ressourcen werden oft Wege sichtbar. Diese Phase ist ein kreativer und gemeinsamer Prozess aller Gesprächspartner.<br>Zunächst alle Lösungsideen sammeln, nicht sofort bewerten.<br>Bei der Erarbeitung der Lösungswege auf Realisierbarkeit, auf die Norm- und Wertvorstellungen der Familie, auf die Ressourcen der Betroffenen, auf institutionelle Vorgaben usw. achten (vgl. Kap. 4.5).<br>Der Lehrer bzw. die Lehrerin sollte sich mit konkreten Ratschlägen zunächst zurückhalten, zur gegebenen Zeit aber klar Stellung beziehen und auch Lösungsvorschläge einbringen. | • *Wie könnten Sie reagieren, dass Paul ...?*<br>• *Was würde Paul als hilfreich empfinden?*<br>• *Was könnte Ihnen helfen, dass Sie geduldiger mit Paul sind?*<br>• *Von wem bräuchten Sie Unterstützung, damit sie gegenüber Michael konsequenter sein können?*<br>• *Was würde passieren, wenn ...? (Vorschlag)*<br>• *Wie, denken Sie, würde Paul reagieren, wenn ...? (Vorschlag)*<br><br>Eine Lösung kann sein:<br>• *eine Stützmaßnahme wie Nachhilfe usw.*<br>• *eine Veränderung im Unterricht*<br>• *ein Schulwechsel, ein Klassenwechsel oder eine Klassenwiederholung*<br>• *eine Veränderung in der Bewertung oder im Verhalten der Eltern*<br>• *eine Abstimmung von Konsequenzen in Elternhaus und Schule* |

## 8. Kontrakt, Vereinbarungen treffen, Aufgaben formulieren

| | |
|---|---|
| Vereinbarungen erarbeiten und formulieren, was wer in nächster Zeit machen will.<br>Inhaltlich: Was machen die Eltern, der Schüler, der Lehrer, die Lehrerin?<br>Beobachtungsaufgaben.<br>Verhaltensaufgaben.<br>Formal: Wann ist das nächste Treffen? Wie erfolgt Rückmeldung? | • *Sie möchten eine Nachhilfe für Paul organisieren. Wann soll der Beginn sein?*<br>• *Vereinbaren wir Folgendes: Paul soll nur 45 Minuten Hausaufgaben machen. Was er in dieser Zeit nicht schafft, soll er einfach lassen.*<br>• *Achten Sie bis zum nächsten Mal darauf, welche Aufgaben Paul selbstständig lösen kann, wann er konzentriert arbeitet. Notieren Sie sich, was da genau passiert.*<br>• *Versuchen wir doch das Experiment Einbahnstraße: Michael soll zwei Wochen lang für seine Hausaufgaben selbst verantwortlich sein. Sie drängen ihn nicht, sprechen ihn nicht darauf an. Er hat allerdings das Recht, zu bestimmten Zeiten, die Sie ihm mitteilen, ihre Unterstützung zu holen. Aber er muss darum bitten. Wenn er Sie wieder beschimpft oder nörgelt, gehen Sie und lassen Sie ihn allein. Ich habe es zwar noch nie erlebt, aber es kann vorkommen, dass er Sie auf die Probe stellt und er 14 Tage nichts tut. Überlassen Sie die Konsequenzen ruhig mir, er bekommt keinen Schonraum von mir. Denken Sie, dass Sie dies aushalten könnten? Nach 2 Wochen ziehen wir Bilanz und schauen, was bei dem Experiment rausgekommen ist.* |

## 9. Verabschiedung

| | |
|---|---|
| Zusammenfassung der Ergebnisse, Vereinbarungen, weiteren Schritte.<br>Positiver Schlusskommentar. | • *Ich bin zufrieden mit dem, was wir heute erarbeitet haben. Es ist ein erster Schritt und ich bin zuversichtlich, dass dieser Weg Erfolg versprechend ist.*<br>• *Ich finde, es ist uns gut gelungen die Gemeinsamkeiten herauszuarbeiten.*<br>• *Ich bin dankbar, dass es uns gelungen ist trotz der unterschiedlichen Sichtweisen fair, offen und respektvoll miteinander umzugehen.* |

# 7. Auswertung des Elterngesprächs

*Aus Fehlern wird man klug –*
*drum ist einer nicht genug.*
Alte Volksweisheit

Eine gründliche Auswertung des Elterngesprächs bietet mehrere Vorteile:

- Sie ist eine gute Vorbereitung für ein eventuell stattfindendes Folgegespräch.
- Sie stellt ein fundiertes Gedächtnisprotokoll dar, auf das Sie sich z. B. berufen können, wenn es um die Einhaltung bestimmter Abmachungen geht.
- Sie ist eine Form der Selbstreflexion, eine Fundgrube für Lernerfahrungen und Kompetenzzuwachs, d. h., Sie können sowohl Ihre Stärken in der Gesprächsführung ausbauen, als auch aus Ihren Fehlern lernen.
- Sie bietet eine nützliche Grundlage für das Einbringen in eine Lehrersupervisions- bzw. Fallbesprechungsgruppe, bzw. für den Fall, dass Sie eine Kollegin, einen Kollegen um Beratung bitten.

Im Folgenden wollen wir die einzelnen Punkte der auf Seite 105 abgebildeten Checkliste „Auswertung des Elterngesprächs“ nur stichwortartig erläutern, da vieles schon im Kapitel 5 (Vorbereitung des Elterngesprächs) beschrieben ist.

### 1. Gesprächsanlass:

Hier können Sie neben Überlegungen, wer ein Problem/Anlass für das Gespräch hatte auch zur Frage Stellung nehmen, inwiefern sich der äußere Anlass für das Gespräch mit dem tatsächlichen *Anliegen* der Eltern gedeckt hat. Dazu ein Beispiel: Die Eltern geben als Anlass für das Gespräch die Ängste ihres Kindes in Klasse 4 an, sprechen dann aber hauptsächlich über in Frage gestellte Wünsche das Kind in ein Gymnasium oder eine Realschule überwechseln zu lassen.

### 2. Zustandekommen:

Auf wessen Initiative hin kommt das Elterngespräch zustande? Ging die Einladung von Ihnen aus, haben die Eltern das Gespräch gesucht, fand es auf Betreiben eines Dritten (z. B. Schulleiter) statt?
Die Art des Zustandekommens steht in enger Beziehung zur Ausgangsmotivation (vgl. 3.) der Eltern.

### 3. Ausgangsmotivation der Eltern:

An dieser Stelle verweisen wir auf die in Kapitel 5 (S. 82) geschilderten Motivationszustände der Eltern in Bezug auf das Elterngespräch.
Haben sich die Eltern im Gespräch wie Vorgeladene, BesucherInnen, (An)Klagende oder KooperationspartnerInnen verhalten?
Ist es Ihnen im Verlauf des Gesprächs gelungen den Eltern zu einem anderen Motivationszustand zu verhelfen, z. B. von Besuchern zu Klagenden oder sogar zu Kooperationspartnern?

### 4. Äußerer Eindruck und Kommunikationsstil:

Neben der Frage, zu welchem der in Kapitel 4.10 beschriebenen 4 bzw. 5 Kommunikationsstile (bzw. deren Mischform) Sie die Eltern zuordnen, können Sie hier Stichworte zum äußeren Ein-

## Checkliste 3 – Auswertung des Elterngesprächs

Anmerkung: Mit Eltern werden sowohl beide Eltern als auch Vater und Mutter allein bezeichnet.

| | |
|---|---|
| Name: ______________________________ | Teilnehmer: ______________ |
| Ort: _______________________________ | Datum: ________________ |
| Erstgespräch _________ Folgegespräch: _________ | |

| | |
|---|---|
| **1. Gesprächsanlass:** | |
| **2. Zustandekommen:** | |
| **3. Ausgangsmotivation der Eltern (Vorgeladene, Besucher, [An-]Klagende Kooperationspartner):** | |
| **4. Äußerer Eindruck und Kommunikationsstil (Angreifer, Ablenker, Rationalisierer, Beschwichtiger, Konkurrent)** | |
| **5. Kontakt zwischen Eltern und LehrerIn:** | |
| **6. Definition des Problems durch die Eltern:** | |
| **7. Definition des Problems durch LehrerIn bzw. Dritte:** | |
| **8. Konsens in der Problemdefinition:** | |
| **9. Bisherige Problemlösungsversuche (erfolgreiche bzw. erfolglose):**<br>**a) durch die Eltern**<br>**b) durch LehrerIn bzw. Dritte** | |

| | |
|---|---|
| **10. Hypothesen zur Problementstehung und Aufrechterhaltung durch Eltern:** | |
| **11. Hypothesen zur Problementstehung und Aufrechterhaltung durch LehrerIn bzw. Dritte:** | |
| **12. Von Eltern ins Gespräch eingebrachte Themen:** | |
| **13. Von der Lehrerin, dem Lehrer eingebrachte Gesprächsthemen:** | |
| **14. Beschreibung möglicher Veränderungsziele:** | |
| **15. Beschreibung möglicher Lösungswege:** | |
| **16. Verlauf des Gesprächs in Stichworten:** | |
| **17. Befindlichkeit der Lehrerin, des Lehrers:** | |
| **18. Kontrakt:**<br>**a) inhaltlich: Wer will mit wem, was bis wann unternehmen?**<br>**b) Formal: wo, wann, mit wem finden eventuelle Folgegespräche statt? Kontakte zu Außensystemen?** | |
| **19. Ideen für mögliches Folgegespräch:** | |
| **20. Sonstiges:** | |

druck der Eltern notieren: Kleider, körperliche Verfassung, Sprachniveau, Grundstimmung (z. B. eher depressiv, passiv oder tatkräftig, forsch) immer wiederkehrende Verhaltensmuster (z. B. andere unterbrechen) usw.
Denken Sie aber bitte daran, dass es sich dabei nicht um objektive Daten, sondern subjektive Eindrücke Ihrerseits handelt, die ebenso viel über Sie wie über die Eltern aussagen!

**5. Kontakt zwischen Eltern und LehrerInnen:**

Wie tragfähig, vertrauensvoll ja vielleicht herzlich oder wie distanziert bis feindselig schätzen Sie den Kontakt zwischen Ihnen und den Eltern während des Gesprächs ein?
Falls Vater, Mutter und Kind anwesend waren: Wie tragfähig schätzen Sie den Kontakt zu den einzelnen Familienmitgliedern ein? Sind Sie Koalitionen und Bündnisse mit einem Familienmitglied gegen ein anderes eingegangen oder haben Sie zu allen eine neutrale Position gewahrt?
Haben Sie im Verlauf des Gesprächs zu einem Familienmitglied den Kontakt verloren?

**6. Definition des Problems durch die Eltern:**

Wie sieht die Problemdefinition der Eltern aus?
Ergaben sich Unterschiede in der Problemdefinition im Verlauf des Gesprächs zum ursprünglich genannten Gesprächsanlass?
Existieren Gemeinsamkeiten oder Unterschiede in der Problemdefinition zwischen Vater, Mutter und Schulkind?

**7. Definition des Problems durch LehrerIn bzw. Dritte:**

Wie sehen Sie das Problem nach diesem Gespräch? Was hat sich in der Problemdefinition vor und nach dem Elterngespräch bei Ihnen verändert?
Wie definieren so genannte Dritte (z. B. KollegInnen, Schulleiter, andere Eltern, Mitschüler usw.) das Problem?

**8. Konsens in der Problemdefinition:**

Wie hoch oder gering ist die Übereinstimmung zwischen den Eltern und Ihnen in der Problemsicht?
Welche möglichen Konsequenzen ergeben sich aus einer Übereinstimmung/Nichtübereinstimmung hinsichtlich des weiteren Vorgehens?

**9. Bisherige Problemlöseversuche (erfolgreiche bzw. erfolglose):**

a) Welche Problemlösungsversuche haben die Eltern bisher unternommen und wie erfolgreich oder erfolglos sind diese verlaufen?
b) Welche Problemlösungsversuche haben Sie als Lehrerin bisher unternommen und wie erfolgreich bzw. erfolglos sind diese verlaufen?
c) Welche Konsequenzen ergeben sich daraus für zukünftige Problemlösungsversuche?

**10. u. 11. Hypothese zur Problementstehung und Aufrechterhaltung durch die Eltern, die Lehrperson, Dritte:**

Hier geht es um die Einschätzung, welche Hypothesen bezogen auf die vier Felder Schule, Schüler, Familie und Umwelt zur Verursachung bzw. Aufrechterhaltung der Problematik von den Beteiligten im Gespräch geäußert worden sind.
Das Ausmaß der Übereinstimmung bzw. Nichtübereinstimmung hat entscheidenden Ein-

fluss auf die Formulierung möglicher Änderungsziele und die zukünftige Lehrer-Eltern-Kooperation.

### 12. u. 13. Themen, die von den Eltern bzw. von der Lehrperson ins Gespräch eingebracht wurden:

Als eine Faustregel kann hier gelten: Je stärker Themen von den Eltern ins Gespräch eingebracht wurden, desto größer ist die Chance, dass sie auch „hinter diesen Themen stehen". Je mehr Themen von der Lehrperson eingebracht wurden, desto größer ist die Gefahr, dass die Eltern sich nicht mit diesen Themen identifizieren. Damit wird eine erfolgreiche Eltern-Lehrer-Kooperation erschwert. Dennoch kann es notwendig sein bestimmte Themen als LehrerIn einbringen zu müssen.

### 14. Beschreibung möglicher Veränderungsziele:

Welche Veränderungsziele sind von wem im Verlauf des Gesprächs genannt worden? Auf wen beziehen sie sich: Auf das Schulkind, die Eltern, die Lehrperson oder Dritte?
Wie klar und eindeutig bzw. diffus sehen die Zielbeschreibungen aus?
Wie groß war der Konsens/Dissens der Beteiligten hinsichtlich der Zielformulierungen?

### 15. Beschreibung möglicher Lösungswege:

Hier geht es um die Frage: Wie kommen wir von einem beschriebenen IST-Zustand (Ausgangszustand) zu einem ZIEL-Zustand. Welche sind die kleinen ersten Schritte in Richtung Zielerreichung? Welche Wege zur Problemlösung bzw. -verminderung werden von den Eltern, von der Lehrperson eingebracht bzw. im Gespräch gemeinsam erarbeitet?
In welchem Kontext (Familie, Schule, Umwelt usw.) wurden Lösungsschritte angestrebt?
Müssen Außeninstitution wie z. B. Beratungsstellen, Therapeuten, Nachhilfeinstitute usw. in die Lösung mit einbezogen werden?
Wie ist die Eltern- und Lehrerverantwortlichkeit für die Lösungsschritte geklärt worden?

### 16. Verlauf des Elterngesprächs in Stichworten:

Notieren Sie hier in wenigen Stichworten den Verlauf des Elterngesprächs, also z. B.:
1. Bericht der Eltern über das Hausaufgabenverhalten des Schülers
2. Meine Einschätzung als LehrerIn zur Mitarbeit des Schülers im Unterricht
3. Vergleich beider Einschätzungen, Herausarbeiten von Unterschieden und Gemeinsamkeiten
4. Ursachenforschung in den vier Feldern
5. Besprechung bisheriger Lösungsversuche usw.

### 17. Befindlichkeit der Lehrerin/des Lehrers:

Welche Empfindungen hatten Sie im Verlauf des Elterngesprächs?
Falls negative Empfindungen überwogen: Wie haben die Eltern bzw. Sie sich selbst in diese Empfindungen hineinversetzt? Wie können Sie sich in Zukunft davor schützen? Wie haben Sie es geschafft, in einem positiven Gefühlszustand zu bleiben?

### 18. Kontrakt:

a) Inhaltlich
Hier geht es darum festzuhalten, welche inhaltlichen Vereinbarungen als Resultat des Elterngesprächs zwischen den Beteiligten getroffen wurden: Dieser Punkt steht insofern in enger Ver-

bindung zu den Punkten 14 (mögliche Veränderungsziele) und 15 (mögliche Lösungswege) als es hier um die konkrete Umsetzung der geäußerten Ideen, Vorschläge, Wünsche usw. geht.
Welche konkreten Schritte zur Problemreduzierung werden die Eltern, welche Sie als LehrerIn, welche andere Person unternehmen?
Welche Personen sind daran beteiligt und bis wann werden die einzelnen Schritte in Angriff genommen?
Wie klar oder wie diffus ist der inhaltliche Kontrakt?

b) Formal
Wenn überhaupt: Wann, wo, mit wem usw. wird dieses Gespräch eine Fortsetzung finden? Wer geht auf wen zu? Die Lehrperson auf die Eltern und die Eltern auf die Lehrperson?
Welche Kontakte (telefonisch, schriftlich, persönlich) mit welchen innerschulischen (z. B. Beratungslehrer, Schulsozialarbeiter usw.) und außerschulischen Personen/Institutionen sollen wann stattfinden?

**19. Ideen für ein mögliches Folgegespräch:**

Hier könnten Sie gleichsam als Fazit der bisher erfolgten Gesprächsauswertung Konsequenzen, Ideen, Befürchtungen, Wünsche, Verfahrensweisen und vieles mehr für ein mögliches Folgegespräch notieren. Damit erreichen Sie eine enge Verzahnung der Gesprächsauswertung mit der Vorbereitung (vgl. Checkliste Vorbereitung des Elterngesprächs, S. 86) für ein kommendes Elterngespräch.

**20. Sonstiges:**

Hier tragen Sie einfach all das ein, was Ihnen in der Gesprächsnachbetrachtung als wichtig erschien, aber in den vorangegangenen 19 Punkten keinen Platz gefunden hat.
So, nun wünschen wir ihnen viel Erfolg bei der Gesprächsauswertung! Sie wird mit Sicherheit mit zunehmender Erfahrung und Übung immer weniger zeitaufwändig werden.

# 8. Spezielle Gesprächsanlässe – schwierige Gesprächssituationen

*Nicht die Dinge selbst beunruhigen uns,*
*sondern die Meinungen, die wir über die Dinge haben.*
Epiktet

## 8.1 Analyse schwieriger Gesprächssituationen

Ob eine Gesprächssituation als schwierig empfunden wird, hängt von vielerlei Faktoren ab, letztendlich aber von der betreffenden Lehrperson selbst, von der Bewertung und Bedeutung, die ihr gegeben wird. Was Kollege X als schwierig empfindet, muss für Kollegin Y noch lange kein Problem sein. Bezugnehmend auf die 4 Ebenen menschlichen Verhaltens und Erlebens (vgl. S. 67) hängt es von der Bedeutungsgebung des einzelnen Lehrers ab und diese wiederum ist geprägt durch vielerlei Faktoren wie eigene Geschichte, Selbstwert und Position im Kollegium, Belastbarkeit, Gesprächskompetenz, bisherige Erfahrungen mit dem Gesprächspartner usw.

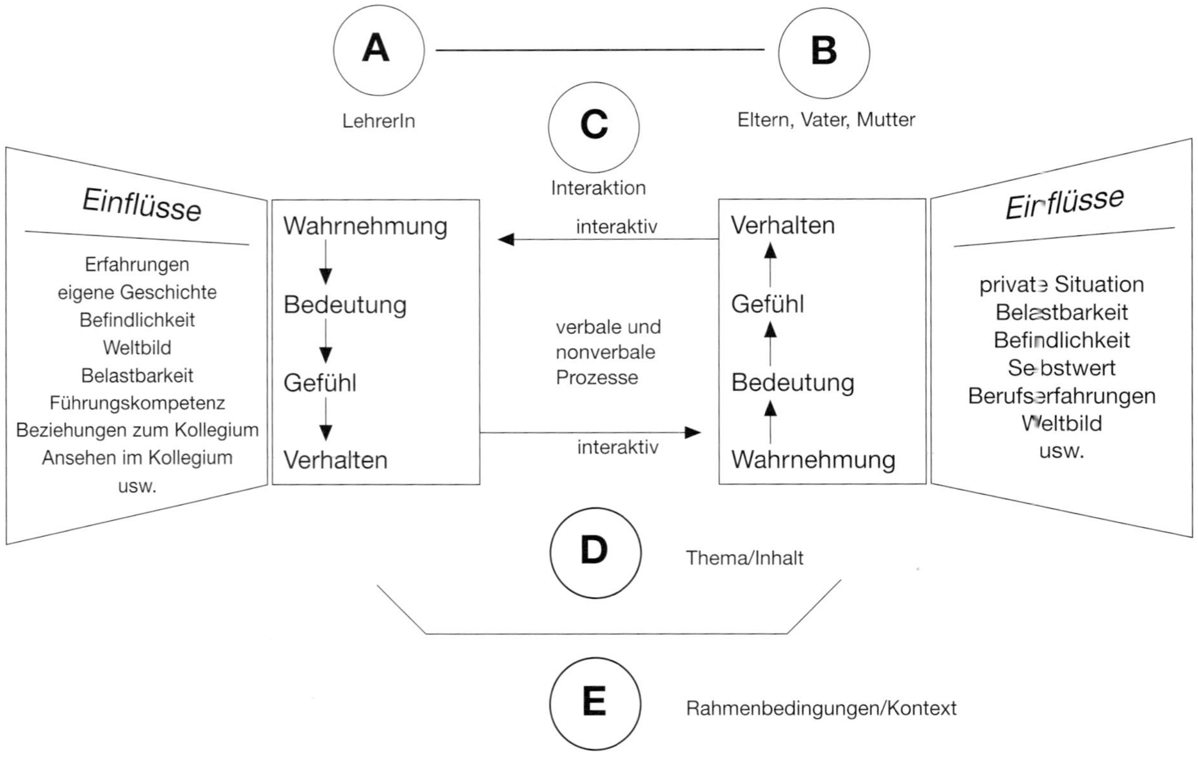


Abb. 20 *Kognitive Landkarte zur Analyse schwieriger Elterngespräche*

Was als schwierig empfunden wird, bedarf also immer einer individuellen Analyse und individueller Maßnahmen, Übungen, Supervisionen.
Die auftretenden Schwierigkeiten können nun bei dem/der *LehrerIn (A)* selbst liegen, bei *den Gesprächspartnern* (Eltern) *(B)* oder in der *Interaktion (C)* der beiden. Sie können durch das *Thema (D)* verursacht werden oder durch den *Kontext (E),* die Rahmenbedingungen, in denen das Gespräch stattfindet.

Folgende Tafel gibt eine Übersicht über mögliche Faktoren in diesen fünf Bereichen.

**Tafel 16: Einige Faktoren für mögliche „Schwierigkeiten und Belastungen" in Elterngesprächen**

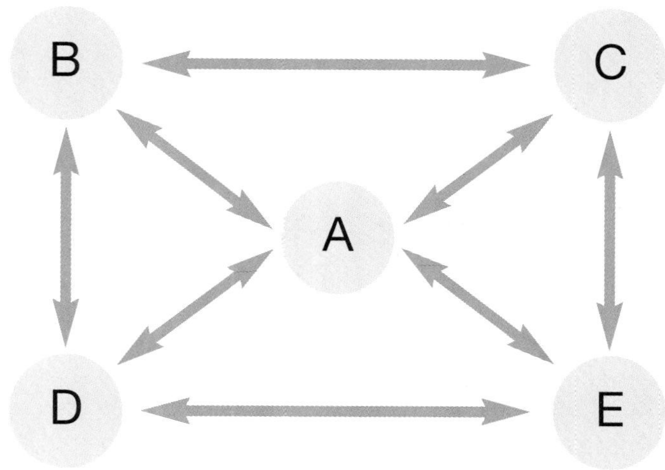


| | |
|---|---|
| ICH<br>LehrerIn<br>A | ● Persönlichkeit, Grundeinstellung<br>● Methoden und Techniken, Kompetenz<br>● Fähigkeit zur Beziehungsgestaltung<br>● Eigene Geschichte und Erfahrungshintergrund<br>● Momentane Befindlichkeit<br>● Selektive Wahrnehmung<br>● Interpretation des Geschehens<br>● Gefühle und Empfindungen<br>● Verhaltensrepertoire |
| GesprächspartnerIn<br>Eltern(teil)<br>B | ● Verhalten (Schweigen, Vielreden)<br>● Gefühlsausbrüche (Aggressionen, Weinen)<br>● Vorwürfe, Angriffe, Beschimpfungen<br>● Bedeutungsgebung (Weltbild, Wirklichkeitskonstruktionen)<br>● Gesprächsmotivation<br>● Einstellung gegenüber LehrerIn<br>● Wahrnehmung<br>● Einflüsse von Familie, peer-groups, Klasse, Lehrern<br>● persönliche Fähigkeiten, Lernstrategien, Umwelt usw. |
| Interaktion<br>C | ● Prozessbegleitung (verbal/nonverbal)<br>● Nähe/Distanz<br>● Antipathien<br>● verschiedene Wellenlänge<br>● momentaner Kontakt zum Gesprächspartner<br>● Beziehung zum Gesprächspartner |
| Thema<br>D | ● Kritikpunkte<br>● Übertrittsberatung, wenn Elternwunsch sich nicht erfüllt<br>● Suizidgefahr bzw. -androhung<br>● Sexueller Missbrauch<br>● Eheprobleme der Eltern<br>● Schlimme Krankheiten, Tod<br>● Tabus |
| Kontext, Situation<br>E | ● Freiwilligkeit des Gesprächs<br>● Motivation, Gesprächsbereitschaft<br>● Anwesende Kinder, um die es geht<br>● Räumliche, zeitliche Bedingungen<br>● Rolle/Ansehen beim Gesprächspartner<br>● Institutionelle Bedingungen |

**Erläuterungen und Beispiele:**

A

Die Persönlichkeit, die Grundeinstellung und das Menschenbild der Lehrerin, des Lehrers ist das wichtigste Instrument im Elterngespräch (vgl. Gebäude der Gesprächsführung S. 27). Es ist daher wichtig ständig diesbezügliche Reflexionen anzustellen und daran zu arbeiten und sich und sein Handeln ständig zu hinterfragen.

*„Wie ist meine Einstellung zum Lehrberuf, zu den Eltern, zu den Kindern?"*
*„Inwiefern beeinflusst meine eigene Geschichte meine Wahrnehmung und Bedeutungsgebung?"*
*„Wo sind meine blinden Flecke?"*
*„Welches sind meine Stärken, meine Schwächen im Elterngespräch?"*
*„Wie ist meine momentane Befindlichkeit?"*
*„Wie sehen meine Reaktionsmuster aus? Wie nützlich sind sie im Elterngespräch?"*

Beispiele:
Kollegin A ist zur Zeit stark belastet. Gesundheitlich selbst angeschlagen muss sie sich verstärkt um ihre alte Mutter kümmern, die ein Pflegefall geworden ist. Dazu kommt noch, dass sie derzeit eine „schwierige Klasse" hat. Sie weiß, dass sie momentan nicht viel ertragen kann, sehr gereizt und ungeduldig ist, empfindlich reagiert und in Gesprächssituationen zu schroffem und abweisendem Verhalten neigt. Sie weiß, dass sie an sich arbeiten muss um die kommenden schwierigen Elterngespräche durchzustehen.
Kollege B ist ein konsequenter und leistungsorientierter Pädagoge. Er weiß, dass er gegenüber „überbehütenden und verwöhnenden" Müttern allergisch reagiert und dann zu einer belehrenden Vorwurfshaltung neigt, die in der Vergangenheit schon oft zu Konflikten geführt hat. Er versucht daher durch entsprechende Übungen und Fortbildungen zu einer toleranteren und akzeptierenderen Haltung zu kommen.

B

Schwierige Gesprächssituationen können auch dadurch entstehen, dass die Eltern bestimmte Verhaltensweisen zeigen. LehrerInnen neigen z. B. sehr oft zu Rechtfertigungen, wenn Eltern mit Vorwürfen kommen. Das führt in der Regel dazu, dass auf der Inhaltsebene darum gestritten wird, wer nun eigentlich Recht hat. Solche Gespräche führen sehr schnell in eine Sackgasse.
Schwierig wird es auch, wenn sich der Gesprächspartner in Schweigen hüllt und man ihm „die Würmer aus der Nase ziehen muss", ebenso die gegenteilige Verhaltensweise, wenn man „keinen Fuß in die Türe bringt" und im Wortschwall des Gegenübers „ertrinkt".
Viele KollegInnen sind auch verunsichert und suchen nach Gesprächsstrategien, wenn Eltern starke Gefühle zeigen, Wutausbrüche haben oder zu weinen beginnen. Wie sollen sie darauf reagieren: ignorieren oder darauf eingehen?

C

Zwischen Gesprächspartnern findet eine Interaktion statt, eine Begegnung, die als etwas Eigenständiges und nicht immer Vorherplanbares anzusehen ist. Beeinflussend sind der momentan entstehende Kontakt ebenso wie die überdauernde Beziehung. Nähe bzw. Distanz entsteht durch Sympathie und Antipathie und schwierig wird es dann, wenn die „Wellenlänge" nicht stimmt, „man keinen Draht" zum Gegenüber bekommt.
Die Interaktion wird auch erheblich erschwert oder gestört, wenn die Gesprächspartner nicht dieselbe Sprache sprechen und/oder kulturell andersartige Welten aufeinandertreffen. Nicht selten sind LehrerInnen gezwungen mit Eltern, die der deutschen Sprache nicht oder nur ungenügend mächtig sind, über komplizierte Sachverhalte zu verhandeln. Mitunter dient ein Kind der Familie, manchmal der betroffene Schüler selber, als Übersetzer. Unklare Beziehungen und Missverständnisse wirken sich störend auf die Interaktion aus. Es ist daher von großem Nutzen „alle vier Ohren offenzuhalten" und gegebenenfalls Beziehungen und Missverständnisse zu klären.

Es ist nicht nötig den Gesprächspartner zu lieben. Aber Respekt und Achtung vor der Person sind notwendige Voraussetzungen für ein faires Auseinandersetzen in der Sache.
Je belasteter eine Beziehung ist, desto notwendiger ist eine gründliche Vorbereitung und Planung dessen, was man sagen will. Mitunter müssen die Beziehungsaspekte konkret angesprochen und gegenseitige Fairness vereinbart werden. Bei stärkeren Konflikten und „verfahrenen Situationen" empfiehlt sich ohnehin das Hinzuziehen von ModeratorInnen.

D

Natürlich können Faktoren, die im Gesprächsthema begründet sind, als schwierig empfunden werden. Dazu gehört das Eingestehen von eigenen Fehlern und Unterlassungen ebenso wie das Mitteilen von kritischen Anmerkungen am Verhalten des Gegenübers.
Tod, Krankheit, Eheprobleme der Eltern sind häufige Tabuthemen, die LehrerInnen in Elterngesprächen verunsichern. Stellen Sie sich vor, Sie wollen eine Mutter im Elterngespräch bitten sich mehr um die Hausaufgaben ihres Sohnes zu kümmern, und sie eröffnet Ihnen, dass sie an Aids erkrankt ist und das nächste Schuljahr vermutlich nicht überleben wird.
Oder Sie hegen den Verdacht, dass ein Mädchen Ihrer Klasse sexuell missbraucht wird.
Immer wieder erzählen uns KollegInnen von den Schrecksekunden, wenn Mütter ihnen unter Tränen ihre Eheprobleme auftischen. Sie fühlen sich hilflos, wollen das ganze am liebsten nicht wissen, denken, dass das sie ja nichts angeht und sie eh nicht helfen können.
Aber es geht in diesen Situationen ja nicht darum, dass die LehrerInnen den Eltern diese Probleme abnehmen, dass sie als Ehetherapeuten arbeiten sollen. Sondern es geht nur ums Zuhören, ums Verstehen, und vielleicht den Tipp, wo die Eltern sich professionelle Hilfe holen können. (Sofern sie dies wollen. Die Verantwortung dafür liegt bei den Eltern.)
Es gibt daher keine Tabuthemen, sondern nur Tabus auf Seiten der Lehrerin, des Lehrers bzw. der Eltern.
Als überaus schwierig und belastend werden die beratenden Gespräche zur weiteren Schullaufbahn der Kinder am Ende der Grundschule angesehen. Vielerorts brechen latente Konflikte auf und eskalieren. Wir haben diesem Thema ein eigenes Kapitel gewidmet.

E

Hier geht es um den Kontext des Gespräches, die Rahmenbedingungen, unter denen das Gespräch stattfindet. Zum einen ist zu berücksichtigen, auf welche Art und Weise das Gespräch zustande gekommen ist. Sind die Eltern von sich aus auf den Lehrer, die Lehrerin zugekommen, wünschen sie das Gespräch oder kam die Initiative von Seiten der Schule, gar als Zwang nach dem Motto „Wenn Sie nicht zum Gespräch kommen, veranlassen wir die Überprüfung zur Sonderschule".
Wenn Eltern von LehrerInnen zum Gespräch gebeten werden, heißt es in aller Regel ja nichts Gutes. Irgendetwas ist vorgefallen, gab Anlass für das Gespräch. Für die Eltern bedeutet dies in der Regel Stress, ungute Gefühle, Angst, Ärger, Unannehmlichkeiten. Nicht selten empfinden Eltern diesen Zwangskontext als „Tribunal", als ein „Vortanzen müssen" (vgl. dazu die Ausführungen zu den Motivationszuständen in Kapitel 5, S. 82).
Es macht große Unterschiede, ob die Eltern zu einem Gespräch „vorgeladen" oder „gebeten" werden, und es empfiehlt sich immer, die Eltern vorab zu informieren, was der Inhalt, das Thema und ein eventuelles Ziel des Gespräches sein soll. Es gehört zum kooperativen und fairen Gesprächsansatz den Eltern die gleiche Vorbereitungschance zu geben wie sich selbst.
Auf die räumlichen und zeitlichen Bedingungen für ein effektives Gespräch sind wir andernorts schon eingegangen, sie gehören zu den technischen Vorbereitungen eines Gesprächs.
Manchmal ist es günstig und nützlich, wenn die betroffenen Kinder beim Gespräch anwesend sind. Es gibt aber ebenso viele Situationen und Themen, bei denen die Anwesenheit der Kinder belastend ist. Zu einer „guten" Gesprächsführung gehört diese Rahmenbedingungen flexibel zu variieren, d. h., die Kinder eventuell auch mitten im Gespräch mit einem Buch oder Spiel „vor die Tür zu setzen".
Sicher können wir Ihnen hier keine Patentrezepte liefern, doch mit Hilfe der folgenden Frage-

**Arbeitsblatt 12**

**Checkliste zur Analyse meiner Schwierigkeiten im Elterngespräch**
Nehmen Sie sich einige Minuten Zeit und lassen Sie zunächst ihre bisherigen Elterngespräche in Gedanken vorbeiziehen. Schätzen Sie anschließend ein, wie belastend die einzelnen Faktoren für Sie waren (von sehr belastend = 5 bis kein Problem = 1).

| | | 5 | 4 | 3 | 2 | 1 |
|---|---|---|---|---|---|---|
| ICH | Meine Persönlichkeit, meine Grundeinstellung | | | | | |
| A | Meine Interpretation des Geschehens | | | | | |
| | Mein vorhandenes Verhaltensrepertoire | | | | | |
| | Meine Methoden und Techniken, Kompetenz | | | | | |
| | Meine eigene Geschichte und meine Erfahrungen | | | | | |
| | Meine momentane Befindlichkeit | | | | | |
| | Meine selektive Wahrnehmung und mein „blinder Fleck“ | | | | | |
| | Meine Fähigkeit zur Beziehungsgestaltung | | | | | |
| | Meine aktuellen Gefühle und Empfindungen | | | | | |
| GesprächspartnerIn | Schweigen | | | | | |
| B | Vielreden | | | | | |
| | Gefühlsausbrüche (Aggressionen, Weinen) | | | | | |
| | Gesprächspartner beschimpft mich | | | | | |
| | Konträres Weltbild | | | | | |
| | Abstruse Sichtweisen | | | | | |
| | Verzerrte Wahrnehmung | | | | | |
| | Gesprächspartner spricht nicht (ungenügend) Deutsch | | | | | |
| Interaktion | Wir haben verschiedene Wellenlängen | | | | | |
| C | Konflikt, Spannungen mit Gesprächspartner | | | | | |
| | Unterschiedliche kulturelle Hintergründe | | | | | |
| | Unterschiedliches Sprachniveau | | | | | |
| | Kontakt zu Gesprächspartner kommt nicht zustande | | | | | |
| Thema | Suizidgefahr bzw. -androhung | | | | | |
| D | Sexueller Missbrauch | | | | | |
| | Eheprobleme der Eltern | | | | | |
| | Schlimme Krankheiten, Tod | | | | | |
| | Konfliktgespräche | | | | | |
| | Kritik an meinem Unterricht | | | | | |
| | Überzogene Elternerwartungen | | | | | |
| | Meine Erwartungen an Eltern | | | | | |
| | Übertrittsgespräche Klasse 4 | | | | | |
| Kontext Rahmenbedingungen | Eltern kamen nur auf Druck zum Gespräch | | | | | |
| E | Geringe Motivation und Gesprächsbereitschaft | | | | | |
| | Ungünstige räumliche Bedingungen | | | | | |
| | Zeitdruck, zu wenig Zeit | | | | | |
| | | | | | | |
| | | | | | | |

bögen können Sie Ihre persönlichen Schwierigkeiten analysieren und maßgeschneiderte Möglichkeiten erarbeiten um sie anschließend in kollegialen Gruppen in speziellen Übungen, Diskussionen und/oder Rollenspielen einzuüben.

Darüberhinaus sei noch auf das Kapitel 9 verwiesen, in dem wir weitere Hilfen für LehrerInnen behandeln.

## 8.2 Wenn Eltern nicht zufrieden sind: Grenzverletzungen, Erwartungen, Konflikte

*Sie ..., Sie ..., Sie ...*
*ignorier ich nicht mal.*
Karl Valentin

Herr M. ist Klassenlehrer der 8. Realschulklasse. Seit Schuljahresbeginn hat er Ärger mit Rainer. Er stört fortwährend den Unterricht, provoziert durch beleidigende, sexualisierte Gossensprache und hat inzwischen zahlreiche Einträge, hauptsächlich wegen Aggressionen gegen Mitschüler, aber auch gegenüber Lehrern ist er schon wiederholt ausfällig geworden. Rainer ist vom Schulausschluss bedroht.

**Sichtweise des Klassenlehrers:**

Der Klassenlehrer Herr M. ist sauer auf die Eltern. Er hat schon einige unangenehme Telefonate vor allem mit dem Vater, Herrn P., gehabt. Kein Wunder, dass Rainer solche Schwierigkeiten macht bei den Eltern. Rainer tut ihm irgendwie Leid, aber was soll er machen? Solches Verhalten kann er nicht durchgehen lassen. Rainer hat auch wiederholt Lehrer und Lehrerinnen beschimpft. Mit diesem Verhalten hat er auf der Realschule nichts verloren. Wenn es ihm nicht passt, kann er ja gehen, niemand zwingt ihn dazu.
So jemanden wie Rainer hat er in seiner ganzen Dienstzeit noch nie erlebt. Das braucht er sich mit seinen 57 Jahren von so einem Bengel nicht bieten lassen.

**Sichtweise der Familie:**

Rainer ist Einzelkind, Herr P. ist Flaschnermeister, Frau P. ist Hausfrau.
Der Vater ist wütend auf die Schule, auf die Lehrer, besonders auf den Klassenlehrer Herrn M. Das ganze Problem ist nur entstanden, weil die Lehrer nicht mit den Heranwachsenden umgehen können. Das sind halt nun mal junge Burschen, die müssen sich durchsetzen, und da gehört eine kraftvolle Sprache auch dazu. Zu Hause kommen sie mit Rainer gut zurecht. Er ist stolz auf seinen Jungen, der kann sich durchsetzen.
Der Vater wirft den LehrerInnen vor, sie seien zu humorlos, zu empfindlich, hätten kein Gespür für die Jugend, würden schlechten, langweiligen Unterricht machen, seien unfähig, mit Heranwachsenden umzugehen.
Seiner Meinung nach hat sich überhaupt nichts geändert seit seiner Schulzeit. Schon damals sind die Lehrer unfähig gewesen. Er hat als Schüler in der Realschule auch so seine Probleme mit den Lehrern gehabt. Er hat noch eine alte Rechnung offen, aus seiner eigenen Schulzeit.

Eltern wie Lehrer haben zunächst einseitige Sichtweisen des Konflikts, sehen die „Schuld" jeweils beim anderen, gehen davon aus, dass es **eine** Ursache für die Auseinandersetzung gibt.

**Tafel 17: Eskalation durch einseitige Sichtweisen**

| | ***Sichtweise*** | ***Erwartungen*** |
|---|---|---|
| ***der Familie*** | Die Schule ist *schuld.*<br>Alle Lehrer taugen nichts.<br>*Weil* der Lehrer zu streng ist, zu empfindlich ist, *hat Rainer Schwierigkeiten.* Er muss sich wehren, durchsetzen. Ich muss ihn schützen, ihm beistehen *um ihm zu helfen.* | Die Lehrer sollen nicht so empfindlich sein. Sie sollen ihn respektieren, halt mal ein Auge zudrücken und mehr auf ihn eingehen. |
| ***des Lehrers*** | Die Familie ist *schuld.*<br>Die Eltern sind zu nachgiebig.<br>*Weil* sie alles zulassen und ihn unterstützen, keine Konsequenzen ziehen, *macht Rainer Probleme.* Ich muss ihm Grenzen setzen um *ihm zu helfen.* | Die Eltern sollten dem Jungen mal ordentlich den Kopf waschen. Sie sollten ihm Grenzen setzen und konsequenter sein, anstatt ihm alles durchgehen zu lassen. |

Gegenseitige Schuldzuweisungen sind Sackgassen, führen zur weiteren Eskalation. Der Konflikt verschärft sich, wird „umgeleitet“ auf Rainer, der sich aufgrund seiner Zugehörigkeit zu beiden Systemen nicht entziehen kann.

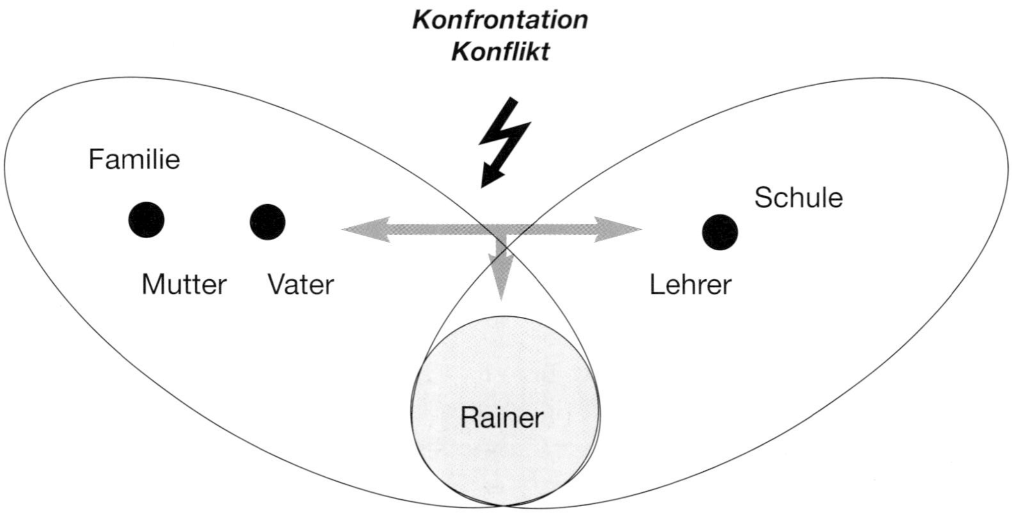


Abb. 21 *Schüler im Spannungsfeld zwischen Elternhaus und Schule*

Wenn der Konflikt bestehen bleibt, wird der Junge im Spannungsfeld zwischen Elternhaus und Schule aufgerieben. Er läuft Gefahr als „Kämpfer an der Schulfront“ missbraucht zu werden.

**Tafel 18: Erwartungen und Konfliktentstehung**

**Unbehagen, Misstrauen, Konflikte, Konfrontation**

entstehen dann,

| | |
|---|---|
| wenn ***mehr*** als erwünscht getan wird. | Grenzüberschreitungen:<br>Der Lehrer „erzieht" nach Meinung der Eltern zu viel, mischt sich in die Erziehung ein.<br>Z. B.: Der Lehrer bestraft Rainer für seine verbalen Aggressionen. Das gehe den Lehrer doch nichts an.<br>Eltern „unterrichten" zu viel, mischen sich in den Unterricht ein.<br>Z. B.: Ein Vater, Germanistikprofessor, schreibt dem Deutschlehrer vor, wie er ein bestimmtes Thema behandeln soll. Es entsteht Abwehr gegen diese Grenzüberschreitung, der Konflikt eskaliert. |
| wenn ***weniger*** als gewünscht getan wird. | Erwartungen werden nicht erfüllt.<br>Z. B.<br>– Lehrer denken, dass die Eltern Rainer mehr Grenzen setzen sollten, konsequenter sein sollten.<br>– Eltern meinen, dass die Lehrer mehr Verständnis für Rainer haben sollten, mehr auf ihn eingehen sollten. |
| wenn ***anderes*** als erwünscht getan wird. | – nicht erfüllte Erwartungen<br>– unterschiedliche pädagogische Erwartungen an einander<br>– unterschiedliche Erziehungsstile, unterschiedliche Vorstellungen von Reaktionen und Verhaltensweisen |

**Bei allen Fällen entstehen Konkurrenz, Grenzverletzungen, Grenzüberschreitungen.**

Abhilfen:

Zur Sprache bringen
Meinungen respektieren
Konsens bilden

Wenn es im schulischen Kontext zu Konflikten zwischen Eltern(teilen) und LehrerInnen kommt, ist eine Eskalation oft vorprogrammiert. In den meisten Fällen sind die Konfliktparteien darauf aus, die „andere Seite" mit Argumenten von der Richtigkeit der eigenen Sichtweise zu überzeugen, es kommt zum *„Schlagabtausch"* mit wechselseitigen Beschuldigungen. Es geht um *Sieg oder Niederlage,* andere Sichtweisen werden als Kränkung, Verletzung und Beleidigung wahrgenommen. *Nachgeben* und *Kompromisse* werden zwangsläufig als negativ bewertet, als Niederlage, als Schwäche. Der Konflikt eskaliert immer mehr, es wird nach Schwächen beim „Gegner" gesucht. Kampf ist angesagt, bis hin zu Beschwerden, Verleumdungen, Gerichtsverfahren. Eltern wie LehrerInnen reagieren manchmal aber auch mit Vermeidung von Gesprächen, mit *Rückzug bzw. Flucht.* Eltern sind verunsichert, haben Angst, dass das Kind darunter leiden muss, wenn sie bestimmte Dinge zur Sprache bringen. Lehrer sind verunsichert, weil sie dem Kind nicht mehr unbefangen gegenübertreten können, aus Angst die Eltern wieder gegen sich aufzubringen.
So wird der Konflikt entweder totgeschwiegen oder mit überzogenen Mitteln in Kämpfen gesteigert. Leidtragende sind allemal die Kinder, die beiden Systemen angehören.

Das *kooperative Konfliktgespräch* versucht demgegenüber, eine von allen Konfliktparteien akzeptierte Lösung zu finden bzw. gemeinsam systematisch zu erarbeiten.
Dazu ist es hilfreich, den Konflikt zunächst zu analysieren und ein gemeinsames Ziel zu definieren. Danach können mögliche Lösungswege und die dazu notwendigen Handlungsschritte erarbeitet werden.
Die bereits dargestellten Grundhaltungen gelten natürlich auch für die Durchführung von Konfliktgesprächen, insbesondere möchten wir aber noch auf folgende kooperative Verhaltensweisen bzw. Anregungen verweisen:

**Tafel 19: Anregungen zur kooperativen Konfliktlösung**

## 11 Anregungen zur kooperativen Konfliktlösung zwischen Elternhaus und Schule

1. Wille und Bereitschaft zur Kooperation
2. Respekt vor dem Anderen und Achtung vor der Person
3. Auseinandersetzung in der Sache
4. Zuhören
5. Zur Sprache bringen
6. Nach Echtheit streben
7. Klare Stellung beziehen
8. Kompromissbereitschaft zeigen
9. Umgang mit der eigenen Verletzlichkeit
10. Klärung gegenseitiger Erwartungen
11. Bemühungen um Übereinstimmung in Fragen der
    Leistungsanforderung,
    Grenzziehung,
    Verantwortung,
    pädagogischen Ziele

**1. Wille und Bereitschaft zur Kooperation:**

Als Grundvoraussetzung muss mein Wille vorhanden sein, meine innere Bereitschaft, gemeinsam und kooperativ ein Ziel und den Weg zum Ziel zu definieren. Das heißt, dass ich mein inneres Bild von Lehren, von Schule, von der Person des Lehrers bzw der Lehrerin betrachten muss und bereit sein muss es zu überprüfen und gegebenenfalls zu verändern (Ebene der Bedeutungsgebung).
Das bedeutet auch, dass ich die Möglichkeiten und Voraussetzungen schaffen muss, dass sich alle KonfliktpartnerInnen aktiv an der Problemlösung beteiligen können.

**2. Respekt vor dem Anderen und Achtung vor der Person:**

Ich respektiere meinen Konfliktpartner bei der Suche nach Lösungsmöglichkeiten in Einzelfällen. Ich achte seine Person auch bei widersprüchlichen Weltanschauungen und Sichtweisen und ich versuche, seine Meinungen, Sichtweisen, Gefühle, Interessen und Bedürfnisse wahrzunehmen und auf sie einzugehen. Das Bemühen um diesen grundsätzlichen Respekt bedeutet nicht, dass ich alles gutheißen muss.

**3. Auseinandersetzung in der Sache:**

Ich behandle die unterschiedlichen Sichtweisen und Anschauungen auf der Erwachsenenebene. Das heißt, vor dem Hintergrund des Respekts der Person darf durchaus um Sachen und Verhalten gestritten werden. Wenn es mir gelingt die Inhalts- und Beziehungsebene zu berücksichtigen und auseinander zu halten, wird es mir auch gelingen die Kontrahenten trotz gegenteiliger Standpunkte fair zu behandeln.

**4. Zuhören:**

Bemühen um wechselseitige Anteilnahme. Ich versuche, die Probleme und Sichtweisen des Konfliktpartners zu verstehen und versuche sie aus seinem Blickwinkel zu betrachten. Ich bemühe mich um aktives Zuhören und „Hineinversetzen“ in den Konfliktpartner. Das heißt auch, dass ich ihn ausreden lasse, dass ich an den Beiträgen des Gesprächspartners anknüpfe und auch mal eine Aussage stehen lasse. Auch geäußerte Kritik an mir oder meinem Verhalten höre ich zunächst an, lasse sie auf mich wirken und „schieße nicht sofort dagegen“.

**5. Zur Sprache bringen:**

Ich habe den Mut Dinge, die Missfallen erregen, deutlich anzusprechen, wobei sich meine Kritik nicht auf die Person, sondern auf das Verhalten oder die Sache richtet. Ich verzichte auf Ehrverletzung. Ich vermeide Schuldzuweisungen und Vorwürfe, weil sie in Sackgassen führen. Ich habe daher keine Scheu vor fairer Konfrontation und Konflikten auf der Sachebene und kann Widersprüche und Kritikpunkte offen ansprechen.
Was mir im Vertrauen mitgeteilt wurde, missbrauche ich nicht und verwende ich nicht gegen den anderen. Ich versuche nicht über den anderen zu reden, sondern Probleme direkt anzusprechen und mit ihm zu lösen. Ich verzichte auf Machtvorteile.

**6. Nach der Echtheit streben:**

Das heißt nicht, dass ich alles, was mir auf der Zunge liegt, auch sage. Ich denke alles, was ich sage, sage aber nicht alles, was ich denke. Ich achte aber darauf, dass das, was ich sprachlich mitteile, auch meinem inneren Gefühl entspricht.

Ich achte auf meine Körperreaktionen, auf Stimme, Atem, Körperhaltung. Ich versuche immer wieder innere und äußere Nähe und Distanz zu regulieren (Pendeln zwischen dem Auge des Adlers und dem Auge der Maus, siehe Kapitel 4.8).

**7. Klare Stellung beziehen:**

Ich mache meinen Standpunkt deutlich, vertrete meine Meinung, meinen Standpunkt und meine Sichtweise, formuliere meine Ziele, mein Anliegen, meine Interessen klar, selbstbewusst, adressatenbezogen, auch wenn ich dadurch angreifbar werde. Ich bleibe mir und meinem Anliegen treu, spreche klar und deutlich aus, was ich will. Gegebenenfalls knapp und deutlich wiederholen, nicht durch unnötige Begründungen verwässern. Ich weiß aber, dass es andere Standpunkte gibt und respektiere sie.
Benutzung von „ICH-Botschaften“: *„Ich will ..., Ich fordere ..., Ich vermute ..., Ich befürchte ..., Ich bemerke ..., Ich denke, dass ... usw.“*
Ich bleibe zielgerichtet und lösungsorientiert und lasse mich nicht auf Nebenschauplätze locken. (Ziele und Anliegen evtl. für alle sichtbar visualisieren.)

**8. Kompromissbereitschaft zeigen:**

Ich verzichte aber auf die rigorose Durchsetzung meines Standpunktes. Ich bin kompromissbereit. Es ist keine Niederlage für mich, wenn ich meine Ziele verändere, und kein Sieg, wenn mein Konfliktpartner einlenkt.

**9. Umgang mit der eigenen Verletzlichkeit:**

Wenn ich mich ungerecht behandelt oder verletzt fühle, so reagiere ich nicht sofort mit einem Gegenangriff oder einer Rechtfertigung, sondern versuche mich zunächst „zurückzunehmen“, Distanz zu gewinnen, durchzuatmen und zu entspannen. Ich teile meine diesbezüglichen Gefühle dem Gesprächspartner mit. Ich versuche auch zu ergründen, warum mich etwas verletzt hat, das heißt, was dabei mein eigener Anteil oder meine Empfindlichkeit ist.

**10. Klärung gegenseitiger Erwartungen:**

Von Zeit zu Zeit reflektieren wir über die Art und Weise, wie wir miteinander umgehen, was wir voneinander erwarten usw. Ich teile meine Erwartungen dem anderen offen mit, so wie ich die Erwartungen der anderen an mich erfahren möchte. Das heißt nicht, dass ich einen Anspruch darauf habe, dass alle meine Erwartungen erfüllt werden bzw. ich alle Erwartungen erfüllen muss.

**11. Bemühungen um Übereinstimmung in Fragen der**
Leistungsanforderung, Grenzziehung, Verantwortung, pädagogischen Ziele.

## Checkliste 4 Inhaltliche Vorbereitung eines Konfliktgesprächs

Grundsätzlich gelten für das kooperative Konfliktgespräch die gleichen Grundhaltungen und Verhaltensweisen wie sie in den vorangegangen Kapiteln beschrieben wurden, bei der Vorbereitung sind jedoch einige zusätzliche Punkte besonders zu beachten. Schreiben Sie zunächst auf einem gesonderten Papier Ihren Ärger, Ihr Anliegen, Ihre Sichtweise unzensiert auf. Treffen Sie dann in einem 2. Schritt eine Auswahl für das Konfliktgespräch.

| | |
|---|---|
| 1. **Konfkliktbeschreibung**<br>● Auswahl der Konfliktpunkte und Anliegen, die ich ansprechen möchte<br>● Wie äußert sich der Konflikt?<br>● Wer ist betroffen?<br>● Themen, die vermutlich die Eltern ansprechen | |
| 2. **Meine Ziele für das Elterngespräch**<br>● Ordnen nach Wichtigkeit, Zielhierarchie<br>● Überprüfen: Bestehen organisatorische, rechtliche, menschliche Hindernisse, die ich beachten muss? | |
| 3. **Vermutete Ziele und Erwartungen der Eltern**<br>● an mich<br>● an andere | |
| 4. **Vorerwartungen und Vorerfahrungen aus früheren Kontakten:**<br>● Erfolgreiche und erfolglose Lösungsversuche<br>● Kommunikationsstil der Konfliktpartner | |
| 5. **Meine Befindlichkeit**<br>● Mit welchen Gefühlen gehe ich ins Konfliktgespräch?<br>● Worauf muss ich bei mir achten? | |
| 6. **Auswahl der Gesprächsteilnehmer**<br>● Allein, mit KollegIn, SchulleiterIn? | |
| 7. **Rahmenbedingungen**<br>● Raum<br>● Zeit | |

**Gegenüberstellung der bisher bekannten Positionen**

Dieses Raster kann auch als Grundlage für das Gespräch selber dienen und kann dann gemeinsam mit den Konfliktpartnern auf einer Wandzeitung ausgefüllt werden.

| | der Familie/der Eltern | Von mir/LehrerIn |
|---|---|---|
| Sichtweise | | |
| Erwartungen | | |
| Ziele | | |

## Checkliste 5 Vorschlag für den Verlauf eines Konfliktgespräches

| Phasen des Gesprächs | Themen |
|---|---|
| Begrüßung und Kontakt | Anwärmen, „small talk“, Platz anbieten<br>Kontakt zu sich selbst und zum anderen herstellen. |
| Information über Struktur und Verlauf | Festlegen der zur Verfügung stehenden Zeit, formale Aspekte des Gesprächs.<br>Betonen des gemeinsamen Anliegens.<br>Bitte um gegenseitige Fairness, Zuhören, Ausreden lassen. |
| Formulierung des Konfliktes | Eltern beginnen lassen.<br>Sichtweisen und gegensätzliche Standpunkte, Gefühle, Interessen der Betroffenen klären, evtl. visualisieren.<br>Beschreibung der Konfliktsituation.<br>Zusammenfassung der unterschiedlichen Standpunkte und der zugehörigen Argumente mit Vor- und Nachteilen. Nebeneinander stehenlassen. Je nach Lage nochmals Stellung beziehen. Konsens über die Beschreibung des IST-Zustandes herbeiführen. |
| Zielvereinbarung herstellen | Ziele des Gesprächs formulieren – klar, präzise, positiv.<br>Zielhierarchie herstellen.<br>Eigenverantwortlichkeit und Eigenkontrolle betonen.<br>Rechtlichen, schulorganisatorischen, persönlichen Rahmen verdeutlichen. Realisierbarkeit abklären. |
| Gegenseitige Erwartungen klären | Erwartungen der Eltern an LehrerIn, Erwartungen der LehrerIn an Eltern. Visualisierung der Erwartungen (Moderationskarten, Wandzeitung). |
| Suche nach Lösungen | 1. Sammeln möglicher Lösungen, Brainstorming.<br>2. Zwischenergebnisse festhalten.<br>3. Bewertung der Lösungsalternativen. Was spricht für, was gegen die einzelnen Vorschläge. Positive wie negative Konsequenzen assoziieren.<br>Entscheidung für eine oder mehrere Lösungen. |
| Kontrakt | Planung und konkrete Vereinbarung der nächsten Schritte zur Umsetzung.<br>Wer macht was wann, bis wann? |
| Abschluss und Verabschiedung | Zusammenfassung der Ergebnisse, Übereinstimmungen hervorheben, unterschiedliche Standpunkte benennen.<br>Vereinbarungen benennen, eventuell neue Terminvereinbarung zur Kontrolle der Vereinbarungen bzw. zur Klärung noch ausstehender Punkte.<br>Schlusskommentar und Verabschiedung. |

**Mentale und emotionale Vorbereitung auf das Konfliktgespräch:**

a) Den erfolgreichen Gesprächsverlauf mental vorwegnehmen. Versetzen Sie sich dazu in einen entspannten oder meditativen Zustand (siehe hierzu Kap. 9, S. 130) und spielen Sie die einzelnen Schritte zur Erreichung Ihrer Ziele in der Vorstellung durch.
b) Gespräche mit KollegInnen und/oder FreundInnen. Besprechen und diskutieren Sie die einzelnen Schritte und lassen Sie sich Rückmeldung geben.
c) Rollenspiele mit KollegInnen und/oder FreundInnen. Varianten für diese Übungen und Rollenspiele finden Sie ebenfalls in Kapitel 9.

**Einladung der Konfliktpartner zum Gespräch:**

Ob Sie die Eltern schriftlich, telefonisch oder persönlich einladen, hängt einerseits von der Erreichbarkeit, andererseits von der Eskalationsstufe des Konflikts ab.
Der Vorteil einer schriftlichen Einladung ist, dass Sie genauer auf die Wortwahl und Formulierungen achten können, was bei zunehmender Konflikteskalation immer wichtiger wird. Zudem besteht die Möglichkeit die Wirkung des Briefes zu überprüfen, indem Sie ihn KollegInnen oder FreundInnen vorlesen und gegebenenfalls verändern können.

Kriterien für eine solche Einladung:

- Sie sollte eindeutig als Einladung und nicht als Vorladung empfunden werden.
- Kompromissbereitschaft signalisieren.
- Interesse an gemeinsamer Lösung zum Wohle des Kindes betonen.
- Wertschätzende Sprache.
- Eigene Betroffenheit verdeutlichen.
- Orientierung an den 11 Anregungen auf Seite 118 ff.

## 8.3 Das Elterngespräch zur Einschulung

*Wer ein Ziel hat, findet auch einen Weg.*
Laotse

Für die meisten 6-Jährigen stellt der Schuleintritt einen mit Freuden und Spannung erwarteten und in der Regel reibungslosen Zeitabschnitt dar. Schon Monate zuvor spüren sie das Besondere. Stolz berichten sie zu Hause, dass sie nun zu den „Schulkindern" gehören und die „Großen" sind. Schon zeitig wird der Schulranzen gekauft, die Schultüte gebastelt, die ersten Hefte und Stifte sortiert und in freudiger Erwartung der Schulweg erprobt. Für die meisten ist es keine Frage, dass es im Herbst endlich losgeht, ein neuer Abschnitt erfolgt.
Für einzelne Mädchen und Jungen verläuft es aber nicht so eindeutig. Für manche stellt sich die Frage der Grundschulfähigkeit, ob sie schon so weit sind, oder ob ein weiteres Jahr in der Grundschulförderklasse oder im Kindergarten hilfreicher und förderlicher sei. Entweder ist das Kind den Erzieherinnen aufgefallen, die ihre Bedenken den Eltern mitteilen, oder die Eltern äußern den Wunsch, „das Kind noch ein Jahr lang Kind sein zu lassen", ihm noch ein Jahr lang Entwicklungszeit zu gönnen, „bevor der Ernst des Lebens beginnt".
Für andere wiederum stellt sich im Alter von 5 Jahren schon die Frage, ob sie nicht vorzeitig eingeschult werden sollten, da sie einfach schon weiter sind als die anderen.
Vielerorts gibt es zudem unterschiedliche und variable Modelle des Einschulungstermins, die es einerseits erlauben, eine kindgerechte Passung zu finden, was andererseits aber auch beinhaltet, dass diese „Passung" in Gesprächen und Auseinandersetzungen gemeinsam gesucht werden muss.

Die Folge ist allemal ein erhöhter Beratungsbedarf und nicht selten die Notwendigkeit, eine Lösung am „runden Tisch" zu suchen (vgl. auch Kap. 8.6).
Über den richtigen Zeitpunkt der Einschulung, über Rückstellung oder vorzeitige Einschulung kann man natürlich unterschiedlicher Meinung sein, und manchmal sind die Meinungen derart unterschiedlich, dass sich die Betroffenen, Eltern, Erzieherinnen, Kooperationslehrerin der Grundschule, Schulleiterinnen nicht nur konstruktiv auseinander setzen, sondern sich in Konflikten verheddern. Gerade in diesem sensiblen Bereich kommt dem kooperativen und lösungsorientierten Elterngespräch eine wichtige Rolle zu. Nur eine gemeinsam erarbeitete Lösung, mit der alle Beteiligten einverstanden sind, eine Lösung, die sowohl Eltern wie auch Schule mittragen können, verhilft dem Kind zu einem guten Start. Wenn der Schulanfang begleitet wird vom Triumphieren der „Sieger" und Kränkung und Verletzung bei den „Verlierern", geht dies allemal zu Lasten des Kindes und stellt oft eine „Einladung zum Scheitern" dar.
Wenn es um die Frage der Grundschulfähigkeit geht, haben auch heute noch viele Eltern vor allem die kognitiven und geistigen Fähigkeiten im Blickfeld. Als Begründung gegen eine Rückstellung bzw. für eine vorzeitige Einschulung hören wir immer wieder die Argumente: „Er weiß doch schon so viel" oder „er kann schon bis zehn rechnen" oder „er schreibt schon ganze Wörter, er hat dies bei seinem großen Bruder abgeschaut". Die Eltern sehen die Fortschritte und die Entwicklung der geistigen Fähigkeiten, vergleichen diese mit anderen Kindern und vernachlässigen oft den Entwicklungsstand im sozialen, emotionalen und motivationalen Bereich.
Mitunter werden auch Argumente vorgebracht wie: „Aber das Kind will doch in die Schule. Es möchte bei seinen Freunden bleiben." Dies sind sicher ernst zu meinende Argumente, können aber nur im Zusammenklang mit allen anderen Argumenten für und wider aus allen Bereichen zum Tragen kommen und nie als einzelne in den Vordergrund gestellt werden. Klar muss sein, dass die Erwachsenen, Eltern, Lehrer, Erzieherinnen die Verantwortung für diese Entscheidung haben. Dem Kind die Entscheidung zu überlassen, bedeutet eine klare Überforderung des Kindes und ein Ausweichen vor Verantwortungsübernahme durch die Erwachsenen.
Das Elterngespräch ist in der Regel eingebunden in mehrere Maßnahmen zum Themenkomplex „Einschulung". Schon zu Beginn des letzten Kindergartenjahres werden die Eltern informiert über die Voraussetzungen für die Grundschulfähigkeit, es folgt eine Phase der Beobachtung und bei Bedarf der speziellen Förderung des Kindes. Die Kooperationslehrerin der Grundschule wird hinzugezogen, eventuell werden Testverfahren eingesetzt. Die Elterngespräche laufen dazu immer parallel, und irgendwann steht das abschließende Gespräch an, in dem eine Entscheidung getroffen werden muss.

Im Folgenden möchten wir einige Arbeitsblätter und Variationen der Materialien aus den vorangegangenen Kapiteln für diese besondere Beratungssituation vorstellen, die sich für diese Fragestellung als hilfreich erwiesen haben.

- **Poster: Voraussetzungen für Grundschulfähigkeit:** (Abb. 22)

  Es erscheint sinnvoll, diese Information mit entsprechenden Beobachtungsaufgaben schon sehr frühzeitig den Eltern zur Verfügung zu stellen, z. B. am Anfang des Kindergartenjahres bei einem Elternabend. Des Weiteren stellt es in Form eines Wandplakats im Elterngespräch eine optische Hilfe zur Strukturierung dar. Auf die einzelnen Aspekte der Grundschulfähigkeit, wie sie beobachtet und festgestellt werden können, soll hier an dieser Stelle nicht näher eingegangen werden. Wir wollen unser Augenmerk auf das Elterngespräch als solches richten.

- **Checkliste zur Einschätzung der Grundschulfähigkeit:** (Arbeitsblatt 14)

  Sie ist gedacht als Vorbereitung für Eltern, Erzieherinnen, Lehrerinnen. Sicher ist diese Form nicht für alle Eltern gleichermaßen geeignet, vor allem wenn sprachliche Schwierigkeiten bestehen. In solchen Fällen muss im Elterngespräch selbst mehr Zeit investiert werden, um die Einschätzung und Beobachtungen der Eltern mit geeigneten Fragen zur „Sprache zu verhelfen".

- **Entscheidungsraster für das Elterngespräch:** (Arbeitsblatt 15)

  Mit Hilfe dieses Rasters, vergrößert als Wandplakat, können im Elterngespräch alle Beobachtungen, Argumente und Sichtweisen gesammelt und gesichtet werden. Es gibt dem Gespräch eine Struktur und jedem Gesprächsteilnehmer die Sicherheit, dass die eigenen Argumente nicht unter den (runden) Tisch fallen, sondern gehört, festgehalten, gewürdigt werden und ihren Platz erhalten.

- **Vorschlag für den Verlauf eines beratenden Elterngesprächs zur Einschulung:** (Checkliste 6)

  Diese Checkliste ähnelt natürlich den anderen Gesprächsverlaufsvorschlägen dieses Buches. Eine Redundanz lässt sich nicht vermeiden, dennoch sind wir sicher, dass gerade die Variationen im Detail hilfreiche Hinweise für den jeweiligen Gesprächsanlass geben können. Das Elterngespräch zur Einschulung stellt oft einen Prozess dar, der sich über mehrere Einzelgespräche und mehrere Monate verteilt. In dieser Zeit können sich einige Veränderungen und Entwicklungen ergeben sowie Wechselwirkungen stattfinden zwischen Beobachtungen, Absprachen und *Aus-einander-setzungen*. Und am Ende formt sich eine Entscheidung heraus, die in den Augen des einen oder anderen vielleicht nur die zweibeste Lösung ist.

**Denken Sie als ErzieherIn bzw. LehrerIn immer an Folgendes:**

- Die Eltern kennen ihr Kind am besten.
- Die Eltern sind letztendlich diejenigen, die für ihr Kind verantwortlich sind.
- Übernehmen Sie nur den Teil der Verantwortung, der Ihnen in Ihrer Funktion als ErzieherIn oder KooperationslehrerIn zusteht.
- Beginnen Sie nicht zu kämpfen. Es geht nicht darum, Recht zu haben oder sich durchzusetzen, sondern um eine (zweit-)beste Lösung für das Kind.
- Wenn die Eltern ihren Willen durchsetzen wollen, so bedeutet dies keine Kränkung oder Abwertung Ihrer Bemühungen als ErzieherIn oder LehrerIn.
- Letztendlich müssen alle wichtigen Entscheidungen auf der Basis unzureichender Daten gefällt werden (Sheldon Kopp).

Abb. 22 *Voraussetzungen für die Einschulung*

**Checkliste zur Vorbereitung des Elterngesprächs zur Einschulung**
(für Erzieherinnen, Lehrerinnen, Eltern)
Nehmen Sie sich einige Minuten Zeit und versuchen Sie das Kind so objektiv wie möglich hinsichtlich der aufgeführten Kategorien einzuschätzen.
Die Checkliste dient als Vorbereitung für das kooperative Gespräch zur Entscheidungsfindung.

| **Entwicklungsbereiche** | | **Spricht für eine Einschulung** nein | | | | teilweise | | | | | ja | **Beobachtungen** |
|---|---|---|---|---|---|---|---|---|---|---|---|---|
| | | 1 | 2 | 3 | 4 | 5 | 6 | 7 | 8 | 9 | 10 | |
| **Körperliche Entwicklung** | Gesundheit | | | | | | | | | | | |
| | Wachstum | | | | | | | | | | | |
| | Motorik (fein und grob) | | | | | | | | | | | |
| | Bewegung und Koordination | | | | | | | | | | | |
| | | | | | | | | | | | | |
| **Geistige Entwicklung** | Sinneswahrnehmung | | | | | | | | | | | |
| | Umgang mit Mengen und Zahlen | | | | | | | | | | | |
| | Gedächtnis und Merkfähigkeit | | | | | | | | | | | |
| | Kenntnisse | | | | | | | | | | | |
| | Denken | | | | | | | | | | | |
| | Sprechen | | | | | | | | | | | |
| | | | | | | | | | | | | |
| **Seelisch und motivationale Entwicklung** | Selbstständigkeit | | | | | | | | | | | |
| | Anstrengung und Durchhalten | | | | | | | | | | | |
| | Reaktionen auf Misserfolg | | | | | | | | | | | |
| | Neugierde | | | | | | | | | | | |
| | Ängstlichkeit | | | | | | | | | | | |
| | Konzentration | | | | | | | | | | | |
| | Arbeitsverhalten | | | | | | | | | | | |
| | | | | | | | | | | | | |
| **Soziale Entwicklung** | Kontaktaufnahme | | | | | | | | | | | |
| | Soziale Sensibilität | | | | | | | | | | | |
| | Kooperation in Gruppen | | | | | | | | | | | |
| | Umgang mit Regeln | | | | | | | | | | | |

## Raster als Entscheidungshilfe für das Elterngespräch bei der Einschulung

| Entwicklungsstand des Kindes | Beobachtungen und Sichtweise der | | |
|---|---|---|---|
| | Eltern | ErzieherInnen | KooperationslehrerIn |
| **körperlich:**<br>● Gesundheit<br>● Wachstum<br>● Motorik (fein und grob)<br>● Bewegung und Koordination | | | |
| **geistig:**<br>● Sinneswahrnehmung<br>● Umgang mit Mengen und Zahlen<br>● Gedächtnis<br>● Kenntnisse<br>● Denken<br>● Sprechen | | | |
| **seelisch und motivational:**<br>● Selbstständigkeit<br>● Anstrengung und Durchhalten<br>● Reaktion auf Erfolg und Misserfolg<br>● Neugierde<br>● Ängstlichkeit<br>● Konzentration<br>● Arbeitsverhalten (Tempo, Genauigkeit) | | | |
| **sozial:**<br>● Kontaktaufnahme<br>● Soziale Sensibilität<br>● Kooperation in Gruppen<br>● Umgang mit Regeln und Anweisungen | | | |

## Checkliste 6 Vorschlag für den Verlauf eines beratenden Elterngesprächs zur Einschulung

| Phasen des Gesprächs | Themen | Beispiele |
|---|---|---|
| **Begrüßung und Kontakt** | • Anwärmen, „small talk“, Platz anbieten | |
| **Information über Struktur und Verlauf** | • Festlegen der zur Verfügung stehenden Zeit<br>• formale Aspekte des Gesprächs | *„Wir sind zusammengekommen, um uns über die Einschulung Ihres Kindes zu beraten.“*<br>*„Altersmäßig wäre er jetzt so weit, um im Herbst eingeschult zu werden, aber wie Sie wissen …*<br>*… wurden von den Erzieherinnen Bedenken geäußert.*<br>*… sieht Frau Y einige Dinge, die schwierig werden könnten.*<br>*… möchten wir Ihnen unsere Beobachtungen und Bedenken mitteilen.“*<br>*„Sie möchten, dass Ihre Tochter jetzt schon eingeschult wird. Wir möchten Ihr Anliegen ernst nehmen und zusammen mit Ihnen das Für und Wider besprechen.“*<br>*„Wir wollen uns jetzt xx Minuten Zeit nehmen, um die verschiedenen Meinungen, Argumente, Sichtweisen zusammenzutragen und auszutauschen.“* |
| **Sammeln der verschiedenen Beobachtungen** | • Mit Hilfe der Abbildung und des Rasters systematisch die einzelnen Beobachtungen sammeln, sortieren und festhalten.<br>• Evtl. die „Voraussetzungen“ erläutern.<br>• Noch keine Bewertung bzw. Entkräftigung der einzelnen Argumente, nur Sammeln der unterschiedlichen Beobachtungen und Beschreibungen. | Eltern:<br>*„Wie selbstständig ist Ihr Tobias für sein Alter? Was beobachten Sie zu Hause?“*<br>*„Welche Erfahrungen machen Sie zu Hause? Wie groß ist seine Bereitschaft, sich an Regeln zu halten?“*<br>*„Ihre Meinung spricht für die Einschulung, dass er schon so viel weiß und unbedingt in die Schule will. Das wäre eine Pro-Argument hinsichtlich der Gedächtnisleistung und seiner Motivation.“*<br>Erzieherin:<br>*„Er ist ja schon recht groß und kräftig für sein Alter.“*<br>*„Die Erzieherin berichtet, dass er noch große Probleme hat, sich an Regeln zu halten.“*<br>*„Mir ist aufgefallen, dass er oft sehr wütend und aggressiv reagiert, wenn ich etwas von ihm fordere.“*<br>Lehrerin:<br>*„Ich habe bemerkt, dass er langsam ist und vor allem im sprachlichen Bereich noch Nachholbedarf hat.“*<br>*„Ich habe beobachtet, dass Peter das Spiel bestimmen wollte und als die anderen ihn überstimmten, hat er sich beleidigt zurückgezogen und immer wieder versucht, die anderen beim Spiel zu stören.“* |

| | | |
|---|---|---|
| **Herausarbeiten von Übereinstimmungen und Unterschieden** | ● Zunächst Herausarbeiten, in welchen Punkten Übereinstimmung herrscht<br>Was sehen alle Beteiligten ähnlich?<br>An dieser Stelle nur auf der Ebene der Beobachtungen und Beschreibungen<br>● Herausarbeiten der unterschiedlichen Beobachtungen | *„Übereinstimmung herrscht hinsichtlich der Beobachtung, dass Mike noch sehr ängstlich ist, sich wenig zutraut, lieber alleine spielt und den anderen Kindern oft aus dem Weg geht."*<br>*„Unterschiedliche Beobachtungen ergeben sich hinsichtlich seiner Fähigkeit, konzentriert bei der Sache zu bleiben. Zu Hause gelingt es ihm z. B. stundenlang, konzentriert zu malen oder Lego zu spielen. Im Kindergarten ist er aber leicht ablenkbar, streitet oft mit anderen Kindern, bleibt nicht bei der Sache."* |
| **Diskussion der verschiedenen Beobachtungen in Bezug auf die Grundschulfähigkeit**<br><br>**Austausch von Argumenten für und wider Einschulung**<br><br>**Stellung beziehen**<br><br>**Begründung**<br><br>**Abwägen**<br><br>**Zukunftsperspektive** | ● Austausch über einzelne Punkte<br>● Einschätzung und Zuordnung der einzelnen Beobachtungen pro und contra Einschulung (pro und contra Einschulung farblich markieren)<br>● Gedankliches „Durchspielen" der verschiedenen Entscheidungsmöglichkeiten<br>● Hypothetische Zukunftsfragen (Wenn die Eltern diese Fragen zulassen)<br>● Vor- und Nachteile einer Einschulung Mögliche Schwierigkeiten<br>● Begründung der eigenen Sichtweisen<br>● Klare Aussage und Empfehlung | *„Seine Motivation spricht sicher für eine Einschulung. Ebenfalls die Tatsache, dass er für sein Alter sehr groß ist. Hinsichtlich seiner Selbstständigkeit hätte ich ebenfalls keine Bedenken."*<br>*„Hinsichtlich seiner Sprachentwicklung denke ich, dass ihm ein Jahr Grundschulförderklasse noch gut tun wird."*<br>*„Dies Argument leuchtet mir ein. Mit dieser Unterstützung könnte es vielleicht gut gehen. Schwierig könnte es allerdings dann werden, wenn ..."*<br>*„Ich befürchte große Schwierigkeiten für ihn, wenn er diese Verhaltensweisen in einer Klasse von 25 Schülern und Schülerinnen zeigt. Aus Erfahrung weiß ich, dass er sehr schnell in eine Außenseiterposition gerät, die ihm nicht gut tun wird. Und ich bin sicher, dass von Seiten der Lehrerin auch bei großem Wohlwollen dann nur sehr geringe Einflussmöglichkeiten bestehen."*<br>*„Nehmen wir mal an, Ihr Kind wird eingeschult. Wie wird Ihr Kind reagieren, wenn es merkt, dass es mit den anderen nicht mithalten kann? Wer wird mehr darunter leiden? Sie oder Ihr Kind? Sie haben erzählt, dass er oft ausflippt, wenn ihm etwas nicht gelingt. Wie werden Sie als Mutter, als Vater reagieren, wenn dies in Zukunft öfter der Fall sein wird? ... usw."*<br>*„Woran würden Sie merken, dass Ihr Kind überfordert ist und das Ganze korrigiert werden müsste? Wie groß wäre Ihre Bereitschaft, das Kind dann wieder aus der Schule zu nehmen? Wie würde das für Ihr Kind sein? Wie ginge es ihm dann?"*<br>Es geht nicht darum, die Eltern zu überreden, sondern durch entsprechende Fragen und Aussagen die Möglichkeit zu geben, Vor- und Nachteile einer Entscheidung zu reflektieren. |

| | | |
|---|---|---|
| **Zusammen-fassung** | ● Zusammenfassung der unterschiedlichen Standpunkte und der zugehörigen Argumente mit Vor- und Nachteilen<br>● Nebeneinander stehen lassen. Je nach Lage nochmals Stellung beziehen<br>● Evtl. weitere Vereinbarungen (Beobachtungen, weitere Gespräche usw.) | *„Unsere Zeit neigt sich dem Ende zu. Lassen Sie mich zusammenfassen. Sie möchten Ihr Kind vorzeitig einschulen lassen. Ich habe nach wie vor Bedenken, die ich Ihnen mitgeteilt habe."*<br>*„Sie möchten Ihr Kind auf jeden Fall einschulen. Meine Bedenken und die Sichtweise der Erzieherin haben wir Ihnen mitgeteilt, aber Sie denken, dass er es schon schafft. Ich habe Ihnen die Möglichkeiten genannt, sich Hilfe zu holen, falls es Schwierigkeiten gibt und möchte Sie bitten, dies dann auch zu tun."*<br>*„Sie kennen nun die Vor- und Nachteile einer Einschulung. Lassen Sie sich das Ganze nochmals durch den Kopf gehen und sprechen es zu Hause in aller Ruhe nochmals durch. Wir sehen uns dann am ... Dann sollten wir allerdings die Entscheidung treffen."* |
| **Verabschiedung** | | *„Ich wünsche Ihnen noch einen schönen Abend, auf Wiedersehen!"* |

## 8.4 Das Lernentwicklungsgespräch

*Das Gras wächst nicht schneller,*
*wenn man daran zieht.*
Arthur Lassen

Wenn in der Schule alles störungsfrei läuft, die Kinder erwartungsgemäße Fortschritte machen, sich prächtig entwickeln zur Freude von Eltern und Lehrern, dann sind auch die Elterngespräche eine Quelle von Kraft und Zufriedenheit. Auch wenn dies in der Regel der Fall ist, so gibt es doch eine Anzahl Kinder, bei denen die Entwicklung und die Lernfortschritte nicht so glatt verlaufen, bei denen es Lernblockaden, Lernschwierigkeiten, Lernhemmungen oder Entwicklungsverzögerungen gibt. Die Lernstandsdiagnose weist auf Defizite hin, am runden Tisch werden Förderpläne erstellt und von Zeit zu Zeit werden Lernentwicklungsgespräche mit den Eltern notwendig, um Bilanz zu ziehen und/oder neue Absprachen zu treffen. Diese Lernentwicklungsgespräche sind wichtige Bestandteile im Lernförderprozess und werden an einigen Schulen, zumindest im Grundschulbereich, regelmäßig durchgeführt:
Lernentwicklungsgespräche sind eine nützliche Form des Feedbacks der Schule an das Elternhaus und umgekehrt.
Ob die betreffenden Kinder bei dem Gespräch mit dabei sind, müssen Sie jeweils mit den Eltern gemeinsam entscheiden. Die Leitfrage für diese Entscheidung ist: „Wird es dem Kind gut tun? Wird es sich positiv auf sein Lernverhalten, auf seine Motivation, auf sein Selbstwertgefühl auswirken?"

Die Einbeziehung des Kindes ist dann sinnvoll und zieldienlich, wenn
- es Fortschritte zu vermelden gibt
- es Vereinbarungen zu treffen gilt, die das Kind aktiv miteinbeziehen
- die Erfahrungen und Sichtweisen des Kindes mit zur Sprache kommen sollen
- das Kind erleben soll, dass Eltern und Lehrerin an einem Strang ziehen.

Von der Einbeziehung der Kinder in das Gespräch raten wir ab, wenn
- die Gefahr besteht, dass das Kind auf der „Anklagebank" sitzen wird

- den Eltern mit deutlichen Worten vermittelt werden soll, dass beim Kind kognitive Grenzen für bestimmte Leistungen vorhanden sind
- ein Konflikt zwischen Eltern und Lehrer vorliegt

Im Elterngespräch können Themen zur Sprache kommen, die nur auf der Erwachsenenebene abgehandelt werden sollten. Mitunter wird eine Auseinandersetzung nicht zu vermeiden sein. Auch wenn diese Auseinandersetzung in Respekt und Würdigung der Person vonstatten geht, wird es ein Kind im Grundschulalter in einen Loyalitätskonflikt stürzen. Vermeiden Sie daher in Gegenwart des Kindes alles, was die elterliche Autorität untergraben könnte, denn in letzter Konsequenz werden sich Kinder ihren Eltern gegenüber immer loyal verhalten.
Die Lernentwicklungsgespräche unterscheiden sich in ihrer Struktur natürlich nicht wesentlich von den bisher vorgestellten Elterngesprächen. Wir gehen an dieser Stelle dennoch detailliert auf sie ein, um den Lesern einige speziell für diese Form ausgearbeitete Arbeitsblätter und Varianten an die Hand zu geben.

**Tafel 20: Einige nützliche Hinweise zum Lernentwicklungsgespräch (LEG) mit Eltern und Kindern**

- **Eltern aktiv miteinbeziehen und in ihrer Verantwortlichkeit ansprechen**
- **Genau klären und gegebenenfalls ansprechen, wer für das verantwortlich ist**
- **möglichst viele W-Fragen stellen**
- **Beschreibungen auf der konkreten Verhaltensebene, keine Etikettierungen und Wertungen**
- **Konkrete Beispiele und praktisches Anschauungsmaterial (Schülerarbeiten) bereithalten**
- **in der (Alltags-)Sprache der Eltern und der Kinder sprechen**
- **Allparteilichkeit**
- **alle zu Wort kommen lassen, Ausgewogenheit der Gesprächsanteile**
- **gegebenenfalls Visualisierungen auf Wandtafel, Flip-Chart o. Ä.**
- **Konkrete Zielbeschreibungen gemeinsam erarbeiten**
- **Konkrete Wege zur Zielerreichung gemeinsam erarbeiten**
- **1 zu 4 Regel: 20 % Anteil Beschreibung der Schwierigkeiten<br>80 % Anteil zur Konstruktion von Lösungen**
- **im Übrigen: siehe „Sternstunde“, z. B. Selbstwert von Eltern und Kindern achten und schützen**
- **die Autorität der Eltern in Gegenwart der Kinder nicht untergraben**
- **Nicht mit Eltern konkurrieren oder rivalisieren – es geht nicht ums Rechthaben, sondern darum, eine für alle beteiligten Systeme passende Lösung zu finden**

## Checkliste 7 Vorschlag für den Verlauf eines Lernentwicklungsgesprächs

| Phasen des Gesprächs | Themen | Beispiele |
|---|---|---|
| **Begrüßung und Kontakt** | ● Anwärmen, „small talk", Platz anbieten | |
| **Information über Struktur und Verlauf** | ● Festlegen der zur Verfügung stehenden Zeit<br>formale Aspekte des Gesprächs | *„Wie Sie wissen, geht es heute um die Lernentwicklung Ihres Kindes. Wir haben dafür ca. 30 Minuten Zeit. Sollten wir mehr Zeit benötigen, um bestimmte Dinge zu klären, müssten wir einen weiteren Termin vereinbaren und uns in Ruhe zusammensetzen."*<br>*„Wir können in unserem Gespräch anhand dieses Rasters vorgehen. Mir geht es dabei einerseits darum, Ihre Beobachtungen von zu Hause und Ihre Sichtweise zu den einzelnen Punkten kennen zu lernen. Andererseits möchte ich Ihnen auch meine Beobachtungen und meine Sichtweise darlegen."* |
| **Beobachtungen und Sichtweisen der Eltern** | ● Beobachtungen und Sichtweisen der Eltern anhand des Vorbereitungsbogens erfragen, evtl. in das Raster eintragen<br>● Erwartungen der Eltern an Kind, LehrerIn erfragen<br>● Was wollen die Eltern erreichen? | *„Was haben Sie sich notiert?"*<br>*„Was haben Sie zu Hause beobachtet?"*<br>*„Welche Lernfortschritte haben Sie bemerkt?"*<br>*„Welche Stärken, welche Schwächen sehen Sie?"*<br>*„Welche Erwartungen in Bezug auf x, y haben Sie an mich? (An meinen Unterricht? Mein Verhalten dem Kind gegenüber?)"*<br>*„Welche Erwartungen haben Sie an Ihr Kind?"*<br>*„Wir hatten ja vereinbart, dass... Welche Erfahrungen haben Sie inzwischen damit gemacht?"*<br>*„Wie hat es mit den Vereinbarungen geklappt?"*<br>*„Was hat funktioniert? Was sollten wir verändern?"* |
| **eigene Beobachtungen und Sichtweisen mitteilen**<br>**Stellung beziehen**<br>**Begründung** | ● Darlegung des Leistungsbildes<br>● Schilderung des Lern- und Arbeitsverhaltens<br>● Anhand des Rasters vorgehen | (Verdeutlichen anhand von mitgebrachten Unterrichtsprodukten des Kindes. Hinweis auf Fortschritte.)<br>(Vergleiche Arbeitsblatt 17 „Einschätzung des Lern- und Arbeitsverhaltens.)<br>(Siehe Raster: Arbeitsblatt Vorbereitung des Lern- und Entwicklungsgesprächs)<br>Lernfortschritte verdeutlichen. Lücken benennen. |

| | | |
|---|---|---|
| **Austausch**<br>**Abwägen**<br>**Zukunftsperspektive**<br>**Vereinbarungen treffen** | ● Austausch über einzelne Punkte<br>● Gemeinsamkeiten und Unterschiede der Sichtweisen benennen<br>● Mögliche Schwierigkeiten<br>● Hypothetische Zukunftsfragen<br>● Je nach Konfliktlage ausführlich oder knapp<br>● Evtl. Vereinbarungen treffen Beobachtungsaufgaben, Experimente, usw. | *„Sie haben … erwähnt. Meine Beobachtung im Unterricht ist (aber) … Wie erklären Sie sich den Unterschied?“*<br>*„Das habe ich zum Teil auch beobachtet. Was denken Sie, wie stabil ist das nun?“*<br>*„Was könnte Ihrem Sohn helfen, diese Motivation aufrechtzuerhalten?“*<br>*„Woran haben Sie gemerkt, dass er wieder nachlässiger wurde?“*<br>*„Wie wird Ihr Kind reagieren, wenn … ?“*<br>*„Was denken Sie, wird es für Ihr Kind bedeuten, wenn … ?“*<br>*„Welche Möglichkeiten hätten Sie dann, Ihr Kind zu stützen?“*<br>*„Was wäre Ihrer Meinung nach notwendig, um diesen Prozess weiter zu unterstützen? (diesem Prozess entgegenzuwirken?)“*<br>Vergleiche Arbeitsblatt „Ziele präzise formulieren“ |
| **Zusammenfassung** | ● Zusammenfassung der unterschiedlichen Standpunkte und der zugehörigen Argumente mit Vor- und Nachteilen nebeneinander stehen lassen. Je nach Lage nochmals Stellung beziehen | *„Unsere Zeit neigt sich dem Ende zu. Lassen Sie mich zusammenfassen.“*<br>Benennen der Fortschritte und noch vorhandenen Lücken<br>Wiederholen der Vereinbarungen bis zum nächsten Lernentwicklungsgespräch |
| **Verabschiedung** | | |

## Vorbereitung und Strukturierung des Lernentwicklungsgesprächs

Das Arbeitsblatt kann als Vorbereitung sowohl für LehrerInnen als auch Eltern dienen. Des Weiteren kann es als Wandzeitung zur Strukturierung und Visualisierung der einzelnen Positionen herangezogen werden.

| | | der Familie/der Eltern | von mir/LehrerIn |
|---|---|---|---|
| Sichtweisen | Persönlichkeit des Kindes | | |
| | Sozialverhalten | | |
| | Selbstständigkeit | | |
| | Lernzuwachs | | |
| | Schwerpunkte im Unterricht | | |
| | sonstige Schwerpunkte | | |
| Erwartungen | an Kind | | |
| | an LehrerIn | | |
| | an Eltern | | |
| Ziele | | | |

## 8.5 Enttäuschungen und Verletzungen – Das beratende Elterngespräch am Ende der Grundschule zum Übertritt in die weiterführende Schule (Schullaufbahnberatung Klasse 4)[1]

*Aufs Gymnasium gehören nur die wirklich guten, begabten Kinder – und meine.* Christian Roman

Der Übergang von der Grundschule auf eine der weiterführenden Schulen stellt einen bedeutsamen Schritt in der Schullaufbahn eines Kindes dar. Am Ende der Grundschulzeit stellt sich für Eltern wie LehrerInnen die oft nicht leicht zu beantwortende Frage:

***„Wohin schicke ich mein/das Kind?"***

Es liegt in der Natur der Sache, dass Eltern bezüglich der Erwartungen, Wünsche und Einschätzungen eine ganz andere Sichtweise vertreten als die LehrerInnen und den verständlichen

**Tafel 21: Vergleich Elternanliegen, Lehreranliegen**

| Eltern | LehrerInnen |
|---|---|
| • Haben berechtigterweise vorwiegend ihr Kind im Blickfeld.<br>• Sehen ihr Kind hauptsächlich in Einzelsituationen.<br>• Wollen, dass ihr Kind es einmal besser hat als sie.<br>• Sorgen sich um die Zukunft ihres Kindes.<br>• Wollen ihm die besten Startchancen vermitteln.<br>• Fürchten, dass ihr Kind zu kurz kommt.<br>• Haben oft selber eigene, negative Schulerfahrungen und trauen den LehrerInnen nicht.<br>• Sind bereit, für ihr Kind zu kämpfen.<br>• Sind davon überzeugt, dass ihr Kind es schon schaffen wird. | • Sehen das Kind im Vergleich zu den anderen in der Klasse und zu anderen Jahrgängen.<br>• Sehen das Kind vorwiegend in Gruppensituationen.<br>• Kennen die Anforderungen der weiterführenden Schule.<br>• Kennen die Leistungsfähigkeit und Leistungsbereitschaft des Kindes in der Klassensituation.<br>• Wissen, wie die Leistungen zustande gekommen sind.<br>• Müssen eine Bildungsempfehlung für eine Schulart abgeben.<br>• Kennen die Schicksale von so genannten „Schulversagern" und deren leidvolle Schulkarrieren.<br>• Entscheiden nach bestem Wissen und Gewissen.<br>• Wollen den Rest des Schuljahres möglichst stressfrei verbringen.<br>• Möchten es sich mit den Eltern nicht verderben. |
| • **Wollen das Beste für das Kind** | |

1 Bedingt durch die Kulturhoheit der Länder gibt es in Deutschland unterschiedliche Regelungen für den Übertritt in die weiterführenden Schulen. In einigen Bundesländern umfasst die Grundschule 6 Jahre, in anderen 4 Jahre. Die Beispiele in diesem Kapitel beziehen sich auf Baden-Württemberg. Nach 4 Jahren Grundschulzeit spricht die Schule eine Empfehlung für Hauptschule, Realschule oder Gymnasium aus. Sind die Eltern mit dieser Empfehlung nicht einverstanden, besteht die Möglichkeit eines besonderen Beratungsverfahrens unter Zuhilfenahme von Testverfahren und/oder einer Aufnahmeprüfung für die gewünschte Schule.

Wunsch haben, ihren Kindern durch die Wahl der Schulart möglichst gute Startchancen für die Zukunft zu bieten. Dabei wird aber nicht selten übersehen, dass zu hohe Anforderungen für die Entwicklung und Entfaltung der Kinder eher hinderlich sind, ja sogar schädlich sein können.

Was das Beste für das Kind ist, darüber scheiden sich allerdings die Geister.

Es entsteht Konkurrenz und Verantwortungsgerangel, es kommt zu Kränkungen und Grenzüberschreitungen. Häufig mutieren Beratungsgepräche in einer nervenaufreibenden, abwertenden, verletzenden Art und Weise zu handfesten Konflikten. Je höher der Erregungsgrad steigt, desto mehr besteht die Gefahr Unüberlegtes zu sagen und dadurch Missverständnisse zu provozieren und den Konflikt anzuheizen.
Je konfliktreicher die Beziehung zwischen Eltern und LehrerInnen ist, desto mehr bedarf es einer gründlichen Vorbereitung und wohlüberlegter Worte. Es geht nicht darum, wer Recht behält, sondern darum eine für das Kind hilfreiche und seinen Fähigkeiten entsprechende Entscheidung zu treffen.
Für diese beratenden Elterngespräche zum Übertritt reichen in der Regel 20 Minuten aus. Wenn es darüber hinaus notwendig erscheint sich weiter auszutauschen, Beziehungen zu klären, auf Vorwürfe einzugehen usw., sollte dafür ein gesonderter Termin anberaumt werden. Wie ein derartiges Konfliktgespräch geführt werden könnte, wurde bereits in Kapitel 8.2 erläutert. Bei starken Konflikten empfiehlt es sich ohnehin einen neutralen Moderator hinzuzuziehen, der von beiden Seiten akzeptiert wird.
Denken Sie bei der Planung der Gesprächstermine daran, die „schwierigen und belastenden" Gespräche zeitlich zu trennen und sich vor und nachher eine Pause zu gönnen:

- Vor dem Gespräch, um sich mental darauf einzustellen und sich in einen „guten Zustand" zu versetzen. Die Übung auf Seite 163 kann Ihnen dabei behilflich sein.
- Nach dem Gespräch, um wieder zur Ruhe zu kommen für das nächste Gespräch, um Ärger und Frustration abzulegen wie einen unnötigen und zu schweren Rucksack.

Auf den folgenden Seiten finden Sie einige Informationen, Übungen und Arbeitsblätter, die hilfreich sein können ein Übertrittsgespräch vorzubereiten und durchzuführen.

- Die *Verlaufsstruktur* (Checkliste 8) kann Ihnen als Vorlage für ein Beratungsgespräch dienen. Je mehr Schwierigkeiten Sie erwarten, je konfliktgeladener die Beziehung zum Gesprächspartner ist, desto hilfreicher ist eine vorgegebene Struktur, die Sie durch das Gespräch leitet.
- Das Arbeitsblatt hilft Ihnen, das Lern- und Arbeitsverhalten des Kindes auf einer verhaltensbezogenen Ebene zu beschreiben und entsprechende Argumente und Begründungen für das Elterngespräch zu formulieren.
- Die Arbeitsblätter 18 und 19 dienen dazu, Argumente, Begründungen, Bedenken und mögliche Reaktionen und Sätze auf Vorwürfe von Seiten der Eltern auszuformulieren um sie dann im „Ernstfall" präsent zu haben.
- Die *Übung 1* (S. 163) soll Ihnen helfen sich vor „belastenden" Gesprächen in einen „guten Zustand" zu versetzen.

## Checkliste 8 Vorschlag für den Verlauf eines beratenden Elterngesprächs Klasse 4 der Grundschule zum Übertritt in die weiterführenden Schulen

| Phasen des Gesprächs | Themen | Beispiele |
|---|---|---|
| Begrüßung und Kontakt | • Anwärmen, „small talk", Platz anbieten | |
| Information über Struktur und Verlauf | • Festlegen der zur Verfügung stehenden Zeit, formale Aspekte des Gesprächs | *„Wie Sie wissen, geht es heute um die weitere Schullaufbahn ihres Kindes. Wir haben dafür 20 Minuten Zeit. Sollten wir mehr Zeit benötigen um bestimmte Dinge zu klären, müssten wir einen weiteren Termin vereinbaren und uns in Ruhe zusammensetzen.*<br>*Ich möchte zunächst Ihre Wünsche und Sichtweise kennenlernen und Ihre Argumente hören.*<br>*Anschließend werde ich Ihnen meine Empfehlung mitteilen und begründen."* |
| Wunsch und Sichtweise der Eltern | • Welche Überlegungen haben Eltern bisher angestellt? Wünsche, Träume, heimliche Hoffnungen und Erwartungen.<br>Argumente ernst nehmen und zunächst ohne Kommentar anhören. | *„Was haben Sie sich vorgestellt?"*<br>*„Welche Schule soll Ihr Kind Ihrer Meinung nach im nächsten Schuljahr besuchen?"*<br>*„Was spricht Ihrer Meinung nach für Y?"* |
| Empfehlung, Stellung beziehen Begründung | • Klare Aussage und Empfehlung hinsichtlich der Schullaufbahn.<br>• Begründung der Entscheidung.<br>• Darlegung des Notenbildes.<br>• Schilderung des Lern- und Arbeitsverhaltens.<br>(Evtl. Hilfe von Arbeitsblatt 17 *Einschätzung des Lern- und Arbeitsverhaltens*) | *„Meine Empfehlung lautet auf X …"*<br>*„Ihr Kind steht momentan in Deutsch auf x und in Mathe auf xx, hat also einen Schnitt von xxx" „Seine Stärken sind …, seine Schwächen sind …"*<br>*„Hinsichtlich seines Lern- und Arbeitsverhaltens habe ich im Unterricht in den letzten 1,5 Jahren Folgendes beobachtet …"*<br>*„Zusammengefasst denke ich, dass …"*<br>Bei konflikthaften Eltern-Lehrer-Beziehungen ist es günstiger sich auf die Darlegung der eher formalen Kriterien wie Schulnoten, Beobachtungen zum Lern- und Arbeitsverhalten usw. zu beschränken, da die Eltern die Meinungen des Lehrers/der Lehrerin im Konfliktfall oft nicht hören wollen oder akzeptieren können. |

| | | |
|---|---|---|
| Austausch, Abwägen, Zukunftsperspektive | • Austausch über einzelne Punkte.<br>• Vor- und Nachteile der unterschiedlichen Standpunkte.<br>• Mögliche Schwierigkeiten.<br>• Hypothetische Zukunftsfragen (wenn die Eltern diese Fragen zulassen).<br>• Je nach Konfliktlage ausführlich oder knapp. | *„Sie haben y erwähnt. Meine Beobachtung im Unterricht ist aber x ...“*<br>*„Das habe ich zum Teil auch beobachtet, aber der Ansatz ist meiner Meinung nach zu schwach und zu selten um auf Y bestehen zu können.“*<br>*„Das Argument y leuchtet mir ein, das würde für Y sprechen.“*<br>*„Wegen der Schwäche in Deutsch ist damit zu rechnen, dass es auf Y schwierig wird. Glauben Sie, dass Ihr Kind das verkraften wird?“*<br>*„Wie wird Ihr Kind reagieren, wenn ...?“*<br>*„Was denken Sie, wird es für Ihr Kind bedeuten, wenn ...?“*<br>*„Welche Möglichkeiten hätten Sie dann, Ihr Kind zu stützen?“*<br>Denken Sie daran, es geht *nicht* ums *Rechthaben!* Sie geben eine *Empfehlung* ab, zu der Sie stehen können. Stehen Sie zu Ihrer Sichtweise und lassen Sie den Eltern die ihre!<br>Wenn die Gesprächspartner unsachlich werden, angreifen, beschimpfen:<br>*„Ich möchte Sie bitten, fair und sachlich zu bleiben. Unser Differenzen müssen wir in einem anderen und ausführlichen Gespräch klären. Nun geht es zunächst um Ihr Kind.“* |
| Zusammenfassung | • Zusammenfassung der unterschiedlichen Standpunkte und der zugehörigen Argumente mit Vor- und Nachteilen. Nebeneinander stehen lassen. Je nach Lage nochmals Stellung beziehen. | *„Unsere Zeit neigt sich dem Ende zu. Lassen Sie mich zusammenfassen. Sie streben für Ihr Kind Y an, da Ihrer Meinung nach y und z gegeben ist. Meine Empfehlung lautet nach wie vor auf X, da ich x sehe. Meine Bedenken sind ...“ „Ich werde Ihre Argumente aber auf jeden Fall in die Konferenz einbringen und wir werden darüber diskutieren.“*<br>*„Sie werden dann bis zum ... von der Schulleitung die Grundschulempfehlung zugeschickt bekommen.“* |
| Informationen Möglichkeiten Der Gang der Dinge | • Konkrete Informationen zu verschiedenen Alternativen.<br>• Hinweis auf die Möglichkeit des Beratungsverfahrens bzw. der Aufnahmeprüfung.<br>• Bekanntgabe von Terminen. | *„Wenn Sie damit nicht einverstanden sind, haben Sie ja die Möglichkeit Ihr Kind am besonderen Beratungsverfahren oder der Aufnahmeprüfung teilnehmen zu lassen. Die genauen Termine erfahren Sie von der Schulleitung (sind am ...).“* |
| Verabschiedung | | *„Ich wünsche Ihnen noch einen schönen Abend, auf Wiedersehen.“* |

## Einschätzung des Lern- und Arbeitsverhaltens

Name des Schülers: ______________________________ Klasse: __________

| Nr. | Verhalten, Einstellung, Fähigkeiten | | | | | | | Im Bereich |
|---|---|---|---|---|---|---|---|---|
| | + | 1 | 2 | 3 | 4 | 5 | - | |
| 1. | Wendet sich neuen Inhalten aufgeschlossen zu | | | | | | bleibt passiv | |
| 2. | Geht freudig an Neues, Unbekanntes heran | | | | | | ist ängstlich gehemmt | Ansprechbarkeit |
| 3. | Interesse am Lerngegenstand bleibt erhalten | | | | | | geht rasch verloren | |
| 4. | Bringt eigene Interessen in den Unterricht ein | | | | | | keine erkennbar | |
| 5. | Ist leicht zu begeistern, anzuregen | | | | | | ist kaum motivierbar | |
| 6. | Begegnet anderen offen und zugänglich | | | | | | ist verschlossen | |
| 7. | Nimmt selbst Kontakt auf | | | | | | weist Kontakte zurück | |
| 8. | Ist gut gesteuert, beherrscht, ausgeglichen | | | | | | ungest., unbeh., unausg. | |
| 9. | Braucht wenig Lernhilfen | | | | | | viel Lernhilfen nötig | |
| 10. | Übernimmt von sich aus Gemeinschaftsaufgaben | | | | | | übernimmt sie ungern | |
| 11. | Verarbeitet neue Lerninhalte rasch und richtig | | | | | | langsam, unzutreffend | |
| 12. | Gelerntes bleibt lange verfügbar | | | | | | wird rasch vergessen | Auffassungsgabe, Denkfähigkeit |
| 13. | Erkennt rasch wesentliche Strukturen, Elemente | | | | | | durchschaut wenig | |
| 14. | Geht prakt. Aufgaben geschickt an, erfinderisch | | | | | | ungeschickt, unbeholfen | |
| 15. | Kann Konkretes rasch verallgemeinern | | | | | | bleibt im Konkreten | |
| 16. | Kann Regeln und Aussagen veranschaulichen | | | | | | kann nicht übertragen | |
| 17. | Lernt leicht und erfolgreich auswendig | | | | | | memoriert erfolglos | |
| 18. | Spricht gewandt und sachbezogen | | | | | | unbeholfen, unsachgem. | |
| 19. | Schreibt sorgfältig, stellt übersichtlich dar | | | | | | flüchtig, unübersichtl. | |
| 20. | Kann Sachverhalte übersichtlich darstellen | | | | | | kann nicht skizzieren | Wiedergabe und Gestaltung |
| 21. | Stellt einfache Versuche übersichtlich dar | | | | | | unlogisch, unübersichtl. | |
| 22. | Entfaltet sich im darstellenden Spiel | | | | | | ist eher verklemmt | |
| 23. | Bewegt sich gut gesteuert, harmonisch | | | | | | oft ungesteuert | |
| 24. | Begeistert sich in der Musik | | | | | | bleibt passiv | |
| 25. | Setzt Impulse im Gestalten schöpferisch um | | | | | | ist eher einfallsarm | |
| 26. | Spricht frei und ungehemmt vor der Klasse | | | | | | gehemmt, ängstlich | |
| 27. | Arbeitet unaufgefordert, selbstständig mit | | | | | | braucht viele Anstöße | |
| 28. | Arbeitet zielsicher und konzentriert | | | | | | ziellos, unkonzentriert | Selbstbewusstsein, Selbstständigkeit, Arbeitshaltung |
| 29. | Kann ausdauernd arbeiten | | | | | | keine Ausdauer festst. | |
| 30. | Arbeitet gleichmäßig ohne Leistungsschwankung | | | | | | erhebl. Schwankungen | |
| 31. | Beobachtet genau und zuverlässig | | | | | | ungenau, fehlerhaft | |
| 32. | Bleibt in Ausnahmesituationen gelassen | | | | | | aufgeregt, kopflos | |
| 33. | Ist selbstbewusst, nicht gleich entmutigt | | | | | | unsicher, mutlos | |

**Weitere Feststellungen, Bemerkungen und Hinweise**

Vorbereitung 1
Übertrittsgespräch Familie ______________________________ am ________________________

| | |
|---|---|
| Meine Empfehlung: | |
| Meine Argumente:<br>Notenbild: | |
| Lern- und Arbeitsverhalten: | |
| Zusätzliche<br>Beobachtungen: | |
| Meine Bedenken:<br>Welche Gründe sprechen gegen den Elternwunsch?<br>Was könnte passieren? | |
| Was würde für den Elternwunsch sprechen? | |

Vorbereitung 2
Übertrittsgespräch Familie ______________________________ am ________________________

| Was könnte in dem Elterngespräch (schlimmstenfalls) passieren?<br>Notieren Sie hier alle möglichen Argumente, Vorwürfe, Angriffe, Grenzverletzungen usw., die die GesprächspartnerInnen (gegen Sie) vorbringen könnten. | Wie könnten Sie darauf reagieren?<br>Was könnten Sie erwidern?<br>Notieren Sie hier mögliche Reaktionen und Sätze, die eine Eskalation verhindern und Ihnen erlauben möglichst ruhig und gelassen zu bleiben, die Ihnen helfen Ihre Würde zu wahren. |
|---|---|
| | |
| | |
| | |
| | |
| | |
| | |
| | |
| | |
| | |

## 8.6 Gespräche am „Runden Tisch“ und Helferkonferenzen

*Zusammenkommen ist der Anfang,*
*Zusammenarbeiten ist der Erfolg.*
Henry Ford

In den letzten Jahren hat sich das gemeinsame Gespräch *aller* an einer Problembewältigung beteiligten Personen und Institutionsvertreter als wesentlich effektiver herausgestellt verglichen mit „hintereinander geschalteten“ Einzelgesprächen zwischen jeweils zwei Personen bzw. Institutionsvertretern.
Wir verstehen übrigens unter dem *„Runden Tisch“* eine gemeinsame Konferenz der Institutionsvertreter (also z. B. die MitarbeiterInnen des Kreisjugendamtes, der Klassenlehrer der Schule, die BeratungslehrerIn usw.) *und* den betroffenen Eltern.
Als *„Helferkonferenz“* bezeichnen wir ein Problemlösungsgespräch der beteiligten InstitutionsvertreterInnen *ohne* die betroffenen Eltern.
In diesem Fall müssen sich die Beteiligten zunächst einmal auf eine gemeinsame Linie der möglichen Hilfsangebote einigen und sich dann überlegen, wer in welcher Form die betroffenen Eltern miteinbezieht bzw. zur Mitarbeit gewinnt. Eine Möglichkeit wäre dann, dass die Vertreter einer Institution versuchen, die Eltern für das erarbeitete Hilfsangebot zu gewinnen, eine andere wäre die Einberufung eines Runden Tisches (s. o.), allerdings mit der Besonderheit, dass unter den Vertretern der beteiligten Institutionen schon ein Vorklärungsprozess stattgefunden hat.
Achtung: Gerade in diesem Fall müssen sorgfältige Maßnahmen getroffen werden, damit die Eltern nicht von einer Übermacht der ExpertInnen an die Wand gedrückt werden! So könnte z. B. vereinbart werden, dass die ExpertInnen maximal 60 % der Redezeit des Runden Tisches bestreiten und die Eltern mindestens 40 %.

Im Vergleich zu hintereinander geschalteten bilateralen Einzelgesprächen bieten der „Runde Tisch“ bzw. die „Helferkonferenz“ folgende Vorteile:

- alle Beteiligten befinden sich zeitgleich auf demselben Informationsstand
- alle Beteiligten können zeitgleich ihre Gemeinsamkeiten und Unterschiede in der Problemsichtweise austauschen
- sie können gemeinsam an der Problemlösung mitarbeiten
- aus Betroffenen werden Beteiligte, d. h. statt ohne sie und über sie zu verhandeln sind sie in den Entscheidungsprozess mit einbezogen
- es können weniger Manipulationen, Bündnisse, gegenseitiges Ausspielen, hinten herum Agieren usw. stattfinden
- eine Aufgaben- und Verantwortungsaufteilung kann klarer und direkter erfolgen
- im Vergleich zu hintereinander geschalteten Einzelgesprächen kann erheblich Zeit eingespart werden usw.

Eine Schwierigkeit in der Einberufung eines Runden Tisches oder einer Helferkonferenz besteht sicher darin, einen gemeinsamen und möglichst raschen Termin für mehrere Beteiligte zu finden.

### Praktische Hinweise zur Durchführung eines „Runden Tisches“ bzw. einer „Helferkonferenz“

Wie jeder Beratungs- oder Problemlösungsprozess (z. B. Beratungsgespräch, Fallbesprechung und Supervision, Konfliktmoderation usw.) vollzieht sich ein Runder Tisch bzw. eine Helferkonferenz nach dem bewährten und universell einsetzbaren Vierer-Schritt von:

1. IST-Analyse (positiv/negativ)
2. Soll/Zielbestimmung

3. Lösungen/Änderungsplanungen
4. Umsetzung in der Realsituation

In Abwandlung für die Helferkonferenz bzw. Runden Tisch erfolgt dieser Prozess in 7 Schritten:

**1. Einstieg**
**2. Problembeschreibung**
**3. Ursachenanalyse**
**4. Zielbestimmung**
**5. Änderungsplanung**
**6. Konkrete Umsetzung/Vereinbarungen**
**7. Abschluss**

Im Folgenden haben wir einige Tipps und Hinweise zur Effektivitätssteigerung dieser Gesprächsform stichwortartig zusammengestellt:

- zur Sicherung einer konstruktiven Arbeit nicht mehr als 5 InstitutionsvertreterInnen einladen
- ModeratorIn wählen, die auf die Zeit und die Spielregeln achtet
- Zeitrahmen festlegen (max. 2 Zeitstunden)
- Vertraulichkeit vereinbaren
- Ergebnisse sichern durch z. B. Flipchart-Aufschriebe oder Ergebnis-Protokoll
- Alle Beteiligten gleichermaßen zu Wort kommen lassen (Achtung bei Teilnahme von Experten und Eltern, Verteilung der Redeanteile, max. 60 % Experten und mindestens 40 % Eltern!)
- eventuell Vereinbarung über Redezeitbeschränkung der einzelnen TeilnehmerInnen

Im Folgenden haben wir eine Checkliste zum Ablauf eines Runden Tischs bzw. einer Helferkonferenz zusammengestellt, die die Planung und Durchführung erleichtern soll.

## Checkliste 9 Ablauf eines Runden Tisches/einer Helferkonferenz

| | |
|---|---|
| 1. Einstieg | – Begrüßung durch einladenden Institutionsvertreter<br>– Vorstellung der Teilnehmer (falls unbekannt)<br>– Klären, wer moderiert<br>– Zeitrahmen festlegen<br>– Klärung der Ziele des Gesprächs<br>– Klären, wie die Ergebnisse gesichert werden<br>– ggf. Vertraulichkeit vereinbaren |
| 2. Problembeschreibung/ IST-Zustand | – Reihum Schilderung des IST-Zustandes/ Problemzustandes aus Sicht der Beteiligten<br>– Was ist positiv? Ressourcensuche<br>– Was ist negativ?<br>– Was hat sich verändert?<br>– Bisherige (erfolgreiche und erfolglose) Lösungsversuche<br>– Ausnahmen vom Problem |
| 3. Kurze Ursachenanalyse | – Mögliche Ursachen für die Problementstehung<br>– Mögliche Ursachen für die Problemaufrechterhaltung<br>– Mögliche Ursachen für Problemveränderungen<br>– Welche Person/Institution ist daran beteiligt? |
| 4. Zielbestimmung | – Wer will was wie bis wann erreichen?<br>– Zielhierarchie: was zuerst?<br>– Ferne und große Ziele in Nahziele und Unterziele gliedern<br>– Klare, präzise Zielbeschreibungen |
| 5. Änderungsplanung | – Brainstorming zum Sammeln von Lösungsvorschlägen<br>– Ordnen der Lösungsvorschläge nach Realisierbarkeit |
| 6. Umsetzungen und Vereinbarungen | – Welche Lösungen werden wann und wie mit wem konkret umgesetzt?<br>– Wer ist für welchen Teil verantwortlich?<br>– Wie wird der Erfolg der Maßnahme überprüft?<br>– Welche Konsequenzen haben Erfolg bzw. Misserfolg?<br>– Was wird der erste kleine Schritt zur Umsetzung sein? |
| 7. Abschluss | – Was passiert mit den gesicherten (z. B. Ergebnisprotokoll) Ergebnissen des Treffens?<br>– Wer wird wie und wann von wem (z. B. nicht anwesende Institutionsvertreter) informiert?<br>– Wann findet das nächste Treffen statt?<br>– Wer wird dazu eingeladen und von wem?<br>– Dank des Einladenden/Moderators an alle für die engagierte Teilnahme<br>– Verabschiedung |

**Fallbesprechung – Runder Tisch – Hilfegespräch – Klassenkonferenz**

| | **wurde bisher gemacht** | **sollte gemacht werden** | **wird gemacht** |
|---|---|---|---|
| **Familie/Eltern** | | | |
| **LehrerIn/Schule** | | | |
| **BeratungslehrerIn** | | | |
| **Schulpsychologische Beratungsstelle** | | | |
| **Schulbehörde** | | | |
| **Sonderschule** | | | |
| **Erziehungsberatungsstelle** | | | |
| **Andere Beratungsstelle** für spezielle Probleme<br>– Alkohol/Drogen<br>– Sexuelle Probleme<br>– Sprachstörungen<br>– Frühförderung<br>– usw. | | | |

| | wurde bisher gemacht | sollte gemacht werden | wird gemacht |
|---|---|---|---|
| **Jugendamt/ASD** | | | |
| **Andere Jugend-hilfeeinrichtung** | | | |
| **FamilienhelferIn** | | | |
| **TherapeutIn in freier Praxis** | | | |
| **KinderärztIn** | | | |
| **Kinder- und Jugendpsychiater** | | | |
| **Andere Fachärzte** | | | |
| **Sonstige Einrichtung** | | | |

## 8.7 Was tun, wenn ... eine besonders schwierige Gesprächssituation eintritt?

*Ratschläge sind auch Schläge*

alte Beraterweisheit

**Um es gleich vorwegzunehmen:**

Nach dem Motto „Ratschläge sind auch Schläge" oder „bitte nicht helfen, es ist auch so schon schwer genug!" wollen wir Ihnen im Folgenden keine billigen oder mechanischen Rezepte austeilen.
Denn selbstverständlich muss Ihre Reaktion als LehrerIn in einer schwierigen Gesprächssituation zu Ihrer Persönlichkeit, Ihrer Rolle, der jeweiligen Situation, der Persönlichkeit des Elternteils, dem Thema und der Lehrer-Eltern-Beziehung passen.
Die im Folgenden aufgeführten Reaktionsvorschläge können von Ihnen entsprechend verändert werden mit dem Ziel, Ihr Gegenüber zu mehr Offenheit und Kooperation zu bringen statt ihn/sie in den Widerstand zu treiben.

### 8.7.1 Wenn Mütter (seltener Väter) weinen …

Wir erfahren immer wieder, dass gerade diejenigen LehrerInnen, denen es gelingt, in ihren Gesprächen eine besonders geschützte und vertrauensvolle Atmosphäre herzustellen, häufiger mit weinenden Müttern konfrontiert sind als solche, deren Gesprächsatmosphäre eher als kalt und distanziert wahrgenommen wird.
Im Weinen kann ich meinen Gefühlen freien Lauf lassen. Die durch einen äußeren Panzer zurückgehaltene Anspannung bricht sich Bahn, weshalb Weinen oft einen reinigenden Charakter für den Betroffenen hat und dem Stressabbau dient.
Wenn ich also mein Gegenüber nicht durch zynische und aggressive Bemerkungen zum Weinen gebracht habe, ist dieser Gefühlsausdruck auf jeden Fall als etwas Positives zu betrachten.
Die meisten Menschen fühlen sich nach dem Weinen erleichtert und signalisieren ihrem Gegenüber damit, dass sie sich sicher, angenommen und geborgen fühlen.
Als LehrerIn geben wir durch unsere Reaktion allerdings (indirekt) zu verstehen, ob Weinen im Lehrer-Eltern-Gespräch als natürliche Gefühlsregung „erlaubt" ist oder ob wir es als eine „Peinlichkeit" erleben.
Wenn ich dem Weinen meines Gesprächspartners Raum gebe, ohne vorschnell zu trösten oder sofort ein Taschentuch zu zücken, sende ich Signale der Akzeptanz und Sympathie aus. Vielleicht kann ich dazu noch sagen, dass Weinen für mich eine gesunde stressreduzierende Reaktion ist und je nach der Vertrautheit zwischen mir und meinem Gegenüber kann ich gegebenenfalls sogar meine Hand auf den Arm des Gesprächspartners, der Gesprächspartnerin legen (Vorsicht „Gefahr von Missverständnissen auf der Mann-Frau-Ebene"). Wenn ich jedoch in hektisches Trösten verfalle oder sehr hilflos und verlegen, gleichsam gelähmt bin, zeige ich damit dem Elternteil, dass ich mit solchen Gefühlsregungen überfordert bin bzw. dass diese für mich in einem Eltern-Lehrer-Gespräch keinen Raum haben. Dann wird sich der/die Betroffene für diese Gefühlsreaktion schämen und wieder verschließen.

### 8.7.2 Wenn Eltern sehr aggressiv werden

Erfahrungsgemäß werden aggressive Elternreaktionen im Eltern-Lehrer-Gespräch von den meisten LehrerInnen als besonders stressauslösend, bedrohlich und belastend erlebt.
Drohungen mit unangenehmen beruflichen Konsequenzen, Angriffe auf die persönliche oder berufliche Kompetenz des Lehrers/der Lehrerin sowie Schuldzuweisungen stellen massive Kränkungen und eine Bedrohung des Selbstwertes dar.

**Wie darauf reagieren?**

Natürlich wäre eine mögliche Reaktion, das Gespräch abzubrechen, eventuell begleitet von dem Kommentar, dass Sie unter diesen Umständen nicht bereit sind, das Gespräch fortzuführen, sich diese Angriffe gegen Ihre Person verbitten, an die Fairness des Gesprächspartners appellieren und Ähnliches.
Auch können Sie – wenn Ihre Nerven stabil genug sind –, diese Angriffe eine Zeitlang schweigend über sich ergehen lassen, in der Hoffnung, dass Ihr Gegenüber nach dieser Phase des Dampfablassens sich weniger aggressiv zeigt.

Eine in vielen Fällen nützlichere und elegantere Reaktion könnte aber beispielsweise wie folgt aussehen: *„Ich erlebe gerade, dass Sie sehr ärgerlich (wütend, erregt usw.) sind ... Das macht mich natürlich sehr betroffen (oder löst bei mir ebenfalls Ärger aus). Andererseits ist es mir lieber, Sie zeigen mir diesen Ärger ganz direkt und legen die Dinge klar auf den Tisch, als dass Sie (wie manche Eltern das machen) diesen indirekt in Form von Gerüchten, Aufwiegeln anderer Eltern hinter meinem Rücken, schlecht über mich reden usw. zum Ausdruck bringen. Das ist zwar hart für mich, aber so kann ich wenigstens direkt darauf reagieren... Was ist denn Ihre Sorge, Ihre Befürchtung in Bezug auf...?*

Mit dieser Reaktion greifen Sie zum Mittel der *Metakommunikation*, d. h. Sie kommunizieren und reflektieren über die aktuelle Gesprächssituation.

**Anmerkung:**

Unserer Erfahrung nach steckt bei der überwiegenden Mehrzahl der in diesen Gesprächssituationen aggressiv reagierenden Eltern die Sorge, die Angst um ihr Kind hinter der Aggression. Wenn wir stark genug sind, einfühlsam die Sorgen und Ängste „hinter" dem aggressiven Schutzschild anzusprechen, kommen auf der nonverbalen und verbalen Ebene die Angst, die Trauer oder die Enttäuschung zum Vorschein. Das Gespräch nimmt dann einen völlig anderen Verlauf. Probieren Sie es einfach mal aus und schauen Sie, was passiert!
Natürlich gibt es auch Eltern, bei denen hinter ihrem aggressiven Verhalten nicht Sorgen und Ängste stecken, sondern denen es nur um Macht und Einschüchterung des Lehrers, der Lehrerin geht. Diesem Personenkreis gegenüber sind in erster Linie Verhaltensweisen angebracht, die Ihre persönliche Grenze, Ihren Selbstwert schützen und Sie auf der Ebene Ihres Erwachsenen-Ichs bleiben lassen (vgl. Kapitel 4.4, Tafel 2).
Als wenig nützlich und hilfreich haben sich aggressiven und grenzüberschreitenden Eltern gegenüber Reaktionsweisen wie Rechtfertigen und Verteidigen erwiesen. Hier setzt sich nämlich eine Spirale einer so genannten „symmetrischen Eskalation" in Gang, d. h. je mehr Sie sich verteidigen und rechtfertigen, desto mehr sehen sich die Eltern genötigt, mit weiteren Argumenten noch stärkere Angriffe gegen Sie zu starten. Dann drohen vor allem zwei Gefahren: Sie lassen sich von den Eltern aus der *Erwachsenen-Ich-* auf die *Kind-Ich-Ebene* drängen oder Sie kämpfen mit den Eltern bis zur Erschöpfung um eine Position auf der autoritären *Eltern-Ich-Ebene* – eine reine Zeit- und Energieverschwendung!

### 8.7.3 Wenn der Gesprächspartner schweigt

Nach dem Motto: „Man kann nicht nicht kommunizieren", kann ein Schweigen oder eine extreme Einsilbigkeit des Gesprächspartners alle mögliche Botschaften enthalten, also eine indirekte Mitteilung sein wie z. B.: „Ich bin hier gezwungenermaßen in dieser Gesprächssituation und deshalb möchte ich nichts sagen!" oder „... mir fällt nichts ein" oder „... ich fühle mich zu unsicher, ich habe Angst, hier etwas von mir zu geben" usw.
Um es gleich vorwegzunehmen: ein wenig nützliches und nicht gerade kooperationsförderliches Verhalten (was Sie aber im schulischen Kontext immer wieder erleben) sind in dieser Situation

nicht enden wollende Monologe, ein Übertünchen des Schweigens durch Vielreden der Lehrperson. Je mehr Sie nämlich reden, desto eher kann Ihr Gegenüber weiter schweigen mit der Begründung: Je mehr der andere redet, desto weniger muss ich es tun.

Auf jeden Fall ist es einen Versuch wert, das Schweigen des Gesprächspartners anzusprechen (Metakommunikation), z. B. in folgender Form: *„Ich erlebe gerade, dass Sie schweigen (bzw. kaum etwas sagen) und ich denke, Sie haben Ihre guten Gründe dafür. ... Wie geht es Ihnen heute damit, dass wir heute dieses Gespräch führen? ... Dass ich Sie zu diesem Gespräch eingeladen habe? ... Was würden Sie lieber tun als heute zu diesem Gespräch zu kommen? ... Was würde es Ihnen in der jetzigen Situation leichter machen zu sprechen? ... usw. ...“*

Jetzt hat Ihr Gesprächspartner nämlich zwei Reaktionsmöglichkeiten: Zum einen kann er/sie weiterhin schweigen (und dann können Sie laut darüber nachdenken, ob dieses Gespräch überhaupt sinnvoll ist) oder er/sie kann auf Ihre Frage antworten und dann können Sie ein sinnvolles Gespräch in Gang bringen, in welchem die Gesprächsanteile etwas ausgewogener verteilt sind.

### 8.7.4 Und das Gegenteil: Wenn Eltern „ohne Punkt und Komma reden“ – Vielredner

Wie können Sie Eltern, die im Lehrer-Eltern-Gespräch einen „verbalen Sturzbach“ auf Sie niederprasseln lassen, stoppen, ohne dabei unhöflich zu werden?
Zudem kommt es häufig vor, dass so genannte Vielredner nicht beim Thema bleiben und sehr weit ausholen und abschweifen.

Statt einfach zu sagen: *„Halt, jetzt muss ich auch mal was sagen!“* können Sie in etwa wie folgt reagieren: *„Mir ist es wichtig, dem, was Sie sagen, konzentriert zuzuhören und es verarbeiten zu können. Damit wir dann zu einer gemeinsamen ... Einschätzung der Situation ... Problemlösung ... Hilfestellung für Ihr Kind usw. kommen können. Deshalb möchte ich an dieser Stelle dazu sagen ...“*

Auf diese Art des Stopps wird kein Vielredner beleidigt reagieren, allerdings kann es notwendig werden, angesichts von den „Wiederholungstätern“, immer wieder solche oder ähnliche Stopps einzubauen.

### 8.7.5 Wenn Eltern sich (zu Recht?) über KollegInnen beklagen

Wenn Eltern sich in einem Eltern-Lehrer-Gespräch über ein pädagogisches Fehlverhalten Ihres Kollegen oder Ihrer Kollegin beklagen, können Sie sehr schnell in eine Dilemma-Situation geraten: stimmen Sie den Eltern in ihrem Klagen über die Kollegin/den Kollegen zu (wir gehen jetzt mal von der Annahme aus, sie seien gerechtfertigt), dann werden die Eltern ihre Zustimmung mit Sicherheit als Munition für die weitere Auseinandersetzung mit besagtem Kollegen, besagter Kollegin verwenden und es wird ein offener oder verdeckter Konflikt zwischen Ihnen und diesem Kollegen/dieser Kollegin entstehen. Zudem kann Ihnen sehr schnell von Teilen Ihres Kollegiums „unkollegiales Verhalten“ vorgeworfen werden.
Wenn Sie jedoch die angegriffene Kollegin/den angegriffenen Kollegen in Schutz nehmen und die Eltern mit ihren Vorwürfen abblocken, werden Sie die Eltern für eine zukünftige Kooperation verlieren, weil diese mit Ihnen nach dem Motto „eine Krähe hackt der anderen kein Auge aus“ nicht mehr zusammenarbeiten wollen.
Halten Sie sich in diesem Fall bitte vor Augen, dass die Korrektur eines pädagogisch problematischen Verhaltens in erster Linie Aufgabe der Schulleitung ist und nicht Ihre. Außerdem stellt sich in so einem Fall immer sofort die Frage, welche konkreten Schritte zur Klärung des Problems die Eltern bisher unternommen haben: haben sie beispielsweise schon ein klärendes Gespräch mit der betreffenden Lehrperson geführt, haben sie, wenn dieses erfolglos verlaufen ist, schon mit der Schulleitung gesprochen oder fand möglicherweise schon ein gemeinsames Gespräch mit der problematischen Lehrperson *und* der Schulleitung statt?

Eine mögliche Reaktion Ihrerseits in dieser delikaten Situation könnte wie folgt aussehen: *„Ich höre von Ihnen, dass Sie das Verhalten XY des Kollegen Z für Ihr Kind als … belastend … bedrohlich … Angst auslösend usw. erleben. Welche konkreten Schritte zur Problemlösung haben Sie bereits unternommen?“*

Je nach Antwort der Eltern können Sie dann ein Gespräch zwischen Eltern und dem betreffenden Lehrer, der betreffenden Lehrerin, zwischen Eltern und Schulleitung oder zwischen Eltern, Schulleitung und der als problematisch erlebten Lehrperson vorschlagen. Damit haben Sie dann die von den Eltern vorgebrachten Sorgen ernst genommen, ohne sich vorschnell in ein für Sie problematisches Bündnis hineinziehen zu lassen.

### 8.7.6 Wenn Eltern nachweislich die Unwahrheit behaupten

Immer wieder berichten LehrerInnen im Gesprächstraining von einer schwierigen Situation im Eltern-Lehrer-Gespräch, die dadurch entsteht, dass Sie von dritten Personen (anderen Eltern, Nachbarn der betreffenden Eltern, KollegInnen usw.) Informationen über die im Gespräch befindlichen Eltern haben, die deren Aussagen als unwahr erscheinen lassen.
Halten Sie sich bitte in diesem Moment vor Augen, dass die überwiegende Mehrzahl der Eltern nicht aus Boshaftigkeit oder Heimtücke die Unwahrheit sagt, sondern aus Angst oder Scham. Manche Eltern haben auch eine derart verzerrte Wahrnehmung ihrer Situation, dass sie wenig oder gar nicht mit der Außenwahrnehmung anderer Personen ihrer Umgebung übereinstimmt.
Wenig hilfreich ist es in diesem Fall, die Eltern quasi wie ertappte Sünder mit den Informationen, die sie von Dritten haben, zu konfrontieren und sie der Lüge zu überführen. Dann werden diese betroffenen Eltern sich verteidigen, in ein „wer hat Recht“-Spiel mit Ihnen eintreten oder sich völlig verschließen. Aber Ihr Ziel ist ja schließlich, die Eltern zur Kooperation zu bringen und nicht Ihnen gegenüber als LaienrichterIn aufzutreten.
Versuchen Sie statt dessen eher eine vertrauensvolle Gesprächsatmosphäre herzustellen, die es den Eltern ermöglicht, etwas weniger die Unwahrheit zu sagen. Wenn es sich um innerschulische Informationen handelt, die den Aussagen der Eltern widersprechen, so können Sie diese durchaus verwenden. Wenn es sich allerdings um außerschulische Informationen handelt, haben diese Informationen in Ihrem Gespräch nichts verloren, es sei denn Sie maßen sich an, Aufgaben des zuständigen Jugendamtes mit zu übernehmen. Im *Notfall* (Gefahr für Leib und Leben des Kindes) können und sollen Sie natürlich Informationen zum Schutz des betroffenen Kindes ans Jugendamt weiterleiten.

# 9. Ausblick: Hilfen für LehrerInnen

Zum Abschluss möchten wir Ihnen in diesem Kapitel konkrete Hilfen und Anregungen der unterschiedlichsten Art vorstellen.

### 1. Gezielte Literaturhinweise als „Notfallkoffer" zur Bewältigung des Schulalltags

Die Auflistung beinhaltet eine Auswahl leicht lesbarer, nützlicher und praktischer Basisliteratur, geordnet nach den am häufigsten auftretenden Fragestellungen und Fortbildungswünschen von LehrerInnen, ErzieherInnen und SozialarbeiterInnen. Auch sinnvoll als Aushang am Schwarzen Brett.

### 2. Adressenliste von Hilfeinstitutionen

Es handelt sich dabei um die Kopiervorlage eines Rasters zum Selberausfüllen. Sammeln Sie, am besten unter Mithilfe von KollegInnen, alle nützlichen Adressen von außerschulischen Hilfeeinrichtungen, an die sich Eltern, LehrerInnen, ErzieherInnen, Kinder und Jugendliche wenden können, und tragen Sie sie in das Raster ein. Die Vorgaben sollen Ihnen die Zusammenstellung erleichtern. Diese Adressensammlung, sichtbar aufgehängt am Schwarzen Brett im Lehrerzimmer, erspart im konkreten Einzelfall langes Suchen.

### 3. Übungen zur Gesprächsführung für den einzelnen Lehrer, die einzelne Lehrerin

Dieser Teil beinhaltet noch einige zusätzliche Einzelübungen, die in den vorigen Kapiteln keinen Platz fanden. Mit den Beobachtungsbögen können sie rückblickend ihre eigenen Gespräche bewerten oder aber KollegInnen Rückmeldung von realen oder Übungsgsprächen geben. Wir möchten Sie auch anregen Gespräche auf Tonband oder Video aufzunehmen und auszuwerten. Der Aufwand lohnt sich, da der Lerneffekt enorm ist. Voraussetzung ist natürlich das Einverständnis der jeweiligen GesprächspartnerInnen, was unserer Erfahrung nach aber kaum ein Problem ist, wenn die eigene Scheu davor überwunden ist.

### 4. Übungen für selbstorganisierte kollegiale Fortbildungsgruppen

Gesprächsführung lässt sich natürlich am besten durch konkretes und praktisches TUN einüben (Learning by Doing). Auch wenn diese Übungssituationen bzw. „Etüden" mitunter „gekünstelt" wirken und nicht der realen Gesprächssituation entsprechen, so sind sie dennoch hervorragend geeignet neue und alternative Reaktions- und Sprachmuster einzuüben. Sie bilden im übertragenen Sinn den flachen Hang beim Skifahren, an dem Neues gefahrlos ausprobiert werden kann, bevor es in den risikoreicheren Steilhang geht. Ohne die Übung im flachen und sicheren Gelände ist die Wahrscheinlichkeit auf die Nase zu fallen allemal größer.
Die vorgestellten Übungen beschreiben das „Setting", die Struktur der Übungsabläufe. Die Inhalte und Themen der Übungsgespräche können entweder den realen Alltagserfahrungen entliehen werden oder sich an eigenen konkreten Fragestellungen orientieren.
Einigen Sie sich vor den einzelnen Übungen über das Gesprächsthema, die Rollenverteilung der GesprächspartnerInnen und wie diese Rollen ausgestaltet werden sollen.

Und nun viel Spaß und hilfreiche Erfahrungen bei den Übungen.

## Basisliteratur als „Notfallkoffer“ zur erfolgreichen Bewältigung des Schulalltags

Ohne Anspruch auf Vollständigkeit haben wir im Folgenden eine Auswahl leicht lesbarer Basisliteratur zusammengestellt, die LehrerInnen neben der kollegialen Supervision zusätzliche Hilfestellungen in den wichtigsten Bereichen des Schulalltags bietet.

Einzelnen Problemfeldern zugeordnetete Literatur:

**1. Ich-Pflege meiner Lehrerpersönlichkeit als wichtigstes Handwerkzeug**

- Psychohygiene
- Schutz vor „burn-out“
- Hilfe durch kollegiale Supervision mit oder ohne Supervisor
- Selbstsupervision, Selbstreflexion

→

**Ehinger, W./Hennig, C.:**
Praxis der Lehrersupervision, Beltz-Verlag, Weinheim, 2. Auflage 1997

**Hennig, C./Keller, G.:**
Anti-Stress-Programm für Lehrer, Auer-Verlag, Donauwörth 1995

**2a) Lehrer-Schüler-Interaktion**

- Umgang mit schwierigen Schülern
- Verhaltenssteuerung

→

**Hennig, C./Keller, G.:**
Lehrer lösen Schulprobleme. Lernförderung, Verhaltenssteuerung, Gesprächsführung, Auer-Verlag, Donauwörth, 2. Auflage 1993

**Molnar, A./Lindquist, B.:**
Verhaltensprobleme in der Schule, Borgmann, Dortmund, 2. Auflage 1995

**Tennstädt, C. u. a.:**
Das Konstanzer Trainingsmodell. Uni Konstanz, 1985

**Ehinger, W.:**
Schulprobleme in der Familie – Familienprobleme in der Schule, CreaSys, Beckmannweg 16, 72076 Tübingen 1996

**2b) Lehrer-Schüler-Interaktion**

- Lernförderung
- Konzentrationsförderung
- Motivationsförderung

→

**Keller, G.:**
Lehrer helfen lernen. Lernförderung, Lernhilfe, Lernberatung, Auer-Verlag, Donauwörth, 4. Auflage 1993

**3. Lehrer-Eltern-Arbeit**

- Gesprächsführung
- Elternberatung
- Verbesserung der Lehrer-Eltern-Kooperation

→

**Bachmair, S. u. a.:**
Beraten will gelernt sein. Ein praktisches Lehrbuch für Anfänger und Fortgeschrittene, Psychologie-Verlags-Union, München, 6. Auflage 1996

**Hennig, C./Knödler, U.:**
Problemschüler – Problemfamilien, Psychologie-Verlags-Union, 5. Auflage 1995

**Hennig, C./Keller, G.:**
Lehrer lösen Schulprobleme (s. o.)

**Hennig, C./Ehinger, W.:**
Lösungsorientierte Beratung, CreaSys, Beckmannweg 16, 72076 Tübingen 1998

**Berg, J. K.:**
Familien-Zusammenhalt(en), Verlag Modernes Lernen, Dortmund 1992

**Thomann, C. und Schulz von Thun, F.:**
Klärungshilfe, rororo sachbuch 8406, Hamburg 1988

**Redlich, A.:**
Kooperative Gesprächsführung, AG Beratung und Training, Fb 16 Universität Hamburg, Von Melle Park 5, 20146 Hamburg

**4. Lehrer im Kollegium**

- Verbesserung der Kommunikation und Kooperation im Kollegium

→

**Keller, G.:**
Wir entwickeln unsere Schule weiter, Auer-Verlag, Donauwörth 1997

**Miller, R.:**
Sich in der Schule wohlfühlen, Beltz, Weinheim 1989

**Miller, R.:**
Schilf-Wanderung. Wegweiser für die praktische Arbeit in der schulinternen Lehrerfortbildung, Beltz, Weinheim 1990

## Die wichtigsten außerschulischen Hilfen für Kinder, Jugendliche, Eltern und LehrerInnen

| Beratungsanlass | Institution, Adresse, Telefon | Ansprechpartner Telefon |
|---|---|---|
| Schulprobleme (Leistung und Verhalten) | BeratungslehrerIn der Schule | |
| | Schulpsychologische Beratungsstelle | |
| Familienprobleme Erziehungs-probleme Partnerprobleme | Erziehungsberatungsstellen: | |
| Sprachprobleme Sprach-behinderung | Sprachheilschulen, Logopädische Praxen, Frühförderstellen usw. | |
| Lese-Recht-schreib-Schwä-chen Legasthenie Rechenschwäche Konzentrations-probleme | Legasthenie-Institute, LerntherapeutInnen usw. | |

| | | |
|---|---|---|
| Hausaufgaben-<br>betreuung<br>Nachhilfe | | |
| Medizinisch-<br>neurologische<br>Auffälligkeiten<br>Psychiatrische<br>Auffälligkeiten | Kinderarzt, Kinder- und Jugendpsychiater | |
| | Kinderklinik | |
| Überforderte<br>Eltern<br>Vernachlässigung<br>Misshandlung<br>Sexueller<br>Missbrauch | Kinderschutzbund | |
| | Jugendamt | |
| | Spezielle Beratungsstelle | |
| Alkoholprobleme<br>Magersucht<br>Abhängigkeit<br>Drogen | | |
| Hochbegabungen | | |
| Spätaussiedler<br>Umsiedler | | |
| Kinder und<br>Jugendliche in Not | **Kinder- und Jugendtelefon 0 13 08/1 11 03**<br>**Montag bis Freitag von 15.00 bis 19.00 Uhr** | |

**Fragen zur Nachbereitung (Beobachtung) eines Gesprächs**
**Übung zu den 4 Dimensionen einer Botschaft**

| | |
|---|---|
| 1. Inhaltsdimension: Was haben die Eltern gesagt? | |
| 2. Gefühlsdimension: Wie haben die Eltern es gesagt? Welche Gefühle bzw. Befindlichkeit haben Sie wahrgenommen? | |
| 3. Wünschedimension: Was denken Sie, was die Eltern von Ihnen (vom Lehrer) erwarten? | |
| 4. Beziehungsdimension: Was denken Sie über die Beziehung der Eltern zu Ihnen (zum Lehrer)? | |

**Fragen zur Nachbereitung (Beobachtung) eines Gesprächs**
**Übung zum Vier-Ebenen-Interaktions-Modell**

| | |
|---|---|
| 1. Welche Inhalte (Situationen) wurden angesprochen? | |
| 2. Welche Erklärungen und Bedeutungen wurden erfragt und beschrieben? | |
| 3. Welche Gefühle von wem wurden erwähnt? | |
| 4. Welche Reaktionen von wem auf die Situation/Wahrnehmung wurden sichtbar? | |
| 5. Welche neuen Gesichtspunkte ergaben sich während des Gesprächs für die Eltern? | |
| 6. Für den/die LehrerIn? | |

**Fragen zur Nachbereitung (Beobachtung) eines Gesprächs**
**Rückmeldebogen „Sternzacken“**

Beobachten Sie das Gespräch unter dem Aspekt der 5 Grundhaltungen (Stern). Was können Sie beobachten, welche Fragen bzw. Aussagen verdeutlichen die Grundhaltungen? Geben Sie eine Rückmeldung zu den einzelnen Grundhaltungen als Rating (1–10). Wie gut gelang es der Lehrerin/dem Lehrer die Grundhaltungen zu verdeutlichen?

| Grundhaltungen | Beobachtungen, Fragen, Aussagen | Rating |
|---|---|---|
| Empathie | | |
| Kontextbezug | | |
| Eigenverantwortung stärkend | | |
| Ressourcenorientierung | | |
| Lösungsorientierung | | |

## Checkliste 10 Allgemeine Leitlinien zu selbst organisiertem kollegialen Gesprächstraining in Gruppen

Ein Teilnehmer bzw. eine Teilnehmerin übernimmt (im Wechsel) die Moderation der Übungssitzung.

**Aufgaben:**

1. Gesprächsleitung
2. Einhaltung von Zeitstruktur und Regeln achten
3. Einleiten bzw. Beenden der einzelnen Übungsphasen
4. Gemeinsam mit der Gruppe die Themen und Methoden festlegen
5. Mit der Gruppe die inhaltliche Struktur und den Ablauf der Sitzung festlegen
6. Auf pünktliches Ende der Sitzung achten
7. Bei Bedarf die TeilnehmerInnen an die festgelegten Regeln erinnern

**Regeln für die Gruppenarbeit:**

- Kein Konkurrenzverhalten untereinander. Es geht nicht ums Glänzen, sondern ums Üben
- Für die Beobachtung Auftrag erteilen. (Was soll beobachtet werden)
- Aufmerksamkeit zeigen, beobachten, zuhören, Feedback geben
- Ehrliches und konstruktives Feedback geben
- Ressourcen erkennen und ansprechen
- Sach- und Lösungsorientierung
- Es darf auch gelobt werden
- Feedback annehmen und wirken lassen
- Keine Rechtfertigungen, keine Verteidigung. Feedback stehen lassen
- Für Feedback danken
- Die Meinung und die Persönlichkeit des anderen achten
- Beim Thema bleiben, nicht abschweifen
- Jede(r) spricht nur für sich
- Bewertungen mit „richtig“ bzw. „falsch“ sind oft wenig konstruktiv. Günstiger ist, von „nützlich“, „sachorientiert“, „zieldienlich“ bzw. „weniger nützlich, sachorientiert“ usw. zu reden
- Keine Angst vor „Fehlern“
- Mut zum Risiko, zum Ausprobieren, zu Neuem, zum Experimentieren

## Tafel 22: Feedback geben und nehmen

Da Selbst- und Fremd-Feedback bei den Übungen eine zentrale Rolle spielt, seien an dieser Stelle einige nützliche Grundvoraussetzungen für konstruktive Rückmeldung aufgeführt:

- Feedback verstärkt die positiven Verhaltensweisen, indem sie benannt und anerkannt werden.
- Feedback ermöglicht, ungünstige Verhaltesweisen zu korrigieren und neue, angemessenere einzuüben.
- Feedback gibt Rückmeldung der Wirkung auf andere.
- Feedback hilft bei der Selbsteinschätzung und fördert den Lernprozess.

| **Feedbackregeln** | |
|---|---|
| **Für den Feedback-Geber** | **Für den Feedback-Empfänger** |
| • **Feedback nur auf Wunsch**<br>Feedback kann nur angenommen werden, wenn es gewünscht wird. Vorher fragen, ob und über was Rückmeldung gegeben werden soll.<br>• **Beschreiben, nicht bewerten**<br>Beschreiben Sie das Verhalten, das Sie beobachtet haben, halten Sie Ihre Interpretationen oder Ihre Wertung dieses Verhaltens zurück.<br>• **Konkret, nicht allgemein**<br>Beziehen Sie Ihr Feedback möglichst auf konkrete Situationen und Verhaltensbeobachtungen.<br>• **Angemessen, nicht zerstörend oder verletzend**<br>• **Orientierung an dem Beobachtungsauftrag**<br>Was sollte beobachtet werden? Auf was sollten Sie achten? Nur darüber Rückmeldung geben. Wenn Ihnen etwas aufgefallen ist, das für den Übenden von Bedeutung sein könnte, fragen Sie ihn, ob er es hören will. *(„Mir ist da noch was aufgefallen. Möchtest du es hören?“)* | • **Zuhören, aufnehmen und wirken lassen**<br>• **Nicht verteidigen und rechtfertigen**<br>• **Nicht erklären**<br>• **Nicht zurückschießen**<br>• **Nachfragen, wenn etwas unklar ist**<br>• **Für Feedback bedanken** |

**Ideale Reihenfolge für die Rückmelde- und Auswertungsrunde einer Gesprächsübung.**

1. **Positives Selbst-Feedback:** Der bzw. die Übende schätzt sich selbst ein.
   *Was habe ich gut gemacht?*
2. **Vorsätze:** Der bzw. die Übende formuliert Kritisches in Vorsätze um:
   *Was würde ich das nächste Mal anders machen?*
3. **BeobachterIn** äußert ihr/sein Feedback. Zuerst positiv und konkret, dann konstruktiv kritisch und konkret.
   *Was hat mir gefallen? Was hätte ich anders gemacht?*
4. **GesprächspartnerIn** äußert Feedback, erst positiv und konkret, dann konstruktiv kritisch und konkret.
   *Was war für mich angenehm? Was hat mir gefallen? Wodurch fühlte ich mich verstanden, angenommen, gewürdigt?*
   *Was war eher hinderlich? Durch welche Frage, Aussage, Verhaltensweise habe ich mich nicht verstanden gefühlt und innerlich distanziert?*
   *Wie habe ich dich erlebt?*

**Übung 1**

Übung zur Vorbereitung eines belastenden Gesprächs

## Wie versetze ich mich in einen guten Zustand?

- Ich nehme mir vor schwierigen Gesprächen fünf bis zehn Minuten Zeit.
- Ich setze mich bequem auf meinen Stuhl, schließe kurz die Augen und atme ruhig ein und aus …
- Ich beobachte meinen Atem … ein … und aus …
- Gleichmäßig und ruhig.
- Ruhig und gelassen …
- Ich spüre meine Energie.
- Ich habe mich gut vorbereitet …
- Ich gehe den geplanten Verlauf des Gesprächs nochmals im Geiste durch...
- So werde ich beginnen …
- Ich werde …
- Und dann werde ich mich hinsetzen und mit ruhiger Stimme sagen …
- Ich rechne mit allem …
- Und wenn sie mir vorwerfen, dass …
- Werde ich entgegnen …
- Ich habe eventuelle Schwierigkeiten bedacht und mir Sätze vorformuliert …
- Ich werde diese möglichen Situationen jetzt in Gedanken nochmals durchspielen und meine Reaktionen darauf …
- Ich bleibe ruhig und gelassen.
- Ich will den Eltern trotz allem, was ich mit ihnen bisher erlebt habe und für dieses Gespräch erwarte, sachlich auf der Erwachsenen-Ebene begegnen …
- Ich sage, was zu sagen ist, und achte trotz allem die Verantwortung der Eltern für ihr Kind …
- Ich erwarte nicht, dass meine Argumente überzeugen …
- Und ich werde trotzdem ruhig und sachlich bleiben können …
- Ich bleibe ruhig …
- Nochmals tief durchatmen …
- Und jetzt kann es losgehen …

## Triadenübung zur Gesprächsführung

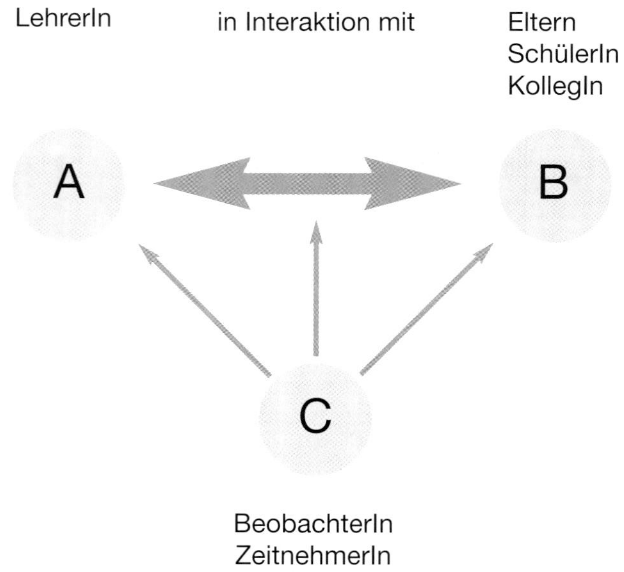


**Vorgehen:**

1. Auswahl des Gesprächsinhaltes — 2–3 Minuten
   Festlegen von A, B und C
   „Zurechtlegen“ der Gesprächsstrategie
2. Gespräch, Interaktion — 5 Minuten
3. Austausch über die Interaktion, das Gespräch — 10 Minuten
   A: Was ist mir gut gelungen?
   Was würde ich das nächste Mal anders machen?
   B: gibt Rückmeldung
   C: teilt Beobachtung mit
   Was hat mir gut gefallen?
   Was hätte ich anders gemacht?
   - Achtung! Nicht mehr über die Inhalte des Gesprächs reden, sondern nur über die Interaktion, über das, was während des kurzen Gesprächs ablief.
4. Wechsel A → B → C , nächste Übung mit vertauschten Aufgaben

# Zur Gesprächsführung

## Reaktionsübung

Sitzordnung:

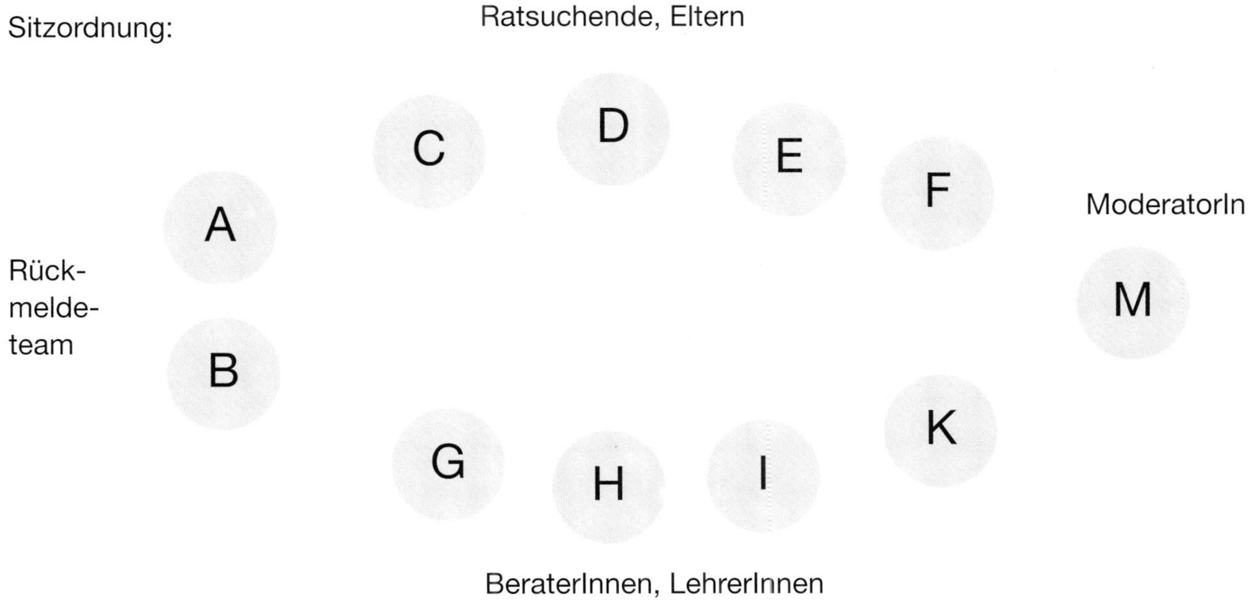


**Vorgehensweise:**

„Ratsuchende“ bzw. „Elternteil“ *C* beginnt mit Problemschilderung. Ein „BeraterIn“ bzw. „LehrerIn“ stellt eine Frage.
„Ratsuchende“ bzw. „BeraterInnen“ wechseln sich ständig ab, d. h., *C* beginnt, *G* stellt Frage, *D* antwortet, *H* stellt nächste Frage usw.
Mehrere Durchgänge, immer mal wieder Stopps und Besprechung in der Metaebene.
Abschließende Diskussion und Bewertung.

**Aufgabe der ModeratorIn:**

Übungsleitung, Zeit strukturieren, Diskussionsleitung in der Metaebene.

**Aufgabe des Rückmeldeteams:**

*A* und *B* zeigen je nach ihrer Einschätzung der Qualität der Frage grüne (gute Frage) oder rote (ungünstige Frage) Karte. Bei Zeigen einer roten Karte stoppt ModeratorIn die Übung, die Frage wird auf der Metaebene analysiert und besprochen. (Wie geht es dem „Ratsuchenden“ mit der Frage, wie wird sie von den anderen TeilnehmerInnen bewertet?)
Danach Fortsetzung der Übung.

# Zur Gesprächsführung

## Unterstützungsübung

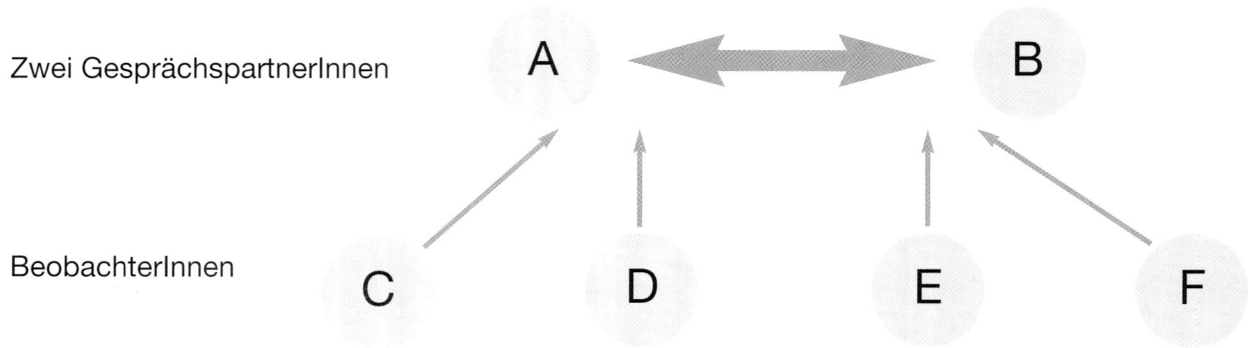


1. **A und B führen das Gespräch.**

2. **Bei einer beliebigen Äußerung von B wird gestoppt.**

3. **Jede(r) BeobachterIn formuliert eine oder zwei Fragen.**

entweder
- eine W-Frage
- zur Interaktion
- zum Inhalt
- zur Bedeutung
- zum Gefühl
- nach Reaktionen

Die Fragen können mündlich gestellt werden oder schriftlich auf Moderatorenkarten.
Alle BeobachterInnen stellen Fragen zur gleichen Kategorie oder
jede BeobachterIn stellt eine Frage in einer anderen Kategorie.
A und B hören zu. B hört sich alle Fragen an, lässt sie auf sich wirken.

4. **Bewertung der verschiedenen Fragen.**

B äußert sich zu den Fragen und gibt über deren Wirkung Rückmeldung. Welche Frage war am angenehmsten, welche am unangenehmsten? Was war unangenehm bzw. angenehm? Welche Frage war am nützlichsten, am hilfreichsten, am zieldienlichsten?

5. **Fortsetzung des Gesprächs zwischen A und B.**

6. **Wiederholungen der Schritte 1–4 in beliebiger Häufigkeit.**

7. **Abschlussauswertung.**

# Gesprächsführung Übung zu den 4 Wahrnehmungsdimensionen

**Anleitung für Zweiergruppen, Dreiergruppen, Vierergruppen usw.**

1. A wählt eine Elternäußerung aus (Vorschläge siehe unten) und liest sie laut vor
2. B (B und C/B, C und D) reflektieren laut die verschiedenen Ebenen dieser Aussage Inhaltsebene – Beziehungsebene – Wunschebene – Gefühlsebene
3. B (C, D) stellen verschiedene W-Fragen an A, um eine klare Aussage zu bekommen
4. A hört zunächst nur zu, reagiert dann auf die W-Fragen und gibt anschließend Rückmeldung, wie die verschiedenen Reaktionen bzw. Antworten gewirkt haben.
5. Kurzer Austausch darüber in der Übungsgruppe
6. A liest die nächste Aussage vor
7. Nach einigen Durchgängen Wechsel der Rollen A, B und C (usw.) und weitere Übungsdurchgänge

## Vorschläge für Elternäußerungen:

1. Das hat mir mein Tobias aber ganz anders erzählt.
2. Mein Junge ist sehr sensibel. Er kann es nicht ertragen, wenn er ungerecht behandelt wird.
3. Die Frau Müller war halt eine erfahrene Pädagogin, die wusste, wie man Tobias behandeln muss.
4. Wissen Sie, meine Tochter ist von zu Hause einen so rauen Ton nicht gewohnt.
5. In der Schule, die mein Sohn vorher besucht hat, wurden die Kinder mehr gefördert.
6. Bei entsprechender Förderung würde mein Sohn die erste Klasse sicher schaffen.
7. Die Mädchen in Ihrer Klasse dürfen sich anscheinend alles erlauben.
8. Mein Tobias hat gesagt, dass Sie nie die Hausaufgaben kontrollieren würden.
9. In der Parallelklasse sind sie in Mathe erst (schon auf Seite 38).
10. Herr Müller hat es im letzten Schuljahr sehr gut mit Tobias gekonnt.
11. Seit Sie Klassenlehrerin sind, hat meine Tochter ständig Bauchweh.
12. Bei Frau Müller in Deutsch hat er überhaupt keine Probleme.
13. Zu Hause hat er aber alles gekonnt.
14. Zu Hause haben wir keine Probleme mit Tobias.
15. Georg hat aber den ganzen Nachmittag für die Arbeit gelernt.
16. Herr Müller ist mit Georg immer gut zurechtgekommen.
17. In diesem Schuljahr ist Mathe schon oft (sieben Mal) ausgefallen.
18. Das Klassenklima hat sich in den letzten 6 Monaten ständig verschlechtert.
19. Bei Frau Müller hat Anja im letzten Jahr noch eine Zwei bekommen.
20. Mein ältester Sohn hat damals auch nur die Realschulempfehlung bekommen, und jetzt schreibt er nur Zweier und Dreier auf dem Gymnasium.

Als Material für diese Übungsform können auch die Arbeitsblätter 6, 7 und 9 herangezogen werden.

# Übung zur Vorbereitung eines schwierigen (Konflikt-)Gesprächs

1. A gibt eine kurze Schilderung des anstehenden Gesprächs und was ihr/ihm Schwierigkeiten bereitet. (max. 10 min)

2. Vorbereitung des schwierigen anstehenden Konfliktgesprächs in der Gruppe anhand Checkliste 4 (ca. 15 min)
   A entscheidet, ob er/sie sich aktiv an der Vorbereitung beteiligt oder nur beobachtet.

3. Übung dieses Gesprächs in der Gruppe (ca. 20 min)
   A = Lehrerin, B = Elternteil, C, D usw. = BeobachterInnen

4. Auswertungs- und Rückmeldephase (ca. 10 min)
   (Nicht mehr über den Inhalt, nur über den Prozess reden!!)

   - A gibt sich zunächst selbst Rückmeldung
     Was habe ich gut gemacht?
     Was würde ich das nächste Mal anders machen?

   - BeobachterInnen C, D usw. geben nacheinander Rückmeldung an A
     Was hat mir gefallen?
     Was hätte ich anders gemacht?
     (Feedbackregeln beachten!)

   - GesprächspartnerIn B gibt Rückmeldung an A.
     Wie habe ich dich erlebt?
     Was war für mich angenehm?
     Was war hinderlich?

5. A gibt abschließenden Kommentar

   (Bewertung der Übung. Was war nützlich in Bezug auf das anstehende Gespräch?)

# 10. Verzeichnis der Abbildungen, Arbeitsblätter, Tafeln, Checklisten und Übungen

| Nr. | Checkliste | Seite |
|---|---|---|
| 1. | Gesprächsvorbereitung | 86 |
| 2. | Phasen des kooperativen Elterngesprächs | 95 |
| 3. | Auswertung des Elterngesprächs | 105 |
| 4. | Inhaltliche Vorbereitung eines Konfliktgesprächs | 121 |
| 5. | Vorschlag für den Verlauf eines Konfliktgesprächs | 123 |
| 6. | Vorschlag für den Verlauf eines beratenden Elterngesprächs zur Einschulung | 130 |
| 7. | Vorschlag für den Verlauf eines Lern-Entwicklungs-Gesprächs | 134 |
| 8. | Vorschlag für den Verlauf eines beratenden Elterngesprächs in Klasse 4 der Grundschule zum Übertritt auf die weiterführenden Schulen | 139 |
| 9. | Ablauf eines Runden Tisches/einer Helferkonferenz | 146 |
| 10. | Allgemeine Leitlinien zum selbstorganisierten kollegialen Gesprächstraining in Gruppen | 161 |

# 11. Quellennachweis


Anderson, Tom: Das reflektierende Team. Verlag modernes Lernen, Dortmund 1990

Bachmair u. a.: Beraten will gelernt sein. Beltz Verlag, Weinheim und Basel, 7. Auflage 1998

Berne, Eric: Was sagten Sie nachdem Sie „Guten Tag“ gesagt haben. Frankfurt 1991

Berg, Insoo Kim: Familien-Zusammenhalt(en). Verlag modernes Lernen, Dortmund 1992

Berg, Insoo Kim u. Miller, Scott: Kurzzeittherapie bei Alkoholproblemen. Heidelberg, Carl Auer Verlag 1995 (2. Auflage)

Betz/Breuninger: Teufelskreis Lernstörungen. Beltz Verlag, Weinheim, Basel 1987 (2. Auflage)

Ehinger, Wolfgang: Schulprobleme in der Familie – Familienprobleme in der Schule. Systemische Sichtweise von Schulschwierigkeiten. CreaSys Tübingen 1996 (Beckmannweg 16, 72076 Tübingen)

Ehinger, Wolfgang u. Hennig, Claudius: Praxis der Lehrersupervision. Beltz Verlag, Weinheim 1997 (2. Auflage)

Ehinger, Wolfgang u. Hennig, Claudius: Sprüche und Widersprüche. CreaSys Tübingen 1997 (Beckmannweg 16, 72076 Tübingen)

Ehinger, Wolfgang u. Hennig, Claudius: Das Einmaleins des Lebens. LIPURA-Verlag, Rangendingen 1998

Fiederle, Xaver: Train the Trainer. Unveröff. Manuskript, 1994

Hennig, Claudius u. Ehinger, Wolfgang: Lösungsorientierte Beratung. CreaSys Tübingen 1998 (Beckmannweg 16, 72076 Tübingen)

Hennig, Claudius u. Keller, Gustav : Lehrer lösen Schulprobleme. Auer Verlag, Donauwörth 1992

Hennig, Claudius u. Knödler, Uwe: Problemschüler – Problemfamilien. Beltz Verlag, Weinheim, Basel 1998 (5. Auflage)

Keller, Gustav u. Hennig, Claudius: Anti-Stress-Programm für Lehrer. Auer Verlag, Donauwörth 1995

Kliebisch, Udo W., Basten, Karl-Heinz u. Schmitz, Peter A.: Effektiv miteinander sprechen. Schneider Verlag, Hohengehren 2000

Miller, Reinhold: Schilf-Wanderung. Beltz Verlag, Weinheim und Basel 1990

Miller, Reinhold: „Das ist ja wieder typisch“ – Kommunikation und Dialog in Schule und Schulverwaltung. Beltz Verlag, Weinheim, Basel 1995

Miller, Reinhold: Schule selbst gestalten, Band 1. Beziehung und Interaktion. Beltz Päd. Service 1996

Prior, Manfred: Seminar Tübingen 1993

Redlich, Alexander: Kooperative Gesprächsführung. Materialien aus der Arbeitsgruppe Beratung und Training Band 4, Fb 6, Universität, Von Melle Park 5, 20146 Hamburg 1992

Satir, Virginia: Selbstwert und Kommunikation, Pfeiffer Verlag, München 1975

Schlippe, Arist von: Familientherapie im Überblick. Jungfermann Verlag, Paderborn 1984

Schmidt, Gunther: Therapeutische Nutzung von Zwickmühlen in der Arbeit mit Kindern und Jugendlichen und deren Eltern. Vortrag Kindertagung Heidelberg 1997, Mitschnitt Auditorium-Netzwerk Münsterschwarzach

Schulz von Thun, Friedemann: Miteinander reden. Störungen und Klärungen. rororo, Hamburg 1981

Schulz von Thun, Friedemann: Miteinander reden 2. Stile, Werte und Persönlichkeitsentwicklung. Rowohlt, Reinbek 1989

Schulz von Thun, Friedemann: Miteinander reden 3. Das innere Team und situationsgerechte Kommunikation. Rowohlt, Reinbek 1998

Shazer, Steve de: Der Dreh, C. Auer, Heidelberg 1989

Thomann, Christoph u. Schulz von Thun, Friedemann: Klärungshilfe. Rowohlt, Reinbek 1993

Watzlawik: Menschliche Kommunikation. Huber, Stuttgart 1967

Walter, John L. u. Peller, Jane E.: Lösungsorientierte Kurztherapie. Verlag modernes Lernen, Dortmund 1994